考研红宝书系列

XINAN ZHENGFA DAXUE

西南政法大学

考研法理学一本通

KAOYAN
FALIXUE
YIBENTONG

主　编 ❀ 叶世清　殷守革

副主编 ❀ 冷　玲　杨晓婉　张伟平

西南财经大学出版社
SOUTHWESTERN UNIVERSITY OF FINANCE & ECONOMICS PRESS

图书在版编目(CIP)数据

西南政法大学考研法理学一本通/叶世清,殷守革主编.—成都:西南财经大学出版社,2012.5

ISBN 978 - 7 - 5504 - 0618 - 6

Ⅰ.①西…　Ⅱ.①叶…②殷…　Ⅲ.①法理学—研究生—入学考试—自学参考资料　Ⅳ.①D90

中国版本图书馆 CIP 数据核字(2012)第 073863 号

西南政法大学考研法理学一本通

主　编:叶世清　殷守革

副主编:冷　玲　杨晓婉　张伟平

责任编辑:李特军

助理编辑:冯　梅

封面设计:大　涛

责任印制:封俊川

出版发行	西南财经大学出版社(四川省成都市光华村街55号)
网　　址	http://www.bookcj.com
电子邮件	bookcj@foxmail.com
邮政编码	610074
电　　话	028 - 87353785　87352368
照　　排	四川胜翔数码印务设计有限公司
印　　刷	四川森林印务有限责任公司
成品尺寸	185mm×260mm
印　　张	20
字　　数	445 千字
版　　次	2012 年 5 月第 1 版
印　　次	2012 年 5 月第 1 次印刷
印　　数	1— 2000 册
书　　号	ISBN 978 - 7 - 5504 - 0618 - 6
定　　价	39.80 元

序言

　　西南政法大学法学硕士研究生入学考试，与其他研究生入学考试一样，是一种高层次法学人才的选拔性考试。对于准备报考西政的学子而言，心中或多或少交织着某些难以名状的情绪：期待、紧张、困惑、怀疑……

　　这些感受是可以理解的，因为，我们是过来人。

　　一是期待。我们很清楚，西南政法大学的法学教育和法学研究享誉海内外，西政优秀儿女遍天下。考入西政，不仅有机会跟随法学名师纵横法学研究的海洋，还可以广泛结识优秀的、志同道合的朋友。无论将来是身居"庙堂"，还是行走"江湖"，只需凭着"心系天下、和衷共济"的西政精神，就能将自己的命运与法治国家的命运联系在一起，从而为实现自己的理想抱负奠定坚实的基础。

　　二是紧张。紧张和焦虑的重要原因在于研究生入学考试的竞争淘汰机制。毕竟，这种考试不同于大学的期中、期末学业考试和社会上的普通话等级、英语等级之类的水平考试，哪怕只有1%的淘汰率，也会让成绩优秀的考生紧张的。即使稍微疏忽一点，某一个重要的法律概念或者法律制度没有复习到或者答题思路"跑偏"了，自己就可能因一两分之差被"拿下"，从而与心爱的法学擦肩而过。尤其是参加西南政法大学法学研究生入学考试的学子人数众多，并且很多人都是各路高手，其竞争的激烈程度可想而知。

　　三是困惑。西政法学研究生入学考试究竟要考哪些内容？考试的程序性要求是怎样的？学子们的心中常常纠结。有人思忖：既然是西南政法大学的法学研究生入学考试，除了英语、政治两科是全国统一命题外，法学专业考试的命题主动权其实掌握在招生单位手中，法学专业科目考试由西政老师自行命题，这会不会对非西政的学生、西政非法学本科的学生不公平？事实上，研究生入学考试是公开的、公平的，结果也是公正的。当然，透过"一本通"，学子们也可以感受到，重视西政编写或者使用的本科法学教材、了解西政法学本科学习的主要内容，是多么的重要！

　　四是怀疑。我读的书对路吗？"一本通"之类的参考书有用吗？笔者认为，"一本通"旨在告诉您考研的方向和方法，而非取代指定本科教材的详细内容和精确表述。虽然"一本通"的编者们不是考研命题的老师，但是，这些编写者都是考研的高手，是西政法学各专业硕士研究生中的佼佼者（当然，不排除他们中的某些人将来取得研究生入学考试命题的资格）。相信读者朋友们通过"一本通"，不仅可以搞清法学研究生入学考试复习的重点和方向，而且还可以揣摩出法学考试答题的思路和技巧。譬如，编写者告诉我们：法学概念辨析题，首先需要准确地对概念下定义，然后是概念之间的联系，最后是概念之间的区别。有意思的是，参考答案可能只写了三个方面的区别，有的考生答题时却能指出两个概念之间八九个方面的不同，而且都是"法言法语"，头头是道、言之凿凿。这不禁让阅卷老师们惊叹："天呢，这不正是一块读研究生的好材料吗！"

若您能通过"一本通"的帮助最终获得西南政法大学研究生宿舍的一张床位，当然值得祝贺！如果您从字里行间还感受到了既是西政学子也是您的学长的各位编者的良苦用心——他们不仅热爱法律、热爱西政，还希望您尽快加入西政、成为充满无限青春活力的"西政人"——我们将感到无比自豪和荣幸。

叶世清

二〇一二年二月十五日

前言

    2011 年，被政法学界誉为法学界"黄埔军校"和"西点军校"的西南政法大学（以下简称西政）从沙坪坝老校区全部完成搬迁到渝北新校区的任务，顺利实现了学校的第三次创业，招生规模将创历年新高。

    为了帮助更多的法学考生顺利通过西南政法大学法学专业硕士研究生考试的初试和面试，按照西南政法大学硕士研究生法学专业入学考试大纲的要求，结合西南政法大学历年法学专业硕士研究生考试的实际，在听取了多方面的意见和建议以后，我们编写了这套西南政法大学考研丛书辅导。本丛书的特色如下：

一、初试全无忧

    《西南政法大学考研法理学一本通》和《西南政法大学考研法学专业课一本通》两本书是完全按照西南政法大学法学专业考研特点设计和编写。在西南政法大学硕士研究生法学专业的入学初试考试中，法理学是作为西南政法大学硕士研究生法学专业入学考试初试的校内公共专业课来对待的，西南政法大学在对待专业课的考试中，采用的是法理学 + 专业课 A 卷或 B 卷或卷 C 的考试模式，报名考生要根据自己所选择的专业方向分别要参加法理学和专业课 A 卷或 B 卷或 C 卷的考试。

    1. 初试专业课信息全揭示。

    在本系列书中，主要参考了教育部关于招生院校自主命题的指导意见的内容以及西南政法大学研究生入学考试大纲的要求，分析了西南政法大学硕士研究生入学考试法学方向专业课的命题思路、出题方法、试卷结构、内部信息以及应对策略、复习备考时间如何安排等。

    法理学是西南政法大学硕士研究生入学考试法学专业方向的必考公共专业课，必须引起我们足够地重视。在本部分中，编者对法理学的考试规律、考试范围、答题方式与技巧都进行了全面和系统地揭示和阐释。

    2. 历年真题回顾与解析。

    真题的重要性可谓不言而喻，用一句通俗的名言就是，"得真题者得天下"。在本书的第二编，编者为考生搜集和整理了 2003 年到 2011 年的西南政法大学考研初试法理学真题，通过真题的回顾，可以帮助考生了解哪些是经常考试的内容，哪些是容易出现混淆的题目，帮助考生根据真题的出现频率来分配各章知识点的复习时间，以此还可以作为把握重点、难点和常考点的依据。

3. 基础知识点梳理。

在本书的第三编，编者对法理学初阶和法理学进阶的基础知识点进行了全面系统地梳理，基础知识点是考生把握和学好一门课程的起点，在本编中，编者严格按照西南政法大学考研大纲制定的书目，结合历年法理学考试的规律，对凡是在西南政法大学考研初试法理学考试中可能出现的题目都进行了整理和梳理。

4. 核心考点总结。

核心考点是在历年考试中反复出现的考试题目的知识，编者结合法理学在历年真题考试中知识点出现的频率，对法理学初阶和法理学进阶的核心考点进行了系统化的总结，以帮助考生快速掌握法理学核心考试范围。

5. 新增知识点归纳。

新增知识点是考生需要重点关注的对象，这部分知识在历年考试中出现的频率极高。随着时代的发展，法理学的知识也要随着时代的发展逐步更新，更新主要体现在法理学内容的扩充上，编者对法理学新增的知识点内容进行了归纳，以此为下一步安排好复习时间打下坚实的基础。

二、复试零距离

本套丛书另外一大特色是对西南政法大学硕士研究生入学考试法学专业的复试流程进行了全面展示。希望通过复试流程的全面揭示，为考生提供充分的复试信息。西南政法大学的硕士研究生入学考试复试部分所占的权重呈现出逐年递增的趋势，这就要求考生要在复试前对西南政法大学硕士研究生复试流程和信息有足够的把握和认知。本书对西南政法大学硕士研究生法学专业所有专业方向的复试流程一一展现在各位考生面前，为考生提供了一种身临其境的复试环境与氛围，可谓达到了一种"身未动、心先行"的境地，使得考生能在真实的复试环境中达到胸有成竹、游刃有余的境界。

西南政法大学硕士研究生入学考试法学专业复试包含了英语听力、英语口语和专业课笔试和专业课面试四大板块的内容。

1. 复试英语听力。

复试英语听力主要考查考生的英语听力和理解能力，在考试内容上主要是选择与大学英语六级考试难度相当的考试试题。通过分析历年的英语听力试题来看，都是采取的单项选择题的考试类型。考生在备考英语听力时，可以选取曾经参加大学英语四六级的学习资料来重新学习，可以不用购买单独的考研英语复试英语听力资料。

2. 复试英语口语。

在英语口语部分，主要涉及的题目类型是"一问一答"的形式，试题内容简单。英语口语的问法主要有"你叫什么名字"、"你来自哪里"、"你本科院校的名字是什么"、"你为什么报考西南政法大学"、"什么方面打动你报考西南政法大学的某某专业某某方向"等一些我们耳熟能详的英语问法。考生在回答的时候可以采取简单且明确的回答方式，不宜回答过多，这样可以避免暴露"哑巴英语"问题。

3. 复试专业课笔试。

复试专业课笔试在西南政法大学硕士研究生入学考试法学专业的复试中占有150分的权重，需要考生予以重点关注。在参加了初试专业课的考试以后，考生也绝对不可以掉以轻心，许多考生在初试时的成绩并不高，但是往往在复试专业课笔试中取得了优异的成绩，借此打了一个漂亮的翻身仗。复试专业课笔试只考考生报考专业方向的知识，所以考生在得知自己初试通过以后，就要重新拾起初试的资料来学习备考。

4. 复试专业课面试。

复试专业课面试所占的分数也是150分，也是考生需要予以特别重视的方面。在复试面试衣服打扮的款式上、在面试仪态动作举止上、在回答面试老师方式和技巧上，本书都予以了充分的说明和指导，以此帮助考生在面试上取得最优的成绩。

5. 复试其他注意事项。

面试前，考生还要注意把本科阶段的获奖证书、优秀证书等其他一系列能够证明自己优秀的证明材料予以列明，需要复印件的材料在面试前复印装订好，可以在面试时呈送给面试老师审阅。在回答老师问题时，考生最好做到不卑不亢、心平气和，即使不同意老师的观点，也不要和提问老师争执，而要态度温和地表明自己的观点。这在丛书的各个专业部分都有明确的说明。

注：法理学专业方向的复试体现在专业 A 卷。请参阅《西南政法大学考研法学专业课一本通》复试部分专业 A 卷法理学方向复试的内容。

目录

第三编　西政考研法理学初阶基础知识点梳理

第四编　西政考研法理学进阶基础知识点梳理

第五编 西政考研法理学核心考点总结

第六编 西政考研法理学新增知识点归纳

第一编　西政考研法理学概述

本编引言

在西南政法大学硕士研究生法学专业入学考试中，作为全国公共考试课程的政治与英语科目不必多言，考生自然熟知这两门课程的重要性。除此之外，西南政法大学的硕士研究生法学专业还有两门专业课考试科目即法理学与专业课 A 或 B 或 C。由此可知，法理学是作为西南政法大学硕士研究生法学专业入学考试的校内专业课对待的。因此，从整体上来探究西政考研法理学这门课程的重要性就不言而喻。

第一章　教育部关于考研学校非统考专业课命题要求

本章引言

政治和英语是全国硕士研究生入学考试的必考公共科目，教育部对政治和英语都出台了明确的大纲和考试若干规定，但是对于每个招生院校的自主专业课命题考试部分缺少相关的规范性指导意见。基于此，我们在本章为考生主要收集、整理和分析了教育部有关招生院校非统考专业课方面有关的信息。

一、教育部关于招生院校自主命题的指导意见

（一）综合提示

作为硕士研究生入学考试的统考科目政治和英语教育部统一颁发了《考试大纲》，但非统考专业课教育部没有制定相应科目的考试大纲，是不是说非统考专业课的命题就没有可参考的官方权威依据了呢？答案是否定的。根据《教育部关于招收攻读硕士学位研究生统一入学考试初试自命题工作的指导意见（试行）》（以下简称《指导意见》），该《指导意见》中对非统考专业课命题工作做了非常细致的要求，是我们解析非统考专业课命题原则的政策依据。

（二）考试内容

《指导意见》中指出，专业课的考试内容"应结合大学本科和硕士研究生培养目标确定，以进入研究生学习必备的专业基础知识、基本理论和基本技能为考查重点，突出考查分析问题及解决问题的能力。各考试科目应涵盖三门以上本科阶段主干专业基础课程。

由此可见，非统考专业课的考查范围既涉及学科的基础知识、基本理论和技能，更突出考查学生的分析问题及解决问题的能力。这样设计考试内容的目的，该《指导意见》中明确表明是为了"使本学科专业的优秀本科毕业生获得及格或及格以上的成绩"，也就是为了保证研究生选拔的质量。

（三）试卷设计

在试卷结构设计上，为了拉开区分度，试卷结构会按照学科专业特点，设计多种题型、一定比例的题量和不同层级的难度。对考生来说，需要明确知道该科目考试的题型种类、题量比例、各题型做题时间分配比例。此外，更为重要的，从学科知识点上来说，考生更需要掌握学科知识的基本点、重点、难点、高频考点以及实际解决问题的综合能力。在收集与分析了全国招收硕士研究生院校的专业课之后，我们总结出在试卷内容的设计上，大体包含以下几种题型：单项选择题、多项选择题、简答题、论述题、材料题。例如，在西南政法大学硕士研究生入学考试中，法理学考试科目的题型主要有：单项选择题或者多项选择题、判断分析题、简答题、论述题、材料分析题。以下就以西南政法大学考研法理学考试科目为例，简单介绍

这几种题型的特点以及答题方法、技巧。

1. 单项选择题。单项选择题具有题量大、覆盖面广、知识精确性要求高的特点，但是知识相对简单，具有唯一性。为此考生遇到此类题型，要做的就是速度要快，对于熟悉的答案，在保证准确的前提下，要准确、迅速地完成。一时遇到比较难的题型，可以暂时放弃，等其他会做的题目做完再回头来做。千万不能不要把很多时间浪费在这样的题目上，否则会得不偿失。做完后面的题目再回头来做不会的题目，也许再做就豁然开朗了。做选择题主要有以下几种方法：

（1）直选法。所谓直选法就是指通过审题，结合所学到的知识点与之相对应和匹配，准确把握题干与选项之间的关联，直接准确地选择出本题的正确选项。

（2）排除法。运用排除法，不仅要弄清楚题干要求选择的是什么，还要仔细分析和辨别备选选项，在此基础上把不符合题干要求的选项迅速地排除，留下唯一正确的选项。排除法要求考生准确地把握教材中的知识点，因此，运用排除法在很大程度上是考察考生的记忆能力。

（3）比较法。在考生运用直选法和排除法都无效的情况下，可以选用比较法。这是一种花费时间相对比较多的方法。要求考生从几个选项当中对选项进行横向或纵向的比较，从中找到争取的选项。

2. 多项选择题。多项选择题具有正确选项数量不确定、错选一个都不得分以及难度较大的特点。面对多项选择题命题范围较大的特点，我们同样需要认真审题，这是最基础、最重要的一环。弄清楚题干给出的信息是什么以及确定题干要求选什么，通过读题，再把已经给出的信息同题目所要求的选项联系起来，就可以把正确的选项做出来。多项选择题的做题方法主要有：直选法和比较法。

3. 判断分析题。判断分析题就是选取一段教材中的一段话、一段名人名言或者是对名言加以修改，直接让考生先判断分析该语句正确与否，然后再对此语句表达的正确或者错误的原因进行阐释、解析和说明，考生只要判断正确，基本上都能回答出原因，属于相对简单的一种题型。

4. 简答题。对于简答题，考生都比较熟悉。从西政考研法理学这门课程的考试特点来看，简答题具有题量和难度适中的特点，考试难度主要停留在基础知识点的领会和简单应用的水平上。但是从考试的范围来看，试题涉及的范围比较大，因为通过多年的考试，所有能出简答题的知识点基本上都基本上出完了，所以现在的简答题出现了一种向更加偏的方向发展的趋势。所以对于简答题的备考应该是全面的策略。在答题上大家要认真审题，切勿匆匆答题、粗心大意，看错了题目，理解错了题意，造成了文不对题或者是张冠李戴的现象。同时答题要注意答题要点的准确、简洁和层次分明，不能在答题形式上杂乱无章，语言上要简明扼要。

5. 论述。论述题具有题量小、分值大的典型特点，需要考生引起足够的重视。论述主要考查考生的综合分析问题以及实际解决问题的能力，需要考生综合运用多个知识点解决问题，在考试中可谓是难度系数比较高的一个类型。对于论述题的答题要点，在教材中可能没有现成答案，需要考生进行归纳和总结，这就需要考生在平时的备考中不能单独的只顾背诵或者记忆，要时不时地进行思考、归纳和整理。在这个基础上，考生还要主要在答题上要对每个结论作出充足的论述，有必要进行分析的就必须作出充足的论证，让人信服。

6. 材料分析题。材料分析题是一种难度系数比较高的题型，主要考查考生理论与实际结合的能力。考生在学习了书本上的知识以后，能不能和现实结合起来，把所学的知识运用到现实生活中去发现问题、分析问题和解决问题是极其重要的一环，材料分析题就是应运而生。因此，考生在复习的时候，一定要在学好课本基础知识的基础上，加深对社会现象的理解，把所学的知识应用到实际的生活中，只有这样，才能轻松应对此种题型。具体而言，在解答此类题目时，考生先要认真阅读材料，从材料中提炼出材料所要表达的主要意思，再通过回顾教材，找到与之相契合的理论做铺垫，运用理论来分析材料中得问题，找到解决的办法，也就完成了材料题所要达到的要求。

二、硕士研究生入学考试专业课应对策略

为了顺利通过硕士研究生入学考试的专业课考试科目，提高分数，在考试中拔得头筹。我们应该注意以下复习应对策略。

（一）紧扣教材

对目标院校及目标专业的初试科目进行深度解析，梳理出有效复习与考核范围。目标院校的指定教材是考研学生的生命。教材中的内容十分繁杂、信息量巨大，这就要求我们考生拿到专业课教材以后，必须根据信息量的大小合理安排好复习计划，把目标院校的考试大纲、考试范围进行准确地把握。

（二）归纳重点、难点、常考点

通过初试科目各章节知识点深度剖析、重难点总结和典型题练习，梳理出了学科相应的重点、难点、常考知识点，并通过配套练习，帮助考生全面构建、理解、掌握和运用专业课的知识体系和逻辑结构。知识具有相通性，通过每一年真题的呈现我们知道了每一年在考试范围上都是有章法和规律可循。因此，我们可以抓住每一年真题呈现给我们的信息，充分发挥真题信息的作用，归纳、整理出历年考试的范围、常考点、重点和难点，可以帮助我们在接下来的复习中，达到事半功倍的效果。

（三）查缺补漏

通过对真题的回顾、练习、比较、解析，并将真题中考察的知识点回归至教材的分析中，我们可以得出真题的题型结构、题量比例、考查知识点出处、频次、考查知识点难度分级等对考生至关重要的复习备考指导信息。

※本章小结

1. 了解教育部关于招收攻读硕士学位研究生统一入学考试初试自命题工作的指导意见（试行）的精神和内容。

2. 熟知西南政法大学考研法理学考试科目的题型特点、答题方式。

3. 掌握专业课复习备课策略。

第二章　西政考研法学专业课考查模式解析

本章引言

西南政法大学硕士研究生入学考试中除了要参加政治和英语的考试以外，还要参加西南政法大学自己命制的两门专业课。第一门是法理学科目；第二门是专业课 A 卷或 B 卷或 C 卷。到底参加 A 卷、B 卷还是 C 卷科目的考试，要根据考生报考专业的方向来最终确定。因此，从总体上来解析西政考研法学专业课的考查模式就显得尤为必要。

一、西政考研法学专业课考查模式

从 2008 年开始，西南政法大学硕士研究生法学专业的入学考试专业课考试方式最终正式敲定。专业课一考法理学（包括法理学初阶和法理学进阶），专业课二根据考生报考专业和方向的不同考专业课 A 卷或 B 卷或 C 卷。所以专业课的考查模式也就是法理学 + 专业课 A 卷；法理学 + 专业课 B 卷；法理学 + 专业课 C 卷。报考以下专业方向的考生参加专业课 A 卷的考试：法学理论专业、法律史专业、法律逻辑学专业、刑法学专业、诉讼法学专业、侦查学专业、警察科学专业；报考以下专业方向的考生参加专业课 B 卷的考试：宪法学与行政法学专业、环境与资源法学专业；报考以下专业方向的考生参加专业课 C 卷的考试：民商法学专业、知识产权法学专业、经济法学专业、国际法学专业。也就说报考以上所有专业的考生除了考查专业课 A 卷或 B 卷或 C 卷以外，还要参加法理学这门课程的考试。

二、西政考研法学专业课考查模式解析

西南政法大学法学专业硕士研究生入学考试中专业课的考查模式即法理学 + 专业课 A 卷或 B 卷或 C 卷。因此，西南政法大学研究生入学初试专业课的考查中，法理学是作为西政考研的校内专业课的公共课而存在的，这门考试科目在西政考研法学专业硕士研究生入学考试中占有十分重要的地位和作用。

（一）法理学卷

在这种法理学卷 + 专业课 A 卷或 B 卷或 C 卷的考查模式中，法理学卷（包括法理学初阶 + 法理学进阶）是基础性学科，考生只有在复习好了法理学才能进一步跨越到专业课的复习，法理学处于一种基础和先行的地位。在这种模式下，能够对考生的基本法律知识的掌握和素养的提高提供一个很好的机会；同时，在此基础之上，能够让考生在学好法理学的基础上进一步选择自己所报考的专业课 A 或 B 或 C 中所包含的专业方向。可谓一举两得。先让考生先打好法律基础，这便是西政学校所要达到的首要目的。因为，没有良好的法律基本知识和素养，就难以培养出合格的专业法律人。这是西南政法大学在研究生入学考试中在专业课考查方式上与众多

学校所与众不同的地方。

（二）专业课 A、B、C 卷

依据最新的西政硕士研究生报考规定，凡是报考法学理论专业、法律史专业、法律逻辑学专业、刑法学专业、诉讼法学专业、侦查学专业、警察科学专业的考生都要参加专业课 A 的考试；报考宪法学与行政法学专业、环境与资源法学专业的考生都要参加专业课 B 的考试；报考民商法学专业、知识产权法学专业、经济法学专业、国际法学专业的考生都要参加专业课 C 的考试。在这种模式下，我们可以发现学科性质相同的专业参加同一类型试卷的考试，可以增加考生的专业方向选择与改变的灵活性，减少考生的复习苦累。例如考生先是选择了专业课 A 卷里面包含的专业方向之一的法理学专业，但是由于各方面的原因考生又不想报考法理学专业了，他想要更换到刑法学专业，那么他依然可以不用变换考试专业课的内容，因为专业课 A 卷既包含了法理学专业又包含了刑法学专业，不管是报考法理学专业还是刑法学专业，都要参加同样专业课 A 卷的考试，这样就极大地方便了考生在专业方向之间的选择。尤其是对于那些已经购买了考研参考书目的考生，可以极大地节约考生的复习时间和金钱。

※本章小结：

1. 熟悉西南政法大学硕士研究生入学考试法学专业课的考查模式。
2. 理解西南政法大学硕士研究生入学考试法学专业课的法理学科目的重要性。
3. 理解西南政法大学硕士研究生入学考试法学专业课的 A、B、C 科目的重要性。

第三章　西政考研法学专业课的法理学

本章引言

在西南政法大学硕士研究生入学考试中，法理学是作为一门专业课的校内公共课来对待的。基于法理学的基础性地位，为了顺利的通过西政硕士研究生入学考试，对于法理学的学习和备考必须引起我们足够大的重视。因此，在这个意义上，解析法理学相关的考试信息、制定完善的复习规划就显得尤为必要。

第一节　西政考研初试专业课法理学深度解析

一、法理学的重要地位

西南政法大学的法理学之所以具有如此高的地位，是基于以下几种因素。第一，西南政法大学法理学教材的主编便是西南政法大学现任校长付子堂先生，法理学学科一直就是西南政法大学重点发展的学术领域和学科之一；第二，法理学学科是 1979 年经国务院学位委员会批准获得硕士学位授予权，属于全国最早一批设立的硕士学位授予点的二级学科，2003 年被批准为博士学位授权点。2007 年 10 月法理学被教育部评为国家级精品课程，2008 年 1 月教育部批准《法理学进阶》入选"十一五"国家级规划教材。第三，西政历来重视学术传承和重视基础学科的建设。经过法理人多年的耕耘与辛劳，法理学学科培养了一批优秀的、具有创新探索精神的教学科研人员。

二、法理学初阶与法理学进阶

在西南政法大学研究生法学专业的入学专业课考试中，法理学的考试内容包含两大块内容法理学初阶与法理学进阶。

（一）法理学初阶

法理学初阶主要阐述法学、法律以及法治的基本知识，教材中将内容具体安排为三编，上编：法学基本知识，主要从梳理法学历史入手，通过辨析法学学科性质，展示法学体系的构成，过渡到介绍法学教育现状及其当代中国法学教育时代主题为止。中编：法律基本知识，起始于对法和法律的概念辨析，涵盖了彼此有逻辑联系的法律渊源、法律分类、法律结构、法律效力、法律意识、法律行为、法律关系、法律责任、法律起源、法律发展以及法系等法律基本范畴。下编：法治基本知识，重点从"纸上"的法律转化为行动的法律这一个角度，宏观阐释从法制到法治的观念转变，微观阐述法律制定、法律实施、法律监督的制度运行，最后以构建中国法律职业共同体为结尾。

（二）法理学进阶

法理学进阶则主要涉及法律问题的基本原理，法理学进阶主要是在法理学初阶对于法学、法律和法治基本知识阐述的基础上，进一步揭示关于法律的基本原理，具体由法律本体论、法律价值论、法律方法论和法律社会论四编构成。法律本体论、法律价值论揭示了法内之理，法律社会论揭示的是法外之理，而法律方法论则是沟通法内之理与法外之理的桥梁和中介。法理学进阶的基本结构，就是由抽象到具体，依次论述法律本体论、法律价值论、法律方法论和法律社会论，各编章节内容之间是相互联系、相互配合的一个法理系统。

第二节 西政考研法理学初试专业课复习整体规划

一、明确目标

法理学在西南政法大学硕士研究生法学专业入学考试中的重要基础性地位，决定了在对待法理学的复习态度上绝对不可掉以轻心。为此，必须制定出完整的复习规划，才能在法理学的考试中取得优异的成绩，以此来增加考研制胜的砝码。

西政法学考研中的法理学分值特别高，政治、英语各是100分，法理学（包含法理学初阶和法理学进阶）占了150分，而作为专业课A或B或C的专业课各占150分。但是我们不能忽视的是专业课A或B或C每一个方向，至少都包含三门复习内容，并且难度系数比较大，取得较高的分数比较困难，而法理学就包含两门复习内容，难度系数一般，所以相对于专业课A或B或C而言，考生在法理学考试中取得很高的分数上可谓轻而易举，每一年的法理学高分考生可谓遍地开花。因此，我们考生必须在法理学上多下工夫，争取高分。对于提高考研整体分数，起到了至关重要的作用。

二、科学规划

（一）暑假前阶段（3月~7月）

这里的暑假前可以从开学后算起直到暑假放假前这段时间，时间大约是三月份到暑假放假前·七八月份。这段时间考生的主要任务是尽量收集上一年西政法理学考研的一些基本情况与信息，为考研提供一个基本的信息导向；然后是购买考研简章指定的复习书目，这里的复习书目可以是上一年简章指定过的书籍，因为西政考研法理学教材：法理学初阶和法理学进阶都已经出现了新版的第三版，所以以后基本上就使用这两本教材，不太会有很大的变化，即使有变化，也是新版本的修订，修订主要是个别错别字以及语法错误的修改，不会涉及实质内容的变化，如若变化也会在考研考试中不会出现太难、太偏的题目；暑假前要对法理学教材进行整体上的浏览，可以不用太认真、仔细，暑假前的任务就是熟悉教材、熟悉教材里面的知识体系、架构和逻辑，为以后的全面复习打下坚实的印象基础，不至于在以后的全面复习时手足无措。

（二）暑假阶段（8月~9月）

经过了暑假前的准备活动，现在考生就要对法理学教材两本书：法理学初阶和法理学进阶有一个全面而深刻的复习，复习的方法很简单，首先就是要通读教材，不管重要与不重要的知识点都要逐个浏览与阅读，必要时要记得做笔记，不留死角，这是第一次系统复习考试大纲与简章指定的内容，应该仔细、认真，绝不可以丢三落四。切勿现在就以自己的态度认为这里重要或者那里不重要，这是要在以后通过复习才能做出的判断。到目前为止法理学上的知识点基本上都考查得差不多了，现在考试出题基本上都找那些以前看起来不重要并且极易为大家所忽视的知识点，所以，这段时间要的是全面、系统、仔细和认真地复习。对于真题，考生可以先进行浏览，不必现在可以去分析真题与真题解析，先对考试的真题有个大概地了解即可。可以等到暑假后具体复习了考试内容再进行真题的分析。

（三）暑假后至考研前一月（10月~11月）

暑假后至考研前一个月。在经历了暑假阶段系统全面地复习之后，我们在这一阶段所要做的任务就是要把考试中所要考察的知识点圈出来，本套丛书要做的就是把基础知识点、核心考点和新增知识点予以整理、梳理和归纳，极大地节省考生在这一阶段上所要花费的时间和工夫，帮助考生高效地识记考试中所要考察的知识点。

对于真题而言，在这一阶段考生要重点进行出题方式、答题技巧的分析，通过本套丛书中关于真题回顾与解析的章节，不要太注重答案，重要的是掌握如何答题以及如何从不同的角度与方向进行破题。考生不但要知道出题的内容是什么，而且还要知其为什么要这样做答，做到心中有数，做到泰然自若地应对考试。

（四）寒假前一个月（12月~1月）

到了这个阶段，考生可谓到了火烧眉毛的节骨眼，复习综合征、考试焦虑症接踵而来，尤其是考生身体上、精神上都极度不稳定，曾经复习的内容没记住、脑子一片空白等都是需要考生应对的问题。这一段时间一定要沉住气、静下心，对于法理学要有整体结构和逻辑意识，有时间可以采取"放电影"的方法进行回顾，尤其是核心重要的知识点，万一记不住的知识点可以随时翻一翻辅导书或教材，只有这样才能以防万一，避免出现在考试中万一出现曾经复习、记忆的知识点却由于心理素质不高而导致的一时难以记起的局面。

※本章小结：

1. 熟悉法理学初阶的基本知识谱系。
2. 熟悉法理学进阶的基本知识谱系。
3. 掌握科学合理的法理学整体复习规划和安排。

第二编 西政考研法理学历年真题回顾与解析

本编引言

历年考研真题具有权威性、全面性、指导性和接近性的特点，必须引起考生足够的重视。研读一年真题，胜读十年模拟题。本编通过对西政硕士研究生法学专业入学考试中法理学科目真题的回顾与解析，帮助考生在应对法理学考试中游刃有余。

第一章 西政法理学 2003 年真题回顾与解析

本章引言

2003 年的西南政法大学硕士研究生法学专业入学考试法理学试题主要有不定项选择题、概念比较题、简答题和论述题四部分组成。在这一年没有出现材料分析题。在考试难度系数上，属于难度适中。

一、不定项选择题（每小题 1 分，共 13 分）

1. 在西方，最早将法理学作为一个学科来讲述和研究的是（　　）。

    A. 亚里士多德　　　　　　　　B. 边沁

    C. 奥斯丁　　　　　　　　　　D. 萨维尼

【答案】C

【解析】1832 年英国法学家约翰·奥斯丁出版《法理学的范围》，标志着分析法学派的诞生，分析法学派以独特的研究方法而得名，将法理学作为一个学科来讲述和研究。

2. 古汉语中"法"一词包括的含义有（　　）。

    A. 公平　　　　　　　　　　　B. 正义

    C. 惩罚　　　　　　　　　　　D. 权利

【答案】AC

【解析】"法"字的古字体写法是"灋"。在《说文解字》中解释是："灋，刑也，平之如水，从水；廌，所以触不直者去之，从去。"所以，我们可以知道：古体法字不仅仅是惩罚的意思，还有作为刑法标准与行为规范的意义；水具有平面的特性，蕴含着公平的意义。

3. 根据法律规范所调整的方式不同，法律规范可分为（　　）。

    A. 授权性规范　　　　　　　　B. 义务性规范

    C. 确定性规范　　　　　　　　D. 任意性规范

【答案】AB

【解析】根据法律规范所调整的方式的不同，可以将法律规范分为授权性规范和义务性规范。授权性规范是指规定主体自身有权做出或不做出某种行为以及要求他人做出或不做出某种行为的法律规则；而义务性规范则是指在一定的条件和情况下，要求相关主体应积极做出某种行为的规则。所以答案选择 AB，对于 CD 两项，是根据法律规范的确定性程度而进行的分类。

4. 公法和私法的划分起源于（　　）。

    A. 古希腊法　　　　　　　　　B. 古罗马法

    C. 英国普通法　　　　　　　　D. 《拿破伦法典》

【答案】B

【解析】公私法的划分始于古罗马，最早是古罗马法学家乌尔比安提出来的。

5. 划分法律部门的标准是（　　）。

　　A. 法律调整的对象　　　　　　　B. 法律调整的原则

　　C. 法律调整的范围　　　　　　　D. 法律调整的方法

【答案】AD

【解析】所谓法律部门，又称部门法，是根据一定标准、原则所制定的同类法律规范的总称。法律部门的划分标准有二：第一，法律的调整对象是划分法律部门的首要标准。法律的调整对象，是特定的社会关系，即人与人之间的关系。第二，法律调整的方法是划分法律部门的另一标准。法律的调整方法，一般是指在调整社会关系时用以影响和控制这些关系的手段和方式。具体包括两种，一种是法律制裁方法；一种是法律关系的不同主体以及主体之间的不同权利义务关系。

6. 大陆法系又称为（　　）。

　　A. 中华法系　　　　　　　　　　B. 民法法系

　　C. 法典法系　　　　　　　　　　D. 罗马法系

【答案】BCD

【解析】法系是具有共同法律传统的若干国家和地区的法律，它是一种超越若干国家和地区的法律现象的总称。大陆法系，也称罗马—日耳曼法系、民法法系、法典法系，是指以古罗马法为基础，以 19 世纪初《法国民法典》为历史传统产生和发展起来的国家和地区法律制度的总称。

7. 法定解释又称为（　　）。

　　A. 有效解释　　　　　　　　　　B. 正式解释

　　C. 有权解释　　　　　　　　　　D. 学理解释

【答案】ABC

【解析】法律解释是指，一定的解释主体根据法定权限和程序，按照一定的标准和原则，对法律的含义以及法律所使用的概念、术语等进行进一步说明的活动。正式解释又称有权解释、法定解释或有效解释，是指由特定的国家机关按照宪法和法律所赋予的权限，对有关的法律规范所进行的解释，具有法律效力。我国法律的正式解释包括：立法解释、司法解释和行政解释三种。

8. 法律关系的要素有（　　）。

　　A. 主体　　　　　　　　　　　　B. 法律规范

　　C. 客体　　　　　　　　　　　　D. 权利义务

【答案】ACD

【解析】所谓法律关系，是指根据法律所确定的主体之间具体行为的法律相关性。由此定义可以看出，法律关系是被法律所调整的那部分社会关系内容的法律形式，具体表现为主体之间根据法律所结成的一种规范性关系。法律关系包含三个要素：法律关系主体、法律关系客体和法律关系内容三部分。

9. 法律事实包括（　　）。

　　A. 法律事件　　　　　　　　　　B. 法律义务

C. 法律权利　　　　　　　　D. 法律行为

【答案】AD

【解析】法律事实是指能够引起民事法律关系产生、变更或消灭的客观现象。包括法律行为和法律事件。

10. 西方现代法律正义论包括（　　）。

A. 相对正义论　　　　　　　B. 社会正义论

C. 形式正义论　　　　　　　D. 程序正义论

【答案】ABCD

【解析】西方现代国家中关于法律的思想中对正义的经典分类主要有以下几种：相对正义论、社会正义论、形式正义论、程序正义论。另外还有一种经济正义论。

11. 法制的中心环节是（　　）。

A. 执法必严　　　　　　　　B. 违法必究

C. 依法治国　　　　　　　　D. 依法办事

【答案】D

【解析】我国依法治国的"十六字方针"的基本内涵包括的内容是：有法可依、有法必依、执法必严、违法必究。1956 年 9 月 19 日，董必武在中共八大发表的《进一步加强人民民主法制，保障社会主义建设事业》的发言中，第一次提出："依法办事是加强法制的中心环节"。

12. 不具有立法性质的活动是（　　）。

A. 法的修改　　　　　　　　B. 法的废止

C. 法律汇编　　　　　　　　D. 法律编纂

【答案】C

【解析】立法一般称为法律制定，立法活动包括法律的创制、修改和废止三个方面。在立法技术方面，规范性法律文件的系统化的方式有二：第一，法律汇编，即将有关规范性法律文件按照一定的标准予以排列，编辑成册，不改变文件的内容，也不是制定法律；第二，法律编纂，即对属于某一部门法或某类法律的全部规范性文件加以整理补充、修改，甚至在此基础上制定一新的系统化法律，是一种立法活动。法律编纂与法律汇编的区别在于：法律编纂是立法活动，而法律汇编并不是立法活动。

13. 法律的社会监督包括（　　）。

A. 司法机关的监督　　　　　B. 政党监督

C. 人民政协的监督　　　　　D. 新闻舆论的监督

【答案】BCD

【解析】社会法律监督指的是国家机关以外的，包括社会组织、政治团体、人民群众等通过多种手段和途径对执法、司法和守法行为的督促。监督的目的在于保证法律实施的合法性。其特点是不直接运用国家权力，不必遵照一定的法律程序和形式。社会法律监督包括：公民监督；社会舆论监督；社会组织监督；执政党监督。

二、概念比较（每小题 9 分，共 27 分）

1. 根本法律与基本法律。

【参考答案】根本法律一般是指国家的根本大法，也即根本法，就是指在一个国家中，规定着国家最根本的经济、政治和社会制度、公民的基本权利和义务以及国家机构组织和活动的基本原则，具有最高的法律地位和效力，并且制定修改程序特别、复杂，在通常的意义上一般是指一个国家的宪法；而基本法律是指由我国全国人民代表大会制定和修改的刑事、民事、国家机构和其他的基本法律，区别于基本法律之外的一般法律、其他法律。

根本法律与基本法律的区别如下：第一，两者的概念和调整的内容不同。根本法律是与普通法律相对应的概念，在成文宪法制国家，根本法律即宪法，通常规定一个国家的社会制度和国家制度的基本原则，国家机关的组织和活动的基本原则以及公民的基本权利和义务等重要内容，有的还规定国旗、国歌、国徽和首都以及统治阶级认为重要的其他制度；在我国，基本法律是与非基本法律相对应的概念，规定的是国家、社会和公民生活中具有重大意义的基本问题，如刑法、民法等。第二，法律地位和效力不同。根本法具有最高的法律效力，是制定其他法律的依据，法律效力和地位高于基本法律。第三，制定和修改程序不同。在我国，只有最高国家国家权力机关全国人大才能行使制定和修改宪法的权力，宪法须有全国人大以全体代表的三分之二以上多数通过，宪法的修改须有全国人大常委会或五分之一以上全国人大代表提议。而基本法律则是由全国人大制定和修改，在全国人大闭会期间，全国人大常委会也有权对其进行部分补充和修改，但不得同其基本原则相抵触。、

因此，根本法与基本法是按照两种不同的标准对法所进行的分类，两者在调整内容、法律地位、效力层级、制定修改程序等方面都不相同。

2. 法律责任与法律制裁。

【参考答案】法律责任就是因侵权、违约或违法而应承受的法律上的责任。从一般的、广泛的意义上讲，因违反法律而承担的责任，就是法律责任，法律责任是社会责任的一种，具有国家强制性。依据不同的标准法律责任可以作各种各样的分类，比如可以划分为违反民法所应承担的以财产责任为主要内容的补偿性的民事责任；因行为人的犯罪行为所应承担的刑事处罚的刑事责任；因违反行政法所应承担的行政责任；因国家机关及其工作人员侵犯他人的财产权和人身权而应承担的国家赔偿责任和违宪责任。法律责任还可以划分为财产责任和非财产责任；过错责任与无过错责任；有限责任和无限责任等。

与法律责任相对应就是法律制裁。法律责任是行为人承受法律制裁的前提，法律制裁是法律责任的结果。特定国家机关对承担法律责任的人依照其法律责任的大小而给予的强制性措施就是法律制裁。相对法律责任的种类，法律制裁也类似地划分为民事制裁、刑事制裁、行政制裁以及违宪制裁等。以国家强制力为后盾而保证实施的法律制裁，其一般目的在于预防、制止和一定程度的惩罚，从而实现法律正义，维护社会公平。法律制裁的措施可以使对责任者的人身、财产和非财产权利施

加的各种影响，以使得法律责任的承担者受到一定的惩罚、限制或剥夺，达到平衡和协调社会关系、化解纠纷、维持社会秩序安定的目的。

法律责任和法律制裁两者的区别在于：第一，内涵不同。法律责任是指由特定的法律事实所引起的对损害予以赔偿、补偿或接受惩罚的特殊义务，亦即由于违反第一性义务而引起的第二性义务。而法律制裁即惩罚，是国家通过强制对责任主体的人身、财产和精神实施制裁的责任方式，是最严厉的法律责任方式，包括民事制裁、行政制裁、刑事制裁、违宪制裁等。第二，法律制裁仅仅是法律责任实现的方式之一，法律责任不等于法律制裁，有法律责任不一定有法律制裁，而且在追究违法者的法律责任时，可视其违法情节、危害程度、主观方面等具体情况，依法减免或从重、加重制裁，这表明，即便是有法律制裁的情况下，法律责任的承担方式也是有轻有重。

3. 权利能力与行为能力。

【参考答案】权利能力和行为能力都是法律关系主体的构成资格，权利能力是行为能力的前提，没有权利能力就不会有行为能力；而权利能力的实现也有赖于行为能力，只有具备行为能力的人，才能通过自己的行为依法行使具体的权利或履行具体的义务。因此二者存在着紧密的联系。但二者也存在以下区别：

（1）内涵不同。权利能力，又称权益能力，是指能够参与一定的法律关系，依法享有一定权利和承担一定义务的法律资格。它是法律关系主体实际取得权利、承担义务的前提条件。而行为能力则是指法律关系主体能够通过自己的行为实际取得权利和履行义务的能力，是公民的意识能力在法律上的反映。

（2）范围不同。尽管法人的权利能力与行为能力在范围上是一样的，但对于公民而言，其权利能力与行为能力的范围是不同的。即公民的权利能力在法律上都具有平等的权利能力，但公民的行为能力却不是一切人都有的，对于公民而言，还存在限制行为能力人和无行为能力人。

（3）开始和终止的时间不同。尽管法人的权利能力与行为能力在时间上是一致的，但公民的权利能力与行为能力的时间却不一致。即公民的权利能力一般是始于出生，终于死亡；但公民是否拥有行为能力，则取决于其年龄、智力和精神状况。

三、简答题（每小题 10 分，共 30 分）

1. 成文法相对于不成文法的优点是什么？

【参考答案】按照法的创制方式和表达形式为标准，可以把法划分为成文法和不成文法。成文法是指由国家特定机关制定和公布，并以成文形式出现的法律，因此又称制定法。不成文法是指由国家认可其法律效力，但又不具有成文形式的法，一般指习惯法，也包括判例法。由此可见，成文法相对于不成文法具有下列优点：

（1）成文法比不成文法更具有明确性或确定性，从而更有利于执法人员执法、司法人员适用法律，也更有利于公民、法人或其他组织遵守法律。

（2）成文法比不成文法更具有可预测性。相对于不成文法，人们（尤其是不熟悉当地习惯的人）更可以根据成文法来预测自己或他人如何行为以及由此所要承受的法律上的后果。

（3）成文法比不成文法更具有一般性。习惯法往往因地域不同呈现出不同的特征和内容，判例法同样具有此特点，而成文法一般说来是在全国都适用的，具有普遍的效力，因此，成文法比不成文法更具有一般性。

（4）成文法比不成文法更具有安定性。习惯法的内容是流变的，而成文法在其修改之前则是相对稳定的，因此，成文法比不成文法更具有安定性。

（5）成文法比不成文法更有利于我国的法治建设，更有利于依法治国。特别是在我们这样一个缺乏普通法传统而具有悠久的成文法传统的发展中国家，进行法治建设无疑更多的需要依靠成文法。

2. 试述法的形成的一般规律。

【参考答案】（1）法律的产生经历了一个由个别调整到规范性调整的过程。个别调整是指针对具体的人、具体的事所进行的一次性调整。规范性调整是指形成或制定具有普遍适用性的、可以多次反复适用的行为规则来调整社会关系。

（2）法律的产生经历了一个由习惯到习惯法，再发展成为制定法的过程。原始习惯的存在，为法律的形成提供了最初的规范性基础；随后，国家通过认可的方式，将有利于统治阶级利益和社会生活的维系与发展的习惯转化为受国家强制力保障实施的法律，习惯法产生；随着社会生活的日益复杂，仅仅靠根据既有规范转化而来的习惯法已经不能满足社会对规范的需求，国家顺应这一局势，有针对性地制定新的规范，这些新的规范就是制定法。

（3）法律的产生经历了一个由自发调整到自觉调整的过程。原始习惯是人类在长期的生产与生活过程中自发形成的，从习惯到习惯法的转变则经过了人类的有意识选择，这是一个从自发到初步自觉的转变。而从习惯法到制定法的过程则是法的产生方式从认可到制定的转变，说明人类对规范的形成已经达到了高度自觉的阶段。

3. 法律权利与权力的区别是什么？

【参考答案】权力是指特定主体（包括个人、组织和国家）因某种优势而拥有的对社会或他人的强制力量和支配力量。二者联系：法律权利与权力存在密切的关系。一方面，权力以法律权利为基础，以实现法律权利为目的，法律权利制约着权力；另一方面，某些权利的实现依赖一定的权力。二者有一定的一致性，如法律权利与权力都追求一定的利益为目的；都有相应的法律规定和限制；都有相应的法律保障；它们的正确行使都会对社会产生良好的效果。二者区别：

（1）二者来源不同。法律权利是法律对既有权利确认的结果；而权力往往根据法律来配置或由一定政治组织赋予而产生。

（2）二者要求不同。法律权利的实现并不要求权利相对人以服从为条件，也不体现权利人对他人的支配，它所要求的仅仅是义务人所必须履行的法律义务。而权力的实现必须以服从为条件，体现为支配他人。

（3）二者追求的利益重点不同。法律权利追求的可能是政治利益、经济利益或者是其他利益，而权力追求的利益主要是政治利益。

（4）二者的限制程度不同。法律权利没有严格的限制，既可以依法行使，也可以转让和放弃；而权力只能依法行使，既不能随意转让也不能放弃；转让和放弃权利具有合法性，而转让和放弃权力则是违法的。

（5）二者的实现方式不同。法律权利的实现以国家强制力保障作为后盾，而权力的实现往往直接伴随着国家强制力的实施。

（6）二者的范围不同。从内容来看，法律权利的范围非常广泛，它一般是根据法律的认定来确定。而权力的范围非常有限，它主要是根据权力主体的职责范围来确定。从主体来看，法律权利主体的范围具有普遍性，而权力主体只能是特定主体拥有。

四、论述题（共 20 分）

试举出实例论述科技与法律的相互关系。

【参考答案】法律与科技之间相互影响、相互作用，具有非常紧密的联系。对二者的相互关系，可以从以下两大方面进行分析：

1. 科学技术对法的影响。现代科技的飞速发展，其辐射性、渗透性影响着人类法律生活的各个方面：从立法内容到立法体制，从法的调整范围到法的表现形式，从法制运作到法学教育、法学研究，几乎无一不在科学技术影响范围内。这种全方位的影响既为法的进步和发展创造新的机遇和前提，又对法、法的运作和法学研究提出挑战和问题。

（1）科学技术影响法的内容，成为法律规定的重要依据。科技进步所形成的新的科学知识，不断被运用到法律领域，成为法律规定的重要的科学依据。如关于禁止直系血亲和三代以内旁系血亲结婚的法律规定就是以医学等科学原理为依据的。

（2）科学技术影响法的表现形式和传播方式，使法的表现形式更科学合理，信息传播更便利、快捷、准确和充分。如 20 世纪以来的信息革命，特别是无线电、电脑等的出现和推广，就促成了法的信息传递方式的变革，为人们认同、接受和遵行法律提供了更多的便利和条件。

（3）科学技术影响法的调整范围，导致新的法律部门的出现。如科技发展带来人类活动范围的扩展和对能源、资源开发、利用能力的增强，使得维持人与自然统一生态平衡的问题提升为法律议题，从而导致环境保护法的产生。

（4）科学技术影响立法体制、过程和方法，促进立法的专门化、民主化、科学化和高效率。如"授权立法"体制的形成，即将专业性、技术性较强的立法工作委托给专业机构和人员，就体现了科技的影响。

（5）科学技术影响法律技术和法律调整机制，促进法律调整机制和手段的科学化、合理化和高效能化。如法律信息库及法律专家系统的建立，就使认定事实、辨别和选择法律规范乃至适用法律规范作出决定的过程获得了更多的便利。

（6）科学技术影响法学教育、法制宣传和法学研究的方式和内容，促进法律教育、法制宣传和法学研究方法与内容的更新和发展。科技进步不仅影响法的制度层面和操作层面，也广泛而深刻地影响法的观念层面。如 19 世纪的进化论、能量守恒转化定律、细胞学说就成为马克思主义法学方法论得以产生的基础。

（7）当然，科学技术是一把双刃剑，它在推动和促进法、法律观念、法学教育、法学研究发展的同时，也给法律实践和法学研究带来一系列困惑、挑战和问题。如高科技犯罪的问题就是如此。

2. 法对科学技术的作用。科学技术对法发生作用的过程中，法律也因其严格的规范性、程序性、特殊强制性、效率性和高度理性化特点，成为国家干预、组织和管理科技活动的主要手段。随着科技迅速发展及其影响社会生活广度和深度的加强，科技活动被纳入法治轨道的趋势也日益加强。在现代社会，法对科技活动的作用主要表现在以下方面：

（1）法组织和协调科技活动，为科技活动和科技管理提供民主、科学的规则和程序。如法可以确认和保证科技发展在国家社会生活中的优先地位、可以确定国家科技发展战略、确立科技管理体制和科技运行机制等。

（2）法调节科技成果应用中产生的利益关系，保证和促进科技成果的合理使用和推广。

如法将科技成果以权利形式设置成专利权、版权等，赋予它们以法律上的财产属性和人身属性，成为可以独占、使用、处分、收益的产权等，从而使科技成果应用中的利益关系，转化为合理的、有保障的法律上的权利义务关系。

（3）法协调科学技术与人的冲突关系，保证科学技术为人类福祉服务的方向。如科技经济法、技术标准化法、环境保护法等，就在这方面发挥了重大作用。

（4）法推动国际间科学技术合作，促进科学技术的全球共享和高效能运用。如作为国际法、国际私法和国际经济法重要内容的国际科技合作制度，就使科学技术的全球共享和高效能运用获得了制度上的保障。

（5）法确认和保障科技活动主体科学研究、发明创造的自由，为科技活动创造自由、宽松、安定的政治和社会环境。如法通过对思想自由、表达自由、科学研究和发明创造自由的确认和保障，通过对权力专横、滥用的防范和控制，就在这方面发挥了重大作用。

※ 本章小结

1. 通过 2003 年真题的回顾和解析，考生重点把握真题的难度和考试方式。
2. 注意掌握概念比较、简答题和论述题的答题方式。
3. 科技与法律的关系属于常考知识点，需要考生重点掌握。

第二章　西政法理学 2004 年真题回顾与解析

本章引言

　　2004 年西南政法大学硕士研究生入学考试法理学试题的题型主要包含有不定项选择题、概念比较题、简述题和论述题四种题型。从难度系数上来看，概念比较题、简述题属于难度适中，不定项选择题稍难，论述题除了基本知识的考查以外，还要考生掌握知识的理解和运用。

一、不定项选择题（每小题 2 分，共 20 分）

　　1. "在社会发展某个很早的阶段，产生了这样一种需要，把每天重复着的生产、分配和交换产品的行为用一个共同规则概括起来，设法使个人服从生产与交换的一般条件。这个规则首先表现为习惯，后来便成了法律。"这段名言说明（　　）。

　　　　A. 法具有调整经济关系的功能

　　　　B. 经济关系可只由习惯调整，没有法律也行

　　　　C. 在一定意义上，法律就是经济关系发展及其需求的产物

　　　　D. 有了法律，个人在经济关系中将变得不自由

　　【答案】C

　　【解析】这句话所讲的是法产生的经济根源，法产生和发展是由多种社会因素相互作用的产物，但这些因素又是在经济因素最终起决定作用的条件下相互作用而产生的。因此，恩格斯才对法的产生作出了这种表述。他说明了法是商品生产和交换的产物。

　　2.《中华人民共和国政府采购法》第五条规定："任何单位和个人不得采用任何方式，阻挠和限制供应商自由进入本地区和本行业的政府采购市场。"从法的规范作用看，该项规定属于下列哪一情况？（　　）

　　　　A. 个别指引　　　　　　　　　B. 确定的指引

　　　　C. 有选择的指引　　　　　　　D. 非规范性指引

　　【答案】B

　　【解析】法律是一种社会规范，它的指引是通过一般规则就同类的人或情况的指引，因而是一种规范性指引，而不可能是个别的指引；义务性规范在通常情况下是确定性指引，即法律明确规定人们应当这样行为或不应当这样行为，而授权性规范代表一种有选择的指引，即法律规定人们可以这样行为也可以那样行为。

　　3. 人权与法的关系可以理解为（　　）。

　　　　A. 权利与法的关系

　　　　B. 一个社会和国家经济、政治与法律之间的关系

　　　　C. 体现人权精神的法律，一般情况都是体现社会进步的法律

D. 人权是法的体现和保障

【答案】AC

【解析】人权，是指人的个体或群体，基于人的本性，并在一定的历史条件下基于一定的经济结构和文化发展，为自身的自由生存、自由活动、自由发展以能够真正掌握自己的命运，而必须平等具有的权利，是一种应有权利、法律权利、实有权利。人权与法律权利的关系具体表现为：一方面，人权的基本内容是法律权利的基础，只有争得了最基本的人权，才能将一般人权转化为法律权利。另一方面，法律权利是人权的体现和保障。

4. 法系是法学中的一个重要概念，借此概念可以对各国各地区法律制度的现状和历史渊源进行考察比较。据此，下列结论正确的是（　　）。

A. 中国目前是一国两制三法系

B. 大陆法系与英美法系当今的发展趋势是日趋融合，但不会合而为一

C. 美国属英美法系国家，所以全国所有的地方均采用判例法

D. 英美法系的判例汇编与大陆法系的法典都是成文法

【答案】AB

【解析】香港和澳门回归后，我国领土范围内同时并存着三种法系：英美法系、大陆法系和中华法系。大陆法系和英美法系相互影响、相互借鉴，有着趋同和融合的趋势，但是两者毕竟有着很大的差异，短时间内是不会合二为一的；在美国，并非所有的州都属于英美法系，路易斯安那州就是一个例外，它属于大陆法系；英美法系的判例汇编同我国的法律编纂并不是一个概念，英美法系的判例汇编并不是一种创制法的过程，因此不是成文法。

5. 《中华人民共和国律师法》第十四条规定："没有取得律师执业证书的人员，不得以律师名义执业，不得为牟取经济利益从事诉讼代理或者辩护业务。"这一法律规范属于以下何种规范？（　　）

A. 禁止性规范　　　　　　B. 授权性规范

C. 任意性规范　　　　　　D. 委任性规范

【答案】A

【解析】禁止性规范是指规定主体不得作出一定行为，即规定主体的消极的不作为义务。《中华人民共和国律师法》第十四条规定："没有取得律师执业证书的人员，不得以律师名义执业，不得为牟取经济利益从事诉讼代理或者辩护业务。"属于禁止性规定。

6. 当今，科学技术在全世界范围内的影响越来越广泛，科技进步不仅强劲地推动着经济的转型，也对法律系统提出了一系列挑战。科技对法律的影响主要表现在科技的发展（　　）。

A. 扩大了法律调整的社会关系的范围

B. 对立法产生了巨大的影响

C. 对法律实施提供了全新的手段

D. 提高了法律实施的效率

【答案】ABCD

【解析】科学技术的发展出现带来一些新型的社会关系，这些社会关系中有一部分需要法律的调整，扩大了法律调整社会关系的范围；科技的发展对立法产生了影响，许多科技成果成为确立法律规范的依据，大量的科技术语、概念被借用到法律中，影响着立法的方式、程序和技术；科技成果为执法、司法和法律监督工作提供新的装备、手段和技能，提高了法律实施的效率。

7. 《中华人民共和国立法法》（   ）。

    A. 在当代中国法律部门中属宪法

    B. 在当代中国法律部门中属于法律

    C. 在当代中国法的渊源中属于宪法

    D. 在当代中国法的渊源中不属于法律

【答案】A

【解析】作为法律部门的宪法除了《宪法》以外，还包括国家机关组织法、选举法、国籍法特别行政区基本法、民族区域自治法、立法法等处于附属于宪法层次的法律；在法律渊源上，由于立法法是全国人大制定的，因此是法律。

8. 法律与宗教虽然有着十分密切的关系，但两者毕竟是不同的意识形态和行为规范，因而，各自又具有自己的特征。一般说来，法律与宗教的区别表现为（   ）。

    A. 法律的产生远早于宗教

    B. 法律的基础是人的理性的自觉力量，而宗教则不是

    C. 法律规范人的外部行为，宗教规范则相反

    D. 法律对权利和义务的规定明确，宗教规范则相反

【答案】BC

【解析】宗教早在原始社会就已经出现了，它的产生早于法律；宗教是自然力量和社会力量在人们意识中的一种虚幻的、歪曲的反映；宗教通过人的内心世界和终极信仰来控制、调节人的行为。

9. 某甲因为自杀导致与妻子的婚姻法律关系终结，该原因属于（   ）。

    A. 法律行为   B. 法律事件

    C. 法律事实   D. 法律规定

【答案】BC

【解析】法律事实是指法律规范所规定的，能够引起法律关系产生、变更和消灭的客观情况或现象。一方面，法律事实是一种客观存在的外在现象，而不是人们的一种心理现象或心理活动；另一方面，法律事实是由法律规定的、具有法律意义的事实，能够引起法律关系的产生、变更和消灭。法律行为是可以作为法律事实而存在，能够引起法律关系的产生、变更和消灭。因为人们的意志有善意和恶意、合法与非法之分，故其行为也可以分为善意行为、合法行为与恶意行为、违法行为。法律事实是指能够引起法律关系变化的不依靠人的意志为转移的事实。在题目中，引起甲与妻子之间婚姻关系终结的是甲的死亡，是一个不以当事人意志为转移的法律事实，而法律事件是法律事实的一种。

10. 在当代西方社会，新闻舆论监督被称为继传统的立法权、行政权和司法权

之后的"第四种权力"，监督功能非常强大。在我国的情况是（　　　）。

  A. 新闻舆论媒体也是国家法律监督体系中的一种监督力量

  B. 监督中涉及模糊的法律规定时，新闻舆论媒体可以作出自己的法律解释

  C. 中央新闻媒体的新闻监督具有直接的法律效力

  D. 新闻舆论监督具有相当大的道义影响和震撼力

【答案】AD

【解析】新闻舆论的法律监督是由新闻媒介进行的法律监督，新闻舆论监督因其反应速度快、传播范围广，而具有相当大的道义影响和震撼力，但是新闻舆论监督并不是国家权力机关的监督，它对法律并不能作出自己的法律解释，也不具有直接的法律效力。

二、概念比较（每小题 5 分，共 10 分）

1. 法律心理与法律观念。

【参考答案】（1）法律意识是社会意识的一种，是指人们在一定的历史条件下，对现行法律和法律现象的心理体验、价值评价等各种意识现象的总称。包括人们对法的本质和功能的看法、对现行法律的要求和态度、对法律适用的评价、对各种法律行为的理解、对自己权利义务的认识等，是法律观点和法律观念的合称。

（2）法律心理是低级阶段的法律意识，是人们对法律现象认识的感性阶段。它直接与人们的日常生活、法律生活相联系，是人们对法律现象的表面的、直观的、感性的认识和情绪，是对法律现象的自发的、不系统的反映形式。

（3）法律观念是指介于感性和理性阶段之间的一种特有的法律意识反映阶段。法律观念既包括人们对法律的零散的、偶然的、感性的认识；也包括一些系统的、必然的、理性的认识。

2. 执法与司法。

【参考答案】（1）法律执行简称执法，有广义和狭义两种理解。广义的执法建立在法律的制定和执行的逻辑两分的基础之上，仅与立法相对应，指国家行政机关、司法机关和法律授权或委托的其他机关及其公职人员，依照法定的职权和程序，贯彻实施法的活动，既包括行政机关执行法律的活动，也包括司法机关适用法律的活动。狭义的执法则建立在近代国家权力的立法、执法和司法三分的基础上，是仅指国家行政机关和法律委托的组织及其公职人员依照法定职权和程序行使行政管理权，贯彻实施国家权力机关，即立法机关所制定的法律的活动。一般在狭义上使用执法这一概念，即仅指行政执法，不包括法的适用即司法活动。本书也采用形式意义上的行政观。形式意义上的行政是从组织的角度对行政进行界定，把所有的、凡由行政机关进行的活动都称为行政执法活动。而实质意义上的行政则是从行为的性质进行区分，将行政立法和行政司法排除在外。

（2）执法的特征：第一，执法主体的特定性和国家代表性。一国能够享有执法权的主体只限于该国的国家行政机关和法律委托的组织及其公职人员。各国还实行行政执法人员资格制度，没有取得执法资格的人员不得从事执法工作。第二，执法具有主动性和单方意志性。行政机关的执法活动一般都是依职权主动进行的，行政

机关就是法律关系的一方当事人，行政法律关系的产生无需以行政相对人相应的意思表示为前提。第三，执法具有极大的自由裁量性。并非指行政主体有完全的行为自由，而是指行政主体获得立法给予的较大的裁量权，在无法律明确规定的情况下，行政执法主体可以依照法律的精神进行管理活动。

（3）司法指国家司法机关依据法定职权和法定程序，具体运用法律处理案件的专门活动。

（4）司法的特征：第一，主体的特殊性。司法是国家特定的专门机关及其公职人员按照法定权限实施法律的专门活动。我国的司法权一般包括审判权和检察权，法院和检察院是我国的司法机关，是我国法律适用的主体。第二，专业性。要求司法机关公职人员必须具备丰富的专门知识，受过严格的训练。第三，国家强制性。法律适用以国家强制力为保证力量，所有人都必须服从。第四，程序法定性。程序性是法律适用的最重要、最显著的特点。第五，裁决权威性。司法机关所作出的裁决是具有法律效力的裁决，任何组织和个人都必须执行，不得擅自修改和违抗，因此，具有很大的权威性。

三、判断分析（每小题5分，共10分）

1. 法的价值是法的实施的需求。

【参考答案】错误。价值具有社会性或主体性；价值是绝对性与相对性的统一；价值是客观性与主观性的统一；所以，任何一种事物的价值，从广义上说应该包含两个相互联系的方面：一是事物的存在对人的作用或意义；二是人对事物有用性的评价。

所谓法律价值，就是指在作为客体的法律与作为主体的人的关系中，法律对一定主体需要的满足状况以及由此所产生的人对法律性状、属性和作用的评价。也就是说，法的价值是一个关系的范畴，它所揭示的是法的存在、属性、作用、变化与社会主体需要之间的关系。法的价值既是主体的，又是客体的，是主体性与客体性的统一。从主体方面看，法的价值总是以社会主体需要与目的为根据的，包含有社会实践—认识活动中的主体性内容。从客体方面看，法的价值又是法自身存在的一种客观性，不论人们是否认识到法有能够满足特定主体需要这一性质，它都是客观存在的，因而具有客体性内容，因此只有在主客体互动的关系下我们才能理解和认识法的价值。

法律实施是指法律在社会生活中被人们实际执行，是法律在社会实际中的具体运用和贯彻。它包括三个方面：法律遵守（守法）、法律执行（执法）和法律适用（司法）。法的实施是一个过程，它是将法律规范的要求转化为人们的行为，将法律规范中统治阶级的意志转化为现实关系的过程。它使法律规范的抽象规定具体化，使法律可能性转化为现实性，只有通过法的实施，法律才能得以实现，也才有可能达到立法的最终目的。因此，没有法的实施，法律也就失去了存在的价值。

由此可见，法的价值是法的效用，法对社会、对个人的积极作用，是对法的一种抽象提炼，而法的实施是法的具体实现过程，在法的实施过程中最终的目标是实现法的价值，但在具体实施过程中，法的实施的目标是将具体法律规范应用到社会生活，使法作用于具体的社会关系活动。

2. 法治与法制是同一个法学范畴。

【参考答案】错误。（1）法制的含义包括两个方面：

第一，静态的理解：认为法制就是法律制度；第二，动态的理解：认为法制是指一切社会关系的参加者严格地、平等地执行和遵守法律，以及法律制定、法律实施和法律监督等一系列活动的过程，包括立法、守法、执法、司法和护法的有机统一。而法治指依照法律治理国家的治国思想、治国方式和社会秩序、社会状态。它包括以下几层含义：第一，法治是一种宏观的治国方略。是指一个国家在多种手段面前，选择以法律为主的社会控制手段。第二，法治是一种理性的办事原则。在制定法律之后，任何人和组织的社会性活动均受既定法律规则的约束。无论发生什么情况，甚至是法律本身发生不正当的情况，也要依法办事。在法律面前只有先承认形式的合理才能承认实质的合理，这是法治建立的根本要求。第三，法治是一种民主的法制模式，又常常被理解为"以民主为基础和前提的法制"。法制必须以民主为社会条件和正当基础。第四，法治还经常被作为一种文明的法的精神，与理念、原则、观念等词联用，如"法治理念"、"法治原则"、"法治观念"等。第五，法治是一种理性的社会状态和理想的社会秩序。法律与国家、政府之间，运用法律约束国家、政府权力；法律与人民之间，运用法律合理地分配利益；法律与社会之间，运用法律确保社会公共利益不受权力和权利的侵犯。因此，可以认为"法治"就是一种在法律管束国家权力以后，而使权利在人与人之间得到合理配置的社会状态。

（2）法制与法治的区别：

第一，属于工具操作范畴，没有民主也可以有法制。法制仅仅表明特定社会中存在着一种独立于其他各种制度的法律制度，有时也表现为一整套较为系统的法律制度。但是，在法律的这种存在状态即法制中，法律还只是某个权威所运用的一种工具，一个控制国家和社会的手段。法治则属于政治理想的范畴，没有民主就不可能有法治。法治是市场经济基础上、民主政治体制中的治国方略。法治关注的焦点是法律的至上权威，公民、团体和政府必须依从公认的法律规则行事，法律是对公共权力运用的有效制约。因此，法治表明法律在社会生活中享有最高权威。

第二，法制强调秩序，而不一定建立在正当性价值之上。而法治则蕴涵了法律调整社会生活的正当性。法治符合社会生活理性化的要求，使人们的社会生活和交往活动具有了可预测性和确定性，也使人们的正当要求有了程序化、制度化的保障，增强了社会成员的安全感。

第三，法制史相对于政治制度、经济制度而存在的一种制度。而法治则显示了法律介入社会的广泛性，即法律必须更加全面、深入地介入社会生活的方方面面。法治要求在全部社会活动中都必须依法办事，要求法律不仅在经济、文化、社会生活中具有重大作用，而且特别强调在国家的政治生活中也同样具有重要作用。法治要求社会的法律化，可以从根本上维护公民的权利和自由。

（3）法制与法治的联系：

一方面，只有在法治理念的指导下，才有可能建立和健全法制；如果没有法治理念的指引，就不能有完备的法制。另一方面，只有建立了完备的法制，才能做到有法可依，才能使依法治国方略得以实现；如果没有法制保障，法治只能是一个空洞的思想主张。法制状态虽然不能直接导致法治，但法治状态必须以完备的法制为基础。最终，通过法律制定、法律实施和法律监督，即立法、守法、执法、司法的整个环节，在以依法办事为核心的动态过程中，法治状态得以实现。

四、简述题（共 10 分）

法的演进规律。

【参考答案】1. 法的发展规律是指作为一种社会现象的法律的，从原始社会习惯、发展到奴隶制法、封建制法、资本主义制法再到社会主义制法的规律。

2. 法律发展的规律主要表现在以下几个方面：

（1）从神法向人法发展。早期法律的成长过程与宗教密切关联，法律往往披上宗教的外衣，借助神灵的力量获得权威。随着人类社会的发展，神灵之法让位于人世之法。表现为：第一，法律不再被当做神的意志而是人民意志的表达，人民主权是法律权威的终极来源；第二，世俗的司法诉讼取代了神明裁判，成为社会解决纠纷的最为重要的形式。

（2）从"身份的法"向"契约的法"发展。把法的进看作是一个从"身份的法"向"契约的法"运动的学者是梅因，古代法所调整的单位是家族而不是独立的个人，随着社会的发展和进步，"个人"不断地代替了"家族"，成为民事法律所考虑的单位。在新的社会秩序中，人与人之间的关系是因个人的自由合意而产生的契约关系，契约本质是自由和平等，这就决定了现代法律的平等性。

（3）从不成文法向成文法发展。第一，从法律起源的过程来看，法律在起源之初是以习惯法为其主要表现形式的，成文法的出现，则是法律实践和人们的抽象思维能力达到一定程度的产物，是法律发展到稍后阶段的事情。第二，在英美法系和法德法系两大法系相互融合的过程中，不成文法和成文法的地位逐渐显示出不同。

（4）从族群之法向世界之法发展。古代的法律起源于氏族的习惯，带有浓厚的民族和地方特色。人类社会在后来的民展中，通过宗教扩张、武力征服和文化传播等方式，包括法律在内的文明出现了相互影响与融合。当代世界经济一体化导致在商业贸易等私法领域交往增多，法律也呈现出一体化趋势。

五、论述（共 20 分）

论中国法治建设与道德的内在契合。

【参考答案】1. 我们将道德理解为一种社会意识形态，是一定社会调整人与人之间和人与社会之间关系的行为规范的总和。

2. **法律和道德关系的存在状态**

道德规范和法律规范都在人们的社会生活中对社会重大的、带全局性的关系进行规范调整，它们在这方面的作用是一致的。我们可以这样概括，法律与道德的一般关系是：（1）道德所禁止或许可的，也为法律所禁止或许可；（2）道德上不许可，但是法律上是许可的；（3）道德许可的，但法律上是不许可的。

3. **道德与法律的区别**

（1）道德和法律产生的背景不同。道德是在原始规范的基础上产生的，最早表现为禁忌、风俗、礼仪。当生产力进一步发展，社会关系进一步复杂时，社会对规范的要求就不限定在原有的基础之上，它将关系到社会重大的、带全局性的内容分离出来，由另一种规范予以调整，道德由此产生。法律是在道德作为一种规范已经存在的基础上，是社会矛盾尖锐化，而道德已无力对现实的社会关系进行规范调整的情况下产生的结果。道德产生于社会观念中并存在于人们的信念里，是自发的。法律却是由国家制定或认可的，并以特定的形式表现出来。

（2）道德和法律的表现形式不同。道德往往不以文字或条文的形式表现出来，也不需要专门的机构和人员制定和颁布。它存在于人们的社会意识中，存在于社会流动的观念和人们的信念中。法律则不同，它必须有专门的形式和制定程序。需要说明的是，道德和法律的表现形式并不简单区分为是否形成文字或典章，而在于体系化和制度化。

（3）道德和法律所规范的内容不完全相同。道德和法律虽然在调整社会重大的、带全局性的关系方面是一致的，但是内容是不完全相同的。在没有法律之前，社会重大的带全局性关系的规范调整，主要是有道德完成的。法律出现后，将道德的一部分内容分离出来，改由法律来规范调整。同时还要注意到，道德在规范人们行为时更多地强调义务和禁令；而法律在规范人们行为时不但强调义务，同时还要强调权利。

（4）道德和法律的实施方式不同。道德的实施主要靠人们的自觉遵守，其次靠舆论的强制，内心信念的约束等。而法律的实施，虽也需要人们的自觉遵守，但法律却具有道德所不具有的强制实施力量——国家强制力。

（5）违反道德和法律所产生的后果不同。违反道德所引起的两种后果，一是惩罚；二是自我良心的谴责和社会舆论的压力。道德规范的外在要求一定要经良心的转换才起作用。法律则不同，由于法律的确定性和以国家的强制力作为后盾，当违法行为出现时，法律决不考虑违法主体的承受能力，法律确定行为违法与否的准则是法律本身。依法律指引办事，将获得肯定性后果，反之则承担否定性后果。

4. 社会主义道德建设和法治建设在现阶段我国社会中具有重要的作用，两者具有内在的契合性。

（1）在建设有中国特色的社会主义的过程中，我们不仅需要法治，而且也需要德治，使法治与德治相辅相成、相互促进。忽视其中的任何一个方面，都是不可能达到维护我们国家长治久安的目的。依法治国，同时也要坚持不懈地加强社会主义道德建设，以德治国。对于一个国家的治理来说，法治与德治，从来都是相辅相成、缺一不可。法治属于政治建设、属于政治文明，德治属于思想建设、属于精神文明。二者范畴不同，但是其地位和功能都是相同的。我们应该始终注意要把法治建设和德治建设紧密地结合起来，把依法治国和以德治国结合起来。

（2）法律和道德的作用不同。法律和道德都是属于社会上层建筑的重要组成部分，都是规范人们行为的重要手段，但二者又有各自不同的特点和作用。法律体现着统治阶级的意志，体现着国家对其成员在政治、经济、社会等各个领域的行为的要求，体现着维护社会稳定、保护人民生命财产安全、保障国家安全的要求。国家靠法院、警察机关等带有强制性的国家机器来保证法律的实施。强调用法律来治理国家，用强制的手段来约束人们的行为，是法治的主要内涵。从维护社会的秩序，保护社会的稳定来说，法律具有不可或缺的重要作用。特别是在社会大变动时期，旧有的各种社会制度已不能适应社会发展的要求，建立新的法律法规和各种规章制度有着更为迫切的意义。尽管道德也是上层建筑的一个重要组成部分，但是它和法律不同，道德是实施不是依靠强制的力量，而是通过道德教育的手段，以说服力和劝导力来影响和提高社会成员的道德觉悟，使人们自觉遵守这些行为规范。道德诉诸人们的良心，诉诸人们内心的道德信念。强大的社会舆论，能够对社会的一些重大问题发生影响。它能够在潜移默化中，改变人们的性情和气质，改变社会的风气，形成某种道德氛围。这种社会舆论，一旦同内心信念相结合，就能发挥更大的作用。但是，从维护和保障社会的稳定来说，法律和道德有着同样重要的作用。它们相互联系、相互结合、相互补充，共同发挥社会作用，从而保证社会主义市场经济的健康发展，促进整个民族素质的提高。

（3）在现阶段把法治建设和道德建设结合起来，把依法治国和以德治国结合起来的途径有：

第一，要全面、充分、深入地认识和领会法治与德治相结合的思想，避免认识上的片面性。法治与德治，依法治国与以德治国，法治建设和德治建设之间的紧密结合，应当成为我们治国的一个基本方略。由于法律重在惩罚已经过去的违法犯罪人，而道德重在教育那些尚未违法犯罪的人，提高他们的道德素质，使他们不去犯罪，因此，从一定意义上来说，刑罚是治标的，而道德建设才是治本的。也就是说，只有通过大力加强道德教育，提高人们的道德素质，才能使法治建设和德治建设得到有力的保证，才能从根本上维护社会的稳定。

第二，在道德建设和法治建设的实践中，应当自觉地把以德治国和依法治国联系起来，立法要注意法律的道义基础，把一些最基本、最重要的道德要求，直接纳入法律的规范中；同时，道德建设特别是道德教育则要把遵纪守法作为社会主义国家公民的最基本的道德要求提出来，使得法治与德治能够相互渗透、相辅相成，更加紧密地联系在一起。对于那些在社会公德、职业道德、家庭美德等方面出现的严重违反道德的行为和现象，在立法时予以适当注意。这对提高人们的道德素质，改善社会风气，进一步推动法治建设，都是非常有益的。

第三，在建立与发展社会主义市场经济相适应的社会主义法律体系的同时，还要努力建立与发展社会主义市场经济相适应的道德体系。这已经成为现实生活向我们提出的一个重要而紧迫的任务，是关系到我国能否保持社会的稳定、能否更好地发展社会主义市场经济，以至于能否更好地建设有中国特色社会主义的一个具有重大现实意义的问题。社会主义市场经济的发展，给道德建设提出了更高的要求，特别是如何处理各种利益关系，怎样对待公平和效率的问题，等等，我们应当按照社会主义道德建设要以为人民服务为核心，以集体主义为原则的指导思想，动员各方面的力量，为早日建立与社会主义市场经济相适应的道德体系而努力。

※**本章小结**

1. 理解和掌握道德与法律的关系。
2. 熟悉法治与法制的联系与区别。

第三章　西政法理学 2005 年真题回顾与解析

本章引言

2005 年西南政法大学法理学卷的考试题型主要包含不定项选择题、简述题和材料论述题，这与 2003、2004 年的法理学卷题型略有不同，但是没有超出大纲规定的范围。不定项选择题稍有难度，简述题难度一般，材料题选取了当时比较热的公务员考试歧视案例作为材料，充分体现了西政考研法理学关注社会热点的特征。

一、不定项选择题（每小题 2 分，共 10 分）

1. 法律规范的逻辑结构要素包括（　　）。
   A. 法律关系　　　　　　　　B. 行为模式
   C. 法律后果　　　　　　　　D. 因果关系

【答案】BC

【解析】法律规范的逻辑结构包含三个要素，即假定条件、行为模式和法律后果。

2. 法定解释可以分为（　　）。
   A. 学理解释　　　　　　　　B. 立法解释
   C. 司法解释　　　　　　　　D. 行政解释

【答案】BCD

【解析】法定解释，也称作正式解释、有效解释，是指由特定的国家机关按照宪法和法律所赋予的权限、对有关法律、法令做出的具有法律上约束力的解释。它通常包括：立法解释、司法解释和行政解释。法理解释属于非正式解释，没有法律上的效力。

3. 从法系的意义上来看，目前中国的香港法属于（　　）。
   A. 大陆法系　　　　　　　　B. 英美法系
   C. 中华法系　　　　　　　　D. 亚太法系

【答案】B

【解析】法系的划分是根据法的不同历史传统对法所作的分类，凡是属于同一历史传统的法就构成一个法系，因此可以说法系是某些国家或地区法的总称。由于我国历史上的原因，香港在近代一直由英国人统治，他们将英国的法律制度引进到香港，在香港回归之后由于一国两制的指导思想，香港地区原有的法律制度保持不变，所以香港现有的法律制度仍属于英美法系。

4. 古典自然法学派的代表有（　　）。
   A. 格劳秀斯　　　　　　　　B. 梅因
   C. 阿库修斯　　　　　　　　D. 卢梭

【答案】AD

【解析】随着资本主义的兴起与发展，17～18 世纪的西方资产阶级启蒙思想家反对宗教神学，提倡合乎资产阶级理性的法律制度。提出了一些不同的思想学说，这些法学家的学说被称为古典自然法学派，它的整个形成过程，大致可分为三个阶段：第一阶段的代表人物是格劳秀斯、斯宾诺莎、霍布斯等；第二阶段的代表人物是洛克、孟德斯鸠等；第三阶段的代表人物是卢梭。

5. "一些人要分一个蛋糕，假定公平的划分是人人平等的一份，什么样的程序将给出定结果呢？我们把技术问题放在一边，明显的办法就是让一人来划分蛋糕并拿最后一份，其他人都被允许在他之前拿。"这段话出自于（　　）。

A. 罗尔斯　　　　　　　　　　B. 马克思

C. 柏拉图　　　　　　　　　　D. 邓小平

【答案】A

【解析】这是罗尔斯在谈到公平分配时举出的例子。该例子涉及公正的两个重要概念，即程序公正和实质公正。所谓程序公正指的是制定和实施同公正相关的法律、法规、条例及其他政策时所应遵循的基本规则和流程安排。所谓实质公正是指对公民的基本权利、义务以及社会资源分配效果和结果的公正。程序公正与实质公正密切相关，程序公正是实质公正的基本前提和保障，实质公正是程序公正的最终目的和结果。

二、简述题（每小题 10 分，共 30 分）

1. 写出中文"法"字的古体，并简单解释字义。

【参考答案】在汉语言中，"法"字的古体是"灋"。其含义是："灋，刑也，平之如水，从水；廌，所以触不直者去之，从去。"可见古代的"法"字与更早出现的"刑"字是基本通用的，表明法包含着惩罚的含义。法字旁的水为偏旁，代表公平，说明法具有公平的含义；触不直者说明法律的裁判职能以及法的公平正义理念。

2. 公私法的划分标准之"法律关系说"。

【参考答案】（1）公法与私法的划分始于古罗马。在查士丁尼皇帝钦定《法学阶梯》中将法律分两部分，公法与私法。

（2）在如何划分公法与私法的问题上，存在不同的观点。主要有：

第一，权力说。该学说以是否涉及国家权力的运用作为划分标准。认为公法是以权力与服从为标志；私法是体现平等主体之间的关系，以公民的意思自治为标志。该说的缺陷是无法说明国际法为何是公法，因为国际法不体现权力与服从关系。

第二，主体说。即以法律关系主体为标准进行划分。如果法律所规定的法律关系主体一方或双方为国家或公法人的，即公法。如果法律关系主体双方都是公民或私人的法律为私法。该说不能解释国家在某些情况下也可从事民事活动，该关系受私法调整。

第三，利益说。该学说以法律所保护的利益为公私法的划分标准。认为凡保护公共利益的法律是公法，保护私人利益的法律是私法。此说来自古罗马法学家乌尔比安。该学说的缺陷是将公法与私法所保护的利益截然对立，没有看到公法也要保护私人利益，私法也要保护公共利益的情况。

第四，应用说。该说认为在法律应用中，公民私人不能自主决定对其是否予以应用的法律为公法；公民私人可以自主决定应用的法律为私法。该说忽略了公法关系中，公民也有可自主选择应用的情况。

（3）法律关系说。凡调整国家之间或国家与私人之间权力与服从关系的法律为公法；凡调整私人之间或国家与私人之间民事关系的法律为私法。该说作为对公法与私法的划分较为圆满。法律关系是指在法律规范调整社会关系的过程中所形成的人与人之间的权利与义务的关系。法律关系说是根据法律所调整的法律关系的性质来区别公法和私法的学说。法律关系说认为，公法是调整权力与服从的关系即不平等主体之间关系的法，而私法是调整平等、对等的立场上所缔结的法律关系即平等主体之间关系的法。因此，国家、公共团体与个人之间的关系，在权力与服从的关系范围内，由公法调整，但是，当国家、公共团体与个人与和私人一样的资格加入到个人的关系的时候，因为是平等主体之间的关系，所以，必须由私法来调整。

3. 大陆法系的基本特点。

【参考答案】大陆法系，也称罗马—日耳曼法系、民法法系、法典法系，是指以古罗马法为基础，以19世纪初《法国民法典》为历史传统产生和发展起来的国家和地区法律制度的总称。第一，强调私法与公法之间的区分；第二，强调理性与哲理的指导作用；第三，法学家在立法中的重要作用；第四，法律法典化及其独特的法源。

三、材料论述题（共30分）

材料：2004年12月4日，中央电视台《今日说法》栏目举办的"2004年度法治人物"评选活动揭晓，张先著名列全国"十大法治人物"之道。

张先著，芜湖人，安徽某高校毕业生。2003年6月，25岁的张先著报考了芜湖市公务员招聘考试，并在30名考生中名列第一。但是，张先著却因为携带乙肝病毒而被取消录取资格。

我国目前大约有1.2亿人和张先著一样是乙肝病毒携带者。这个群体在入学、求职甚至恋爱婚姻方面受到种种排斥。而对这种情况，张先著一纸诉状把芜湖市人事局告上法庭，他希望以自己的诉讼唤起社会公众对1.2亿人的关注，消除对病毒携带者的歧视。这场官司因此被媒体称作"乙肝歧视第一案"。

2004年4月12日，"乙肝歧视第一案"以张先著胜诉而告终。之后，浙江、四川、福建、广东等省修改了当地公务员禁止录用乙肝病毒携带者的有关规定，而国家人事主管部门也进一步统一了国家公务员体检录用标准。在消除歧视的道路上，张先著迈出了勇敢的第一步。

要求：从法理学的视角，就上述材料所反映的主要问题，用不低于1 000字的篇幅，自拟标题写出一篇短论。要求结构完整，中心明确，言之成理，内容充实，论述深刻。

【参考答案】从法理学上讲，这个案件反映出法的效力层次问题。广义的法律效力是指法的约束力和强制力，不论是规范性法律文件还是非规范性法律文件都具有法律效力。狭义的法律效力则是指由国家制定或颁布的规范性法律文件的效力，包括法的层次效力和法的效力范围，在本案中，主要涉及法的效力层次。法的效力层次是指在一个国家法律体系的各种法的渊源中，由于其制定主体、程序、时间、适用范围等的不同，各种法的效力也不同，由此形成一个法律的效力层级体系。在我国，宪法具有最高的法律效力，然后是基本法律、一般法律，国务院制定的行政法规属于第三层次，同时地方性法规或者法律规章在特定区域内也具有法律效力。根据法律的层级效力原则，宪法具有最高权威，任何法律、法规不得与宪法相抵触。

本案发生时，我国的公务员法尚未颁布，只有国务院颁布的公务员条例，该条例在当时的公务员制度方面属于最高效力层级的规范性法律文件，它没有规定我国公务员关于乙肝方面的规定。我国的《宪法》里面明确规定，中华人民共和国公民在法律面前一律平等，由此公民享有的一项权利就是平等权。在本案中，安徽省作出一个规定，就是属于七种类型的乙肝病毒或者携带者的话，就不得录为公务员。那么这几种规定是否合理，我们姑且置之不理，但是张先著显然不属于这里面的七种，安徽省芜湖市人事局依然不录取他，显然侵犯了他个人的基本的平等就业权。张在符合相关规定的情况下，是不能被拒绝录取为公务员的，而芜湖市作出的相关规定是违反上位法的规定，因而是无效的。

依据现有法律，涉及法律、法规、规章相互冲突的，解决的方法主要有以下几种：

第一，立法法规定。国家机关和社会团体、企事业组织以及公民认为行政法规、地方性法规、自治条例和单行条例同宪法或者法律相抵触的，可以向全国人民代表大会常务委员会书面提出进行审查的建议，由常务委员会工作机构进行研究，必要时，送有关的专门委员会进行审查、提出意见。

第二，地方组织法规定。地方各级人大常委会有权撤销下级人大常委会不适当的决议和本级政府不适当的决定和命令。地方各级人民政府，有权撤销或改变所属部门和下级政府不适当的决定和命令，以及不行使撤销权的法律责任，却没有任何规定。

无论法院作出怎样的判决，安徽省人事局应该主动地想办法解决张先著的录取资格问题，如果实在解决不了，也应该如实的给张先著一定的补偿，这是一个诚信政府所应该的。

※**本章小结**

1. 熟悉 2005 年法理学考试的特征。
2. 掌握公法与私法的划分标准，属于重点和常考点。
3. 注意西政考研法理学理论与现实热点案例的结合。

第四章 西政法理学2006年真题回顾与解析

本章引言

2006年西南政法大学法理学卷的考试题型主要包含不定项选择题、简述题和材料论述题，这与2003、2004年的法理学卷题型略有不同，但是和2005年的真题在难度和题型上类似。没有超出大纲规定的范围。不定项选择题稍有难度，简述题难度一般，材料题还是选取了当时比较热的高考移民案例作为材料，充分验证了体西政考研法理学关注社会热点的特征。

一、不定项选择题（每小题2分，共10分）

1. 社会学法学的代表人物是（　　）。

A. 柏拉图　　B. 康德

C. 黑格尔　　D. 庞德

【答案】D

【解析】在20世纪，西方法理学得到了进一步的发展，出现了三大法理学派鼎力的局面，其中社会法学派的代表人物庞德和柏拉图是19世纪以前古希腊—罗马法学理论的代表，康德和黑格尔则是19世纪早期唯心主义哲学家的法哲学代表人物。

2. 法学体系的特征包括（　　）。

A. 系统性　　B. 层次性

C. 现实性　　D. 开放性

【答案】ABCD

【解析】法学体系是指法学研究的范围和分科，使法学的各个分支学科构成一个有机联系的政体，它具有系统性、层次性、是各个分支学科相互联系的整体，法学体系没有固定不变的模式，因此，它具有现实性和开放性。

3. 根据法律原则产生的依据和稳定性不同，可以将其分为（　　）。

A. 基本原则　　B. 具体原则

C. 政策性原则　　D. 公理性原则

【答案】CD

【解析】政策性原则是国家和其他政治共同体关于必须达到的目标或目的、或实现某一时期、某一方面的任务而做出的方略；公理性原则是从社会经济关系性质中产生并得到广泛认同的被奉为法律公理的法律原则。基本原则和具体原则是根据原则的覆盖面不同而做的分类。

4. 从日本现行法律制度看，其主要传统、渊源和风格属于（　　）。

A. 中华法系　　B. 大陆法系

C. 亚洲法系　　　　　　　　　　D. 英美法系

【答案】B

【解析】英美法系和大陆法系是当代两种最主要的法系，它们有着不同的目标，从日本现行的法律制度来看，它更多地继受了德国大陆法系国家的传统和制度，因此属于大陆法系。

5. "每个人的自由发展是一切人的自由发展的条件"，这句话出自于（　　）。

　　A. 柏拉图　　　　　　　　　　B. 亚里士多德

　　C. 马克思　　　　　　　　　　D. 董必武

【答案】C

【解析】这是马克思在《共产党宣言》中的一句名言，旨在强调个人的自由发展，并且将个人的自由发展和一切人的自由发展统一起来。

二、简述题（每小题10分，共30分）

1. 法律的规范作用有哪些？

【参考答案】（1）法律的指引作用。指引作用是指法律对人们的行为起到的普遍指导作用。法律的指引是一种一般指引，而不是个别指引。

（2）法律的评价作用。法律的评价作用是指法律作为一种评价尺度，能够对人的行为的法律意义进行评价。法律的评价作用的客体是人的行为。评价的标准包括行为的合法或不合法、违法或不违法。

（3）法律的预测作用。法律的预测作用是指人们可以根据法律规范预测人们相互之间将会怎样行为的以及行为的法律后果。

（4）法律的强制作用。法律的强制作用是指法律能够运用国家强制力对违法者施以强制措施，保障法律被顺利实现。法律具有强制作用是法律区别于其他社会规范的重要特征。

（5）法律的教育作用。法律的教育作用是指法律不仅是社会的行为规范，也确立了最低的社会道德标准和是非观念，它可以通过它的实施和传播进入人的心灵，矫正的人的行为。

2. 法治包括哪几层含义？

【参考答案】（1）西方最早使用法治一词并给它以科学定义的是亚里士多德，他在《政治学》中指出："法治应当优于一人之治。法治应包含两重含义：已成立的法律获得普遍的服从，而大家所服从的法律又应是良好的法律"

（2）法治，就是指依照法律治理国家的治国思想、治国方式和社会秩序、社会状态。它包括以下几层含义：第一，法治是一种宏观的治国方略。是指一个国家在多种手段面前，选择以法律为主的社会控制手段。第二，法治是一种理性的办事原则。在制定法律之后，任何人和组织的社会性活动均受既定法律规则的约束。无论发生什么情况，甚至是法律本身发生不正当的情况，也要依法办事。在法律面前只有先承认形式的合理才能承认实质的合理，这是法治建立的根本要求。第三，法治是一种民主的法制模式，又常常被理解为"以民主为基础和前提的法制"。法制必须以民主为社会条件和正当基础。第四，法治还经常被作为一种文明的法的精神，与理念、原则、观念等词联用，如"法治理念"、"法治原则"、"法治观念"，等等。第五，法治是一种理性的社会状态和理想的社会秩序。法律与国家、政府之间，运用法律约束国家、政府权力；法律与人民之间，运用法律合理地分配利益；法律与社会之间，运用法律确保社会公共利益不受权力和权利的侵犯。因此，可以认为"法治"就是一种在法律管束国家权力以后，而使权利在人与人之间得到合理配置的社会状态。

3. 法律和道德的区别是什么？

【参考答案】（1）我们今天将道德理解为一种社会意识形态，是一定社会调整人与人之间和人与社会之间关系的行为规范的总和。

（2）道德规范和法律规范都在人们的社会生活中对社会重大的、带全局性的关系进行规范调整，它们在这方面的作用是一致的。我们可以这样概括法律与道德的一般关系：第一，道德所禁止或许可的，也为法律所禁止或许可。第二，道德上不许可，但是法律上是许可的。第三，道德许可的，但法律上是不许可的。

（3）第一，道德和法律产生的背景不同。道德是在原始规范的基础上产生的，最早表现为禁忌、风俗、礼仪。当生产力进一步发展，社会关系进一步复杂时，社会对规范的要求就不限定在原有的基础之上，它将关系到社会重大的、带全局性的内容分离出来，由另一种规范予以调整，道德由此产生。法律是在道德作为一种规范已经存在的基础上，是社会矛盾尖锐化，而道德已无力对现实的社会关系进行规范调整的情况下产生的结果。道德产生于社会观念中并存在于人们的信念里，是自发的。法律却是由国家制定或认可的，并以特定的形式表现出来。第二，道德和法律的表现形式不同。道德往往不以文字或条文的形式表现出来，也不需要专门的机构和人员制定和颁布。它存在于人们的社会意识中，存在于社会流动的观念和人们的信念中。法律则不同，它必须有专门的形式和制定程序。需要说明的是，道德和法律的表现形式并不简单区分为是否形成文字或典章，而在于体系化和制度化。第三，道德和法律所规范的内容不完全相同。道德和法律虽然在调整社会重大的、带全局性的关系方面是一致的，但是内容是不完全相同的。在没有法律之前，社会重大的带全局性关系的规范调整，主要是有道德完成的。法律出现后，将道德的一部分内容分离出来，改由法律来规范调整。同时还要注意到，道德在规范人们行为时更多地强调义务和禁令；而法律在规范人们行为时不但强调义务，同时还要强调权利。第四，道德和法律的实施方式不同。道德的实施主要靠人们的自觉遵守，其次靠舆论的强制，内心信念的约束等。而法律的实施，虽也需要人们的自觉遵守，但法律却具有道德所不具有的强制实施力量——国家强制力。第五，违反道德和法律所产生的后果不同。违反道德所引起的两种后果，一是惩罚；二是自我良心的谴责和社会舆论的压力。道德规范的外在要求一定要经良心的转换才起作用。法律则不同，由于法律的确定性和以国家的强制力作为后盾，当违法行为出现时，法律决不考虑违法主体的承受能力，法律确定行为违法与否的准则是法律本身。依法律指引办事，将获得肯定性后果，反之则承担否定性后果。

三、材料论述题（共30分）

材料：2005年6月24日，海南省高考成绩揭晓，李洋考出了897分的好成绩，夺得全省理科状元。

7月10日，有人向当地媒体举报，称李洋是高考移民。随后，海南省教育厅根据琼府办原来所公布的《海南省普通高等学校招生报考条件暂行规定》，取消了李洋、王博等28名学生报考本科第一批的资格。根据上述规定，所有要求在海南省报名参加普通高考的人，必须符合相应的条件：考生本人及其法定监护人在海南省有户籍；考生本人小学或初中在海南省毕业且毕业时户籍在海南省；考生本人高中阶段后两个学年在海南省就读。符合以上三个条件之一，但户口在湖南省的考生也可以在海南省报考，但限定报考本科第二批和专科学校。李洋在报考条件中缺了一条：在海南就读满两年。李洋是2003年10月入校的，距离4个学期确实差了一个月。

一时间，李洋的命运成为社会的热门话题。很多人认为，高校的门槛首先以人才为标准，限招的后果，对于这样一个优生来说，未免太过残酷。一些家长则质疑现行的国家教育体制和政策，认为国家应该根据形势的变化，制定更合理的高考政策，改革高考办法，以达到更加公平公正，有人建议取消地区差别，采取全国统一政策。李洋的妈妈下决心让李洋再复读一年。湖北省考试局表示，李洋明年可以回湖北考试，湖北不存在这方面的限制。

9月14日，香港城市大学为其首次通过全国普通高校统一招生计划录取的190多名内地的学生举行了迎新典礼。其中，李洋被城大的商学院录取，并获得城大颁发的合计44万港元的状元奖学金，此中包括一年的学费、住宿费和生活费。

当李洋走进香港城市大学的大门时，千里之外的王博（李洋的同班同学），不得不与国防科技大学伤心告别。

要求：从法理学的角度，就上述材料所反映的主要问题，自拟标题写出一篇短文，要求结构完整6分，中心明确6分，言之成理6分，内容充实6分，论述深刻6分。

参考答案：考察平等权，从平等权入手。

参考答案：高考移民是最近几年我国高考制度中的热点问题，它其中蕴含着一些法理学的问题。

（1）关于法律的效力层次问题。即是法律的效力等级。在我国形成了以宪法为核心的法律体系。具体来说我国的法律层次可分为：宪法、法律、行政法规、部门规章、地方性法规这几个层次。受教育权是我国宪法所赋予公民的一项基本权利，而《海南省普通高等学校招生报考条件暂行规定》仅仅是一个部门规章，它的规定侵害了考生的受教育权，是对法的效力的违反。

（2）海南省政府的规定，违反了公平、正义的法的价值理念。所谓平等，从广义上来理解就是指社会主体在相同的情况下在社会关系、社会生活中处于同等的地位，具有相同的资格、人格、相同的发展机会和相同的待遇。具体而言，包括三个方面的内容：资格（人格）平等、发展机会平等、待遇平等。所谓资格平等，是指人们之间不论其有无自然的差别，都应当具有相同的价值和尊严，具有独立存在的资格和人格。任何人不得凭借自己在政治、经济和生理上的优势条件，损害他人的人格和尊严，剥夺其作为社会主体的资格。所谓发展机会平等，是指每个人都有平等地发展自我的能力，同等地参与社会生活的机会，任何人不得采取不正当手段阻止他人发展自己的潜能。发展机会的平等表现在经济领域是要求等价交换和自由竞争，表现在政治领域里要求人人平等地参与政治活动，要求社会的各种职位向所有人开放等。所谓待遇平等，是指社会给每个人的待遇（包括奖励和惩罚）应是相同的，如同样的劳动取得同样的报酬，同样的犯罪受到同样的处罚。不能因为人们的身份不同而有所偏袒或歧视。

（3）平等就其结构而言，应当是资格平等、发展机会平等和待遇平等的统一。资格平等是一切人构成独立的社会主体的基本条件。没有资格平等，就不可能有发展机会的平等和待遇的平等。也就谈不上人们的尊严和价值。另一方面，发展机会平等和待遇平等又是实现资格平等的手段和途径：没有发展机会平等和待遇平等，也不可能做到人格平等，当然也就谈不上人们的整个社会地位的平等。平等和不合理的区别对待是对立的。然而，平等并不绝对排斥合理的区别。在具体的场合下，平等不能笼统地理解为大家无条件地一样。由于社会生活复杂多样，由于自然条件的不同，人与人之间，个人与社会集团之间还存在着种种自然的差别，平等观念的形成，为保证执法的公正无私提供了思想条件。其次，执法的效果离不开制度的保障，而平等的社会制度或原则的确立，将为执法上的平等提供了可靠的依据和标准。最后，执法离不开平等的社会环境，而平等制度和原则在社会生活中的实现，将会为达到执法公正无私的效果创造一个良好的社会条件。

海南省政府的相关规定的出发点是要保护本省考生的利益，但是它的这种规定是建立在对一部分考生利益的侵害上的，是以牺牲一部分考生合法的利益为代价的，是对一部分考生的不平等对待。

※本章小结

1. 要注意法理学理论与社会热点的结合。
2. 注重法理学基本知识的学习、理解和掌握。
3. 注意反复出现的题目，加强记忆与理解。

第五章　西政法理学 2007 年真题回顾与解析

本章引言

2007 年的西政考研法理学试题因各种客观原因，无法整理出完整的法理学试题，希望广大考生谅解。我们从考生的回顾中获得了以下内容，主要包含有命题分析、简述题、论述题和材料题。2007 年试题难度系数稍高，从 2007 年以后，法理学的试题内容和形式逐渐固定下来。

一、命题分析（每小题 5 分，共 15 分）

1. 从一般的意义上说，法是理念上的自由。（黑格尔）

【参考答案】黑格尔的精神哲学的著名论断："法是理念上的自由。"要对黑格尔的历史哲学和精神现象学有所了解。

（1）"理念"乃绝对精神。绝对精神指作为宇宙万物共同本质和基础的精神实体。黑格尔认为它的存在是一个自我演化的过程，在自然界和人类社会产生之前，它是纯粹逻辑概念的推衍过程；之后外化为自然界；再后又自我否定，转化为精神并返回自身。在这种广泛的意义上，绝对精神和绝对理念是同义语。狭义的绝对精神仅指精神阶段上以人类意识形态出现的、通过艺术直观形式、宗教表象形式和哲学概念形式自己认识着自己的精神，黑格尔把它规定为主观精神（个人意识）和客观精神（社会、国家、世界历史）的统一。

（2）精神是物质的对照，主要特征就是自由。黑格尔认为，整个历史是一个自由精神和自由意识发展的历史，精神本性的各种抽象的特征——精神是物质的对照——自己包含的生存；它的主要特征就是自由，与人类精神不可分离的自由所经历的前后各个时期。

（3）世界的根本原因就是精神认识自己的自由，法是世界的一部分。

2. 法的内在道德是一种程序上的自然法。（富勒）

【参考答案】富勒认为，法律离不开道德或法律具有道德性表现在两个方面：

（1）法律必须以最高的道德——正义，作为其追求的实体目标。他把这称之为法律的外在道德或实体自然法。他认为所谓正义就是保持和发展人们之间的交往，以便继承以往人类的成就，丰富后代生活，扩大自己生活的界限。

（2）表现在法律自身的制定和实施，以及其内容和形式必须符合道德的要求，它涉及的是法律的解释和执行方式问题，即一种特殊的、扩大意义上的程序问题。他把此称为法律的内在道德或程序自然法。如果说外在道德追求的是实质正义的话，那么内在道德所追求的则是形式正义。又由于它所涉及的主要是法治问题，所以又叫法治原则。

（3）富勒把它归纳为八个：第一，法律适用的普遍性（它包括人的行为有章可循和同样情况同样处理）；第二，法律的公开性，即法律必须公布，因为只有这样才能使大家知晓法律和批评、监督法律；第三，法律的非溯及力，即法律只面向未来，不面向过去；第四，法律的明确性；第五，法律的一致性，即法律自身应避免互相矛盾；第六，法律的可行性，即法律不应要求人们无法实现的事情；第七，法律的稳定性，即法律不得朝令夕改；第八，官方行为与法律的一致性。富勒认为在这八个原则中，从法治的角度来说，最重要的是第八个原则，他要求立法者和执法者严格执法，自己首先带头遵守法律，用法律来约束自己的行为，只有这样才能真正做到依法办事。

（4）富勒认为，法律的外在道德与内在道德是有联系和相互影响、互相作用的。其中一方的败坏就会引起另一方的败坏。如立法者出于卑鄙的目的立法，就不可能制定出一个公开的表达明确的法规；反之，如果法律表达不清楚或互相矛盾，也难以使法律在执行中达到它的目的，势必影响它的外在道德。

3. 权利的一般形式即人权。（马克思、恩格斯）

【参考答案】"人们所追求的一切都同他们的利益有关"（马克思）。人们所追求的人权，就是受一定伦理道德所支持与认可的人应当享有的各种权益。从这个意义上说，人权的基础是利益，其内涵是极其广泛的。既包括物质利益和精神利益，也包括人身利益。因此，无论是国内人权还是国外人权，总是意味着个人、群体、社会与国家相互之间在各种利益上的追求、享有和分配。在这里，人权体现为各种主体之间权利义务的关系。

然而，在人权的理论研究中，一些人特别是一些西方人权理论家，对马克思主义人权有很多误解甚至歪曲，认为马克思主义是反对人权的。这种结论来自马克思主义对近代西方人权观念与人权制度的批判，他们否定马克思主义人权观时经常引用到的是马克思恩格斯的几段话："至于谈到权利，我们和其他许多人曾强调指出了共产主义对政治权利、私人权利以及权利的一般形式即人权所采取的反对立场"；"所谓人权无非是市民社会的成员的权利，即脱离了人的本质和共同体的利己主义的人的权利"；"平等地剥削劳动力，是资本主义的首要人权"；"人权本身就是特权"；"被宣布为最主要的人权之一的是资产阶级所有权。"据此认为马克思主义否定人权甚至不提倡人权。这种误解和不理解，是对马克思主义的道德理想和固有逻辑、对马克思主义一系列概念、范畴、推论及判断之间的联系及发生、演化的过程缺乏或不愿意全面系统地了解所致。纵观马克思主义基本理论，可以认为，马克思主义具有崇高的人道主义的人权理想，即全人类的真正解放。马克思主义不仅不排斥人权，而且认为国家和法消亡的时候，人类才能彻底地、全面地、真正地实现人权。马克思主义所批判的，是建筑在私有制的、极少数人统治绝大多数人的经济基础上的所谓人权，"无论是从整个人类思维的，还是从近代西方的思想逻辑来看，马克思所批判的不是应然的人权，而是实然的人权。也就是说，马克思所批判的不是人们对人权的要求，而是实存的人权制度或者实存的标榜人权的制度。马克思认为近代西方的人权制度具有虚伪性、狭隘性，这本身就已经表明马克思心中有一个可与之对照的真实的、合理的人权概念。"马克思始终关注人类的命运，对人类怀有强烈的道德使命感，他的一系列学说，围绕的根本主题只有一个，就是人类的彻底解放。他关心的不是一部分人、一个阶级、一个国家的人权，也不是一般的政治权利、经济权利和人身自由，而是使全人类都平等地获得人应该获得的利益和要求，使人类的每一个人在自己的联合中并通过这一联合获得自由，使每个人的自由发展是一切人的自由发展的条件。这是马克思主义对人权的基本态度。

二、简述题（每小题 15 分，共 45 分）

1. 法律实现的条件。

【参考答案】法的实现是指法所包含的意志和利益，经过法的有效运行转化为社会现实。它是法运行的结果阶段。法是在社会中实现立法的意图和利益的。因此法的实现离不开法与社会的互动。法是否能实现，其实现的程度如何，也就取决于法本身和社会为法所提供的条件。可见法的实现条件主要有两类：法律条件和社会条件。

（1）法律条件。法实现的法律条件是指法的内容和形式为法的实现提供的有利因素。第一，法的有效性。这里的有效性仅指法必须具有一定的效力。只有具有效力的法律规范，才能被社会接纳，被人们遵守，司法机关才能适用。法律规范中设定的权利才能被享用，设定的义务才能被履行，设定的禁令才能被遵守。如果法本身没有效力，它就终止了在社会生活中的运行，也就无法实现其法律目的。第二，法的可操作性。法的可操作性直接关系到法的实现和实效。如果法本身不具有可操作性，它就仅仅是一纸空文，无任何实施价值。法的可操作性也表现为法不仅有明确、具体的实体内容规定，还应有相应的程序规定。第三，法的可行性。法的可行性是指法对社会关系的调整切实可行。它是法能够实现的重要保证。法要具有可行性，一方面，就必须要求法如实反映社会现实需求，防止把毫无客观根据的主观意图以法律形式强加给社会；另一方面，法律调整有其自身的特殊性，这种特殊性就决定了法律调整规范的有限性。

（2）社会条件。法的实现不仅仅依赖法律自身的满足，还必须有相应的社会条件保证。因为法是在社会运行中实现的，这就要求法的运行必须与社会诸因素相协调，离不开社会诸要素对法的促进作用。第一，一定的物质条件是法实现的基础。法要实现关键在于法的实施，要实施法律就必须有必要的物质保障。法的实现在社会生活中表现为权利被享有和义务被履行，这二者都以一定物质的财富为基础。司法机关贯彻法律的活动，也必须依赖一定的物质条件。第二，法的实现还离不开其他社会规范的共同作用。法与其他社会规范系统，如道德、习俗、宗教等一起调整社会中人们的相互关系，它们都是对社会实行控制不可或缺的手段。虽然法在其中占有特殊的地位，且有国家意志的表现形式，但还必须与其他社会规范系统进行协调配合，才能对社会关系进行有效调整。离开了社会道德和习俗支持的法，是难以在社会中立足并得到承认和遵守的。

2. 平等与正义。

【参考答案】正义和平等都是法的价值的体现。平等是历史的范畴，在不同的历史时期，就有对平等的不同认识，平等可以简单地归纳为：人与人的对等的社会关系。正义是一个极富生命力的概念，它是随着社会的变化而不断变化的，在不同的时代，不同的角度，法律用不同的概念强调自己的目的，比如权利、义务、秩序、自由、效益、平等等。

法的正义是比平等更高层次的价值目标。法的平等价值是正义价值的基础，正义价值是平等价值的指针。平等应当是具有正义的平等，正义应当是具有平等的正义。在平等与正义之间，没有平等的正义是空洞的正义，没有正义的平等是畸形的平等。具体地说，一方面，正义应当以平等为基础或前提。因为只有平等的，才会是正义的。没有平等，正义便无法获得，便没有正义。平等存在与否，本身就是正义存在与否的重要指标。无论是特权或者歧视都不是平等，也同样不是正义。另一方面，正义是平等得以实现的指针，它指导着平等的社会实践。正义在指导平等的同时，同样也是修正平等的重要标尺。只要是不正义的平等，就应当作出符合正义的修正，与正义保持一致，以实现正义。

3. 国家不能无法而治。

【参考答案】（1）法律离不开国家。第一，法律是国家意志的体现，依靠的是国家的力量，法律的立、改、废离不开国家行为。任何历史类型的法律的产生、存在和发展都以国家的存在和发展为前提，没有国家就没有法律。第二，法律形式受国家形式影响。国家形式分为国家管理形式和国家结构形式。国家结构形式即政体，是国家的政权组织形式，对法律形式和法律制度有直接的影响。第三，国家是法律规则和原则的直接的、实际的渊源。总之，法律离不开国家，从属于国家，国家是法律存在与发展的政治基础。

（2）国家不能无法而治。第一，国家通过法律建构起对社会的管理性权力体系。法律是反映国家本质的一种重要形式，是国家权力的一种经常的系统表现。第二，国家通过法律实现其职能。法律制度和法律体系是国家的构成要素之一，法律是实现国家职能的工具。第三，法律是组建国家机构的有效工具。要实现国家职能，就必须建立各种各样的国家机关，使国家成为有效运行的国家机器，这样，就需要用法律规定国家机关的组织形式和体系，确立国家机关的组织和活动原则以及各机关的职责权限和相互关系等，从而使整个庞大而复杂的国家机器能有效地运行。第四，国家通过法律确立其对社会统治的权威和效力，法律能增强国家机关行使权力的权威性。第五，国家通过法律建构和完善相关国家制度，推进社会变革和发展，法律对完善国家制度有重要作用。

三、论述题（共 20 分）

要求：关于苏格拉底之死的材料，自拟题目写出不少于 800 字的小论文。
【参考答案】略。

四、材料题（共 20 分）

材料：从前有兄弟三人 A、B、C。A 和 B 是手工工匠。C 什么手艺都没有。A 和 B 想帮助 C，于是让他养羊。A 从自己的 30 头羊中拿出 5 头，B 从自己的 3 头羊中拿出 1 头给了 C。C 就红红火火地养起羊来，没想到八年后 C 突然死去而没有留下遗嘱，这时 C 的羊已达到 132 头。A 和 B 养羊没有 C 那样顺利。在 C 去世的时候，A 有 50 头羊，B 有 10 头羊。C 除了 A 和 B 以外就没有亲人。于是，A 和 B 坐到一起商量怎样分这 132 头羊。但是，当时没有调整民事权利和继承权的法律。A 和 B 越想越是想不出最后的解决方法，因为他们自己想到的及其聪明的朋友们所想到的分配方法实在太多：

方法一：C 遗留下来的 132 头羊 A 和 B 各得一半，即每人 66 头。

方法二：首先每人将自己送给 C 的羊拿回，即 A 拿回 5 头，B 拿回 1 头。余下的（132 - 6 = ）126 头羊，兄弟二人各得一半，即：A：5 + 63 = 68 头羊，B：1 + 63 = 64 头羊。

方法三：B 建议，应当按照在 C 开始饲养时各人对 C 的"资助比例"来计算。那么 B 当时将他 1/3 的羊给 C，而 A 将他 1/6 的羊给 C。那么相应地分配就是 1/3：1/6 = 2：1。即 B 可以得到 88 头，A 可以得到 44 头。

方法四：A 认为方法三不公平。当他们不能取得一致的时候，一个朋友建议方法三中以其他方式从"资助比例"出发：B 当时将自己 1/3 的羊给了 C。他现在就应该得到 C 羊的 1/3 即 132：3 = 44 头羊。A 将他 1/6 的羊给了 C，相应的他就应该得到 132：6 = 22 头羊。余下 66 头羊应该友好地分成两部分。也就是 A 得到 22 + 33 = 55 头羊，B 得到 44 + 33 = 77 头羊。

方法五：A 建议，应该以当时赠与 C 的羊的比例为基础，也就是以 5（A）：1（B）的方式分配。因此考虑到兄弟俩为 C 提供的"原始资本"。这样以 5：1 的比例分配，A 得到 110 头羊，B 得到 22 头羊。

方法六：B 提供了一个相反的意见：这里两兄弟的法律行为（A 和 B 为 C 提供羊）明显与继承存在着"混合"。因此，一半羊按照继承法的观点，而另一半羊则按照提供羊的份额（A：5/B：1）或者按照资助比例（A：1/6 / B：1/2）来分配，这才是公正的。因此，应当这样分配：

（1）继承法的分配（132：2 = 66）：A = 33；B = 33

（2）法律行为的分配：

①按照提供羊的份额：（此处原文应有误，在此已经修改）

A：66：6/5 B：66：6/1 = 11

A = 55 B = 11

②按贡献比例：

A：66：3 = 22，B：66 * 2：3

A = 22 B = 44

在情况①中 A 获得 88 头羊，B 获得 44 头羊；

在情况②中 A 获得 55 头羊，B 获得 77 头羊。

这样①的结果与方法三背道而驰。因为依据不同，②的结果又与方法五大相径庭。

方法七：一位友好的法官建议，如果 A 和 B 都没有给过 C 羊，那就照下面的方案分配。A 的羊由当初的 25 头羊变成现在的 50 头，也就是增加了一倍。如果当初是 30 头羊，现在就应该变成 60 头羊。因此他现在应该分到 10 头羊。B 的羊从 2

头变成 10 头，是原先的五倍。如果是原先的 3 头羊，现在就应该得到 15 头。那么 B 现在应该分到 5 头。余下的 117 头羊就平分。每人得到 58 头羊。最后剩下一头可以用来庆祝分配成功，成为气氛友好的晚餐。

【参考答案】1. 问题是有关公平正义方面的。

2. 材料题参见魏德士的《法理学》，法律出版社 2005 年版，第 157 页。该节标题为：正义的多样性——举例说明。

※ **本章小结**

1. 掌握国家与法治的关系。

2. 熟练运用法理学理论分析现实问题、解决现实问题。

3. 法理学除了单方面记忆，还要学会运用。

XI NAN ZHENGFA DAXUE
KAOYAN FAILIXUE YIBENTONG

第六章　西政法理学2008年真题回顾与解析

本章引言

　　2008年西南政法大学硕士研究生入学法学考试的法理学在试题命制上完成了改革，在试卷题型和难度上都有变化，主要题型包含有单项选择题、不定项选择题、判断分析题、简答题、论述题和材料题。从2008年开始，以后法理学的考试题型和形式都基本固定下来，难度适中。

一、单项选择题（每小题2分，共20分）

1. 提出法学是"关于正义和不正义的科学"的是（　　）。
　　A. 古希腊思想家　　　　　　　　B. 洛克
　　C. 古罗马思想家　　　　　　　　D. 马克思

【答案】C

【解析】古罗马法学家曾给"法学"下过一个经典性的定义："法学是关于神和人的事物的知识；是关于正义和非正义的科学。"这个定义出自于查士丁尼的《法学总论——法学阶梯》中。

2. 19世纪西方分析法学派的代表人物奥斯丁的主要代表作是（　　）。
　　A.《法理学的范围》
　　B.《论当代在立法和法学方面的使命》
　　C.《法律的概念》
　　D.《论法的精神》

【答案】A

【解析】分析实证法学的主要代表是奥斯丁，1832年他出版《法理学的范围》一书，详细论证了分析实证法学的基本主张，A选项正确；《论当代在立法和法学方面的使命》是历史法学派的代表人物萨维尼的作品，自然法学的复兴给分析法学带来了强有力的挑战，分析实证法学发展为新分析法学，其代表人物哈特的代表作是《法律的概念》。孟德斯鸠的《论法的精神》则是古典自然法学派的代表。

3. 具有较好的预防功能的法是（　　）。
　　A. 程序法　　　　　　　　　　　B. 判例法
　　C. 不成文法　　　　　　　　　　D. 成文法

【答案】D

【解析】成文法与不成文法的区别从各自的功能看，成文法可以事先立法，防患于未然，具有较好的规范功能。不成文法难以预防未出现过的事件和行为，因为不论是习惯法还是判例法都是在社会出现了相应的纠纷之后，才会产生出来。D选项正确。

4. 针对未来发生的不特定事项而做出、制定和发布普遍性行为规范的行为是（　　　）。

  A. 具体法律行为　　　　　　　　B. 中性行为
  C. 抽象法律行为　　　　　　　　D. 消极法律行为

【答案】C

【解析】法律行为因效力对象和生效范围的不同，可以分为抽象法律行为和具体法律行为。抽象行为是针对未来发生的不特定事项而做出、指定和发布普遍性行为规范的行为，如立法行为、司法解释、指定行政法规和规章的行为，C 选项符合题意。具体法律行为是指针对特定对象，就特定的具体事项而做出的、只有一次性法律效力的行为，如行政主体的某一具体行政行为等，A 选项错误；根据行为与法律的要求是否一致，把法律分为合法行为、违法行为和中性行为。中性行为介于合法行为与违法行为之间，虽没有得到法律的允许又没有受到法律的禁止，即处于现行法律的调整范围之外，无法以现行法律规定进行评价的行为，B 选项错误；根据行为人的具体行为方式是积极的作为还是消极的不作为，把法律行为分为积极法律行为和消极法律行为。消极法律行为，是行为人以消极的、间接对客体发生作用的方式进行的活动，表现为不做出一定的动作，保持客体不变或者容许、不阻止客体发生变化，D 选项错误。

5. 英美法系对法律的基本分类（　　　）。

  A. 公法和私法　　　　　　　　　B. 根本法和普通法
  C. 程序法和实体法　　　　　　　D. 普通法和衡平法

【答案】D

【解析】普通法与衡平法的划分是英美法系国家对法律进行的分类。此普通法不是和根本法对应的普通法，而是特指产生于英国 11 世纪，以国王的令状为基础，综合了各地的习惯法，通过司法审判的形式形成的法律。衡平法是为弥补英国普通法的僵化性和机械性，救济那些依照普通法无法得到公正判决的当事人，通过判例法的形式发展起来的法律形式。D 选项正确。公法与私法的划分是大陆法系国家对法律进行的基本分类，A 选项错误。根本法是一个国家的宪法，又称根本大法。与其对应的普通法是除根本法以外的其他法律，B 选项错误。实体法和程序法的划分是根据法律的内容和功能的不同对法律做出的划分，C 选项错误。

6. 大陆法系的主要法律渊源是（　　　）。

  A. 判例　　　　　　　　　　　　B. 法学家的学说
  C. 习惯　　　　　　　　　　　　D. 制定法

【答案】D

【解析】法律渊源是指法律规范的来源或源头，又称法的渊源或者法源。法律渊源可分为主要渊源和次要渊源。主要渊源包括制定法、判例法、国际条约和协定等应当优先考虑适用的法律规范。次要渊源包括习惯、法理、学说等，仅仅是在无主要渊源可援引的情况下才可考虑适用。

制定法是最为普遍的法律渊源，是指由立法机关或有权立法的机关通过法定程序指定的规范性法律文件。无论大陆法系还是英美法系，制定法都是重要的法律渊源，D 选项正确；判例作为法律渊源的地位主要存在于英美法系，A 选项错误。从法律史上看，法学家的学说在大陆法系从来都是法律的主要渊源之一。但随着后来法典编纂和立法民主制度的兴起，法律渊源统一于民主的立法之下，法学家的学说渐渐失去了作为法律渊源的地位，B 选项错误。习惯是社会生活中自发形成的行为规范，属于次要渊源，C 选项错误。

7.《道路交通安全法》第五十一条规定："机动车行驶时，驾驶人、乘坐人员应当按规定使用安全带，摩托车驾驶人员及乘坐人员应当按规定戴安全头盔。"该规定对自由的限制体现的是（　　）。

　　A. 伤害原则　　　　　　　　B. 父爱原则
　　C. 法律道德主义　　　　　　D. 冒犯原则

【答案】B

【解析】自由是一种法律价值，对公民自由的限制，需要说明理由和条件。"伤害原则"又称为"密尔原则"，是"伤害别人的原则"的简称。该原则认为：个人的行动只要不涉及他人的利害，个人就不必向社会负责。也就是说，应当给人以最广泛、最大可能的自由，但如果允许一个人随心所欲，自行其是，势必将引起一定的伤害。

"父爱原则"又称为"亲缘主义"原则。其基本思想是，一个人自愿的行为有时并不是自由的行为。所以，当一个人的行为会使他自己丧失重大利益时，法律可以限制他的自由，也就是说禁止自我伤害的法律。比如禁止吸毒的法律就体现了父爱主义原则。

"法律道德主义"原则，或称"立法伦理主义"原则。其基本思想是，主张强制实施道德，法律应当限制违反道德的行为，可以而且应当禁止不道德的行为，如限制赌博、卖淫等行为。

"冒犯原则"其基本思想是，法律可以限制那些可能并不伤害他人的行为自由。根据上述解释，可见本法条体现的是"父爱原则"，B 选项正确。

8. 亚里士多德对正义的著名划分是（　　）。

　　A. 分配正义与平均正义　　　B. 个人正义与体制正义
　　C. 形式正义与具体正义　　　D. 实体正义与程序正义

【答案】A

【解析】亚里士多德详细分析了正义的概念，他认为，政治学上的"善"就是正义，正义以公共利益为依归；正义包括两个因素——事物和应该接受事物的人，大家认为相等的人就该分配到相等的事物。因而将正义划分为分配正义与平均正义，A 选项正确。

个人正义即在制度本身正义及个人已经接受这一制度所安排的利益时，个人应尽的责任；制度正义即社会基本结构的正义，B 选项不符合题意；形式正义是一种抽象的正义，它不管制度是否正义，只关心制度的实现；具体正义是指每个人根据优点对待、根据需要对待、根据身份对待、根据法律权利对待等，C 选项不符合题意；实体正义在于通过对实体权利与义务的安排，为社会提供一种秩序，使人们都能发挥自己的才能，享有自由、平等、安全等权利；程序正义实际是一种社会冲突解决上的正义要求坚持公正标准促进纠纷的解决，而不是仅仅把它们了结，是保证实现制度正义和形式正义的方法，D 选项不符合题意。

9. 法律在实践中被遵守、被执行和被试用指的是（　　）。

    A. 法律效果
                B. 法律效力

    C. 法律实效
                D. 法律效益

【答案】C

【解析】法律效力、法律实效和法律效果是分析法律实现的不同的概念工具。法律实效是指社会主体实际上按照法律规定的行为模式进行行为，法律在实践中被遵守、被执行和被适用，故 C 选项符合题意；法律效果是指法律为了实现其目的，通过调整社会关系而对整个社会所发生的客观影响和实际后果，A 选项不符合题意；法律效力通常指法律的保护力和拘束力，具体指国家指定或认可的法律对其调整对象所具有的普遍的支配性力量，B 项不符合题意。

效益是经济学上的术语，在法理学上通常有两方面的意义：其一指将法律在实施过程中是否给人们和社会带来有效的效果和好处，此时侧重法律的社会效益考察；其二是指从具体的法律入手，为获得适合法律目的的效果，考察法律实施过程中投入的成本和产出的比率，D 选项不符合题意。

10. 下列有关法律规则和法律条文的正确表述是（　　）。

    A. 法律规则就是法律条文

    B. 法律条文是法律规则的表现形式

    C. 法律规则的完整结构必须体现在一个条文中

    D. 一个法律条文不能内含几个法律规则

【答案】B

【解析】法律规则是以法律权利和法律义务为主要内容，由国家强制力保障实施的具有严密的逻辑结构的社会规范。法律规则逻辑结构的内容落实到具体的法律文件中，是以相应的文字结构形式——法律条文来表现的，但在具体的立法实践中一个法律文件并不一定就表达一个法律规则，即二者不是完全对应的关系，B 选项表述正确。

二、多项选择题（每小题 2 分，共 20 分）

1. 古希腊哲学家柏拉图的法学思想主要体现在（　　）等著作中。

    A. 《政治学》
                B. 《理想国》

    C. 《政治家篇》
             D. 《法律篇》

【答案】BCD

【解析】古希腊哲学家柏拉图也是古希腊法律思想的杰出代表，他一生写了 30 多篇对话体著作，其中《国家篇》（《理想国》）、《政治家篇》、《法律篇》最为集中地体现了他的法律思想，正义问题乃是柏拉图法律思想的主题。《政治学》是柏拉图的弟子亚里士多德的代表作，他是科学划分和体系建构的奠基人，也是一位百科全书式的大学者，是古希腊哲学的集大成者。

2. 法律创新需要注意的问题有（　　）。

    A. 法律创新要以社会生活为来源

    B. 法律创新一定要使新法和旧法一刀两断

    C. 法律创新一定要以正确的理论为指导

    D. 法律创新最好采取循序渐进的方式

【答案】ACD

【解析】法律创新要以社会生活为来源；法律创新要建立在深厚的、正确的理论基础和价值选择之上；法律创新在步骤上要谨慎，采取循序渐进的方式；法律创新要以有客观实际的需要为前提，但绝不意味着立法者可以随便改变旧制度，创新法律。

3. 以下关于法律概念的正确表述是（　　）。

    A. 日常术语不能成为法律概念

    B. 在具体的法律适用中必须借助于法律概念来进行

    C. 法律概念就是指法律中的专门术语

    D. 法律概念较日常生活运用的概念更具确定性

【答案】BD

【解析】法律概念的语言表现形式通常称为"法律术语"或"法言法语"。法律概念是法律的构成要素之一，是指在长期的法学研究和法律实践基础上对经常使用的一些专门术语进行抽象、概括所形成的具有特定的法律意义的概念。

4. 以下属于大陆法系的国家或地区是（　　）。

    A. 中国台湾   B. 中国香港特别行政区

    C. 日本   D. 法国

【答案】ACD

【解析】民法法系又称"大陆法系"，是以古代罗马法为基础发展起来的，是西方两大法系之一，分布的范围极为广泛，以欧洲大陆为中心，遍布全世界广大地区。大陆法系以法国和德国为主，日本自1868年"明治维新"以来的法律以及中国的台湾也属于大陆法系；普通法法系以英国、美国法律为代表，因而又称为英美法系，英国法对英国国外的影响也随着英国殖民扩张的急剧发展而延伸到美洲、亚洲、大洋洲和非洲的广大地区，香港特别行政区受英国法的影响，属于普通法法系。所以，ACD选项符合题意。

5. 以下关于法律意识的正确表述的是（　　）。

    A. 法律意识就是法律心理

    B. 法律思想体系不属于法律意识

    C. 法律意识是法律创制和完善的重要思想依据

    D. 法律意识对于正确适用法律和遵守有重要作用

【答案】CD

【解析】法律意识是社会意识的一种，是指人们在一定的历史条件下，对现行法律和法律现象的心理体验、价值评价等各种意识现象的总称。法律心理是低级阶段的法律意识，是人们对法律现象认识的感性阶段，A选项表述错误；法律思想体系是高级阶段的法律意识，是人们对法律现象认识的理性阶段，在整个法律意识中处于主导地位，B 选项表述错误；法律意识的作用主要体现在：法律意识是法律创立和完善的重要思想依据；法律意识对于正确适用法律和遵守法律也有重要作用，CD 选项表述正确。

6. 法学家对法律所作的解释是（　　）。

    A. 非正式解释　　　　　　　　　　B. 学理解释

    C. 无权解释　　　　　　　　　　　D. 任意解释

【答案】ABCD

【解析】非正式解释又叫无权解释或者无效法律解释，是指未经授权的机关、团体社会组织、学术机构及公民对法律规范所做的解释，其基本特点是该解释在法律上没有约束力，包括学理解释与任意解释。法学家对法律所作的解释为非正式解释，虽然在法律上没有约束力，不能作为执行法律的依据，但并非是没有意义的。

7. 司法具有的特点有（　　）。

    A. 终局性　　　　　　　　　　　　B. 中立性

    C. 主动性　　　　　　　　　　　　D. 独立性

【答案】ABD

【解析】司法权是国家权力的重要组成部分，具体指国家特定的专门机关依法所享有的将法律适用于具体案件，并对案件做出裁判的权力。司法权主要有终局性、中立性和独立性的特征。司法权还具有被动性的属性，是指司法权非应当事人请求不启动运作的属性，这也是司法权与行政权的重要区别，C 选项错误。

8. 有关法律与政治关系的正确表述是（　　）。

    A. 法律对于政治具有相对的独立性

    B. 政治权力需要受到法律的约束

    C. 法律可以促进政治的发展

    D. 政治问题也可能通过法律来解决

【答案】ABCD

【解析】法律是国家意志的体现，由国家强制力保证其实施。离开了国家政权，法律就失去了存在的依托。在这个意义上，法律与政治联系十分紧密，法律的制定、适用、遵守和监督，都是政治活动的结果。法律直接受政治的制约，有什么样的政治制度、政治现实，就有什么样的法律，B 选项正确；法律有其相对的独立性，法律对于政治的功能乃是不容抹杀的客观存在，A 选项正确；法律对政治的功能体现在协调政治关系、规范政治行为、促进政治发展和解决政治问题，CD 选项正确。

9. 有关法制和法治关系的正确表述的是（　　）。

    A. 法制就是法治的前提

    B. 实现了法制就是实现了法治

    C. 法制属于人治，法治是法律的统治

    D. 法制属于操作性范畴，而法治属于政治理想范畴

【答案】AD

【解析】"法制"与"法治"既有一定区别，又有紧密联系。一方面，法制属

于工具操作范畴，没有民主可以有法制；另一方面，法治则属于政治理想范畴，没有民主就不可能有法治，D 选项表述正确；法制状态不能直接导致法治，法治状态必须以完备的法制作为基础，A 选项正确，B 选项错误。

10. 法律对利益的调整机制具体表现在（   ）。

   A. 表达利益要求   B. 平衡利益冲突
   C. 消除利益冲突   D. 重整利益格局

【答案】ABD

【解析】法律对社会的控制离不开对利益的调整，具体表现在三种情况：表达利益要求、平衡利益冲突和重整利益格局。

三、判断分析题（判断正误并说明理由。每小题 5 分，共 20 分）

1. 法律的作用是有局限性的。

【参考答案】正确。法律虽然在现代社会具有非常重要的地位和作用，但并不意味着法律可以无限地夸大。法律作为一种具有国家强制力的调整社会关系的手段，有自己的调整领域，它并不能取代道德、习惯、风俗、纪律等社会规范的作用，也不可能做到规范社会生活的方方面面。此外，法律作为具有普遍性的社会规范，由于它自身的僵硬性和不可避免的漏洞的存在，使它对千变万化的人类事物的调整并不可能非常完美。

2. 自由的每一种形式都制约着另一种形式，正像身体的这一部分制约着另一部分一样。只要某一种自由成了问题，那么整个自由都成问题。

【参考答案】正确。世界上不可能有绝对的自由，任何人都必须为了某些自由而放弃另一些自由。法律所规定的公民的各项自由权利乃是一个统一整体，不能加以肢解。一种自由的短缺必然引起另一种自由的匮乏，公民的自由权利必须有全面的而不是片面的保证。马克思说："自由的每一种形式都制约着另一种形式，正像身体的这一部分制约着另一部分一样。只要某一种自由成了问题，那么整个自由都成问题。"这是一个十分深刻的思想，它表明公民自由权是一个不可分割的整体。自由权利是多种，但那只是自由权在各项活动领域中的不同表现形式。它们相互衔接、互相依存，失去或剥夺某种自由，必然影响其他自由权利的行使。这样，对自由的限制就有一个必要的量度问题。法律是所涉及的自由之间相互限制的尺度和准则。

3. 法律现代化是全球化的法律完全取代民族性的法律的过程。

【参考答案】错误。法律现代化是变革性与连续性的统一，民族性与世界性的统一。法律现代化涉及法律设施、法律制度、法律运行方式、法律观念等各个方面的深刻变化，是对传统在相当程度上的否定，具有很强的变革性。但是历史绝不可能人为地割断，现代总是建立在传统的基础之上，法律现代化对法律传统的否定是在肯定和保留传统的合理因素前提下的抛弃，因此，法律现代化又具有连续性，是变革性与连续性的统一。

法律现代化是一场波及全世界法律领域的深刻变革，它以法律领域中某些共同特征的出现为标志，不管各国的历史传统有多么的不同，法律现代化的特征标志不会因此而改变，所以，法律现代化具有世界性。但是尽管法律现代化的显著特征是有共性的，但由于各国法律传统的不同，在这些共性之外，存在着不同的个性，由此决定了不同的国家，其法律现代化的过程和结果呈现出不同的面貌和样态，带上了各自的民族特色，因此，法律现代化在具有世界性的同时具有民族性，是世界性和民族性的统一。

4. 不具备法律知识的人就不具有法律意识。

【参考答案】错误。法律意识的概念不同于法律知识。对法律知识的掌握，只能说明其对法律思想和法律制度的了解程度以及对法律条文的熟悉情况。对法律意识的培养是一项综合工程，并非仅以对法律知识的掌握程度来衡量。虽然法律意识的培养可能与法律知识的学习有关，但不能由此得出结论：法律知识掌握得越多，法律意识就越强，而不具有法律知识的人就没有法律意识。

四、简述题（每小题 10 分，共 20 分）

1. 法律原则在法律适用过程中的作用。

【参考答案】首先，在法律规则的具体适用过程中离不开法律原则的指导。一定主体对法律的适用不单纯是一个将法律规则简单地应用于案件事实的过程，这要求有关主体对法律规则的理解和解释，以及依据法律规则所进行的法律推理，都必须在法律原则的指导下进行。

其次，法律原则有弥补具体法律规则缺失的作用。法律规则毕竟是由立法者创造出来的，所以，在分析法律规则时不能忽视人本身的因素对法律的影响。

再次，法律规则对相关的自由裁量权有限制作用，是确定行使自由裁量权合理范围的重要依据。

最后，特定情况下发挥补救作用。立法中也会发生一些失误，以致会出现个别明显错误的法律规则，这时要放弃对特定法律规则的直接适用，转而运用相应的法律原则来处理案件。

2. 法治的含义。

【参考答案】所谓法治，就是指依照法律治理国家的治国思想、治国方针和社会秩序、社会状态。它包括以下几层含义：

（1）法治是一种宏观的治国方略。

（2）法治是一种理智的办事原则。

（3）法治是一种民主的法制模式，又常常被理解为"以民主为基础和前提的法制"。

（4）法治还经常被作为一种文明的法律精神，与理念、原则、观念等词联用，如"法治理念"等。

（5）法治是一种理性和理想的社会秩序与社会状态。

由此可见，现代的法治需要不同于古代的"法治"，是需要建立在民主的基础上的，现代的法治实行分权与制衡并以保障人权为依归。

五、论述题（每小题 20 分，共 40 分）

1. 试论"人生而自由，却又无往不在枷锁之中。"

【参考答案】"人是生而自由的，却无往不在枷锁之中。自以为是其他一切的主人的人，反而比其他一切更是奴隶。"这是卢梭对其所处社会时代人的生存状况作出的概括性论断。一方面，原则上肯定自由是人与生俱来的禀赋和权利，是人的本性；另一方面，又指出现实中的人生活在不自由状态之中，饱受种种奴役。

人在社会生活中服从经自己同意的法律，道德生活中听从良心的呼唤，卢梭称这样的人为公民，他认为只有公民才配享有自由。从卢梭的概括性论断里，我们可以分析出自由的以下涵义：自由意味着自主，自由并非为所欲为而是要服从自己订立的法律，为了寻找这些法律，人必须认识自己与自己的不自觉状态相区分。

卢梭将自由分为三种。天然自由着意于说明自由是天赋人权，生而有之，不可剥夺。天然的自由作为一面镜子，鉴别出社会现实中种种不平等和道德败坏现象。社会自由的实现实际上是一个克服人性堕落、扬弃社会异化的动态历史过程。道德自由的实现则是这一历史过程的自觉化，亦即是人性本身的完善化过程。

卢梭的自由思想无论在理论上还是实践上对西方社会都产生过巨大的影响。从理论上来说，天然自由肯定了人的自由权利不可侵犯的神圣性；社会自由阐明了民主法制社会的基本精神；道德自由启迪人们的心灵，教育人们走向完善。

但是，卢梭的自由思想中有许多不成熟和空洞的地方。天然自由纯粹是理论的虚构；社会自由中人民当家做主却又缺乏可操作性，法律仅指根本宪法而不涉及各种各样的法律法规，权力属人民难以保证。"公意"和"主权"等概念扑朔迷离，成为民主主义者和集权主义者都可利用的双刃剑；道德自由将道德建立在良心这种个人情感之上，使道德失去了普遍必然性和客观有效性，良心有可能变为不纯动机替自己开脱责任的借口。这些消极因素是我们必须正视和批判的。

2. 试论执政党的政策和国家法律之间的关系。

【参考答案】现代政治是政党政治，即实行以政党制度为基础的权力配置与运作机制。

因此，研究政治与法律问题，必须关注政党问题和政党政策，特别是执政党政策与国家法律的相互关系，包括二者的区别、联系及相互作用等。执政党政策与国家法律，二者在赖以建立的经济基础、指导思想、基本精神和历史使命方面，都是相同的。然而，二者毕竟是社会上层建筑中的两种不同现象，各有其自身的特殊性。

（1）所体现意志的属性不同

在我国，国家法律和执政党政策都是工人阶级领导的广大人民意志的体现，但是，法律是由国家制定或认可的，通过国家机构所反映的人民的意志，具有国家的属性。尽管国家法律的指定必须以执政党的政策为依据，是法律化的政策，但无论如何，在党的代表大会上是绝不能制定国家法律的。

（2）表现的形式不同

党的政策作为党的文件，是以纲领、宣言、声明、指示、建议等形式出现的，它的内容相对来说规定得比较原则性，带有号召性和指导性。法律则是以条文形式公开颁布施行，又自己特定的表现形式。它作为国家的规范性文件，以宪法、法律、行政法规、地方性法规等形式出现。另外，法律必须是公开的，而执政党的政策尤其是具体政策，有时可能是"秘密"甚至是"机密"的。

（3）实施的方式不同

国家法律是由国家强制力保证实施的。无论宪法、法律还是行政法规，一经国家公布施行，一切国家机关和武装力量、各政党、社会团体、公职人员和全体公民都要严格遵守，任何人的违法行为都要负法律责任，都要受到国家的制裁。执政党政策的贯彻执行，不是依靠国家强制力。

（4）调整社会关系的范围不完全相同

由于党对国家、对社会的领导作用主要是依靠政策来实现，因此，党的政策不断渗透到社会生活的各个领域中发挥作用。国家法律一般是调整那些对社会整体状况有直接和重大影响的社会关系。

总之，法律和政策的区别，表明二者是不同的社会规范，各有其特殊性和特殊作用。我们既不能以党的政策去代替国家法律，否定法律的特殊作用；也不能用法律去否定党的政策，取消政策的指导作用。法律和政策是两个不同的治理国家、管理社会的重要工具。在我国，执政党政策和国家法律都是人民意志的体现，都是社会上层建筑的重要组成部分，共同为自己的经济基础服务，都是现代化建设所不可缺少的。

六、材料题（共 30 分）

一个女人绑架了一座城市

2007 年 10 月 7 日下午 5 时左右，广州一女子爬上了花都区花山镇平西村的一座高压电塔，到深夜仍未肯下来。

救援人员为救下女子，当晚决定停电救人。据称，此次事件令花都在 4 小时损失 60 万度电，停掉了三条关键电力"通道"中的两条，该女子脚下这个城市的灯火一片一片地为她而熄灭，大约半个花都区的行政区域内，路灯大片大片地熄灭，交通信号灯失灵，城市的霓虹灯瞬间消失，该范围的工厂不得不停工，市民们也不得不点起了蜡烛。这次停电直接损失接近 40 万元，间接损失不计其数。

参与营救的许多人直到后来从报纸上获知了这个搅动了整座城市的女人的姓名。她叫廖固求，湖南安化人，39 岁，是一个 16 岁男孩和 3 岁女孩的母亲。

问题，请用所学的法理学知识对该事件作出 600 字以上的评论。

【参考答案】略。参考：可以从法律与秩序的角度切入；可以从法律、经济与人权的角度切入。

※本章小结

1. 2008 年的法理学试卷难度适中，知识覆盖面广，题量大，需要考生有一个适应的过程。

2. 考生除了要重点复习常考点以外，必须注意知识的全面性。

第七章 西政法理学 2009 年真题回顾与解析

本章引言

2009 年法理学卷继承了 2008 年的试卷形式和内容，在试题类型和难度系数上都与 2008 年类似，考生需要引起重视的是随着法理学考试的逐步深入，法理学卷呈现出考试内容范围广、难度系数逐年加大的趋势。因此，考生不能单纯地只顾重点、难点，必须全面系统地复习。

一、不定项选择题（每小题 2 分，共 30 分）

1. 在西方法文化中，人们根据（ ）概念而将"法"与"法律"明确地区分开来。

    A. 理性   B. 神性

    C. 自然法   D. 德性

【答案】C

【解析】在欧洲的几种主要民族语言中，法与法律有不同的表述，法除了有法德含义外，还兼有权利、公平、正义或者规律、法则的意思，因此常常被人们理解为客观法、理想法、应然法，也即是自然法，而法律则主要被理解为人们依主观意志和认识而制定的法律，即主观法、现实法、实然法。在西方法文化传统中，人们依据自然法概念将法与法律明确的区别开来。

2. 古希腊法律思想的杰出代表有（ ）。

    A. 乌尔比安   B. 柏拉图

    C. 智者派   D. 亚里士多德

【答案】BCD

【解析】古希腊法律思想的杰出代表是智者派、柏拉图、亚里士多德。智者派，尤其是晚期智者派活动的时期与苏格拉底和柏拉图是一致的。正义问题是柏拉图法律思想的主题，他的法哲学可以说是名副其实的正义之学。亚里士多德推进并现实化了柏拉图的正义学说，提出了法治的经典型定义，建立了系统性的法治理论。

3. 古典自然法学派论说的主题是（ ）。

    A. 自然权利说   B. 社会控制说

    C. 民族精神论   D. 社会契约说

【答案】AD

【解析】古典自然法学派论说的主题是自然权利说与社会契约论。古典自然法学派具有三大特征，这三大特征揭示了古典自然法学派所论说的主题。第一，主张纯粹理性主义的自然权利学说。它把"自然权利"宣称为简单的、自明的、无需争辩的若干公理性原则。第二，个人主义特征。所谓的"自然权利"用是个体拥有的基于人之本性的、不可剥夺和让渡的权利。第三，革新了传统的国家权力正当性理念。国家一切的政治权力运行的最根本和最终目的在于维护和保障基于人本性的、神圣而不可剥夺的权利的实现，背离了这个根本目标，国家权力就丧失了正当性依据。

4. 中国古代"灋"的含义有（   ）。

  A. 公平   B. 权利

  C. 惩罚   D. 规范

【答案】ACD

【解析】中国古代的灋具有公平、惩罚、规范的意义。"平之如水，触不直者去之"，具有惩罚作用，但是不具有权利的意义。

5. 以下关于法律作用的判断正确的有（   ）。

  A. 法律的指引作用包括一般指引，又包括个别指引

  B. 法律的作用是有局限性的

  C. 法律的社会作用是指对人的行为的作用

  D. 法律的评价作用是对思想和行为的合法与不法、违法与不违法的评价

【答案】B

【解析】本题考查法律的作用以及法律作用的局限性。法律作用是指法律对人的行为和社会关系所带来的影响。法律作用具有人为性、现实性、局限性。法律有自己的调整领域，不能取代道德、习惯、风俗等，法律自身也有僵硬性以及不可避免的漏洞。所以 B 项正确。法律的作用分为法律的规范作用与法律的社会作用，法律的规范作用是对人的行为所产生的影响，法律的社会作用是法律对社会所产生的影响，所以 C 项是错误的。对于 D 项，法律的评价不包括对人的行为的评价。A 项法律的指引是一般指引，不是个别指引。

6. 法律的特殊分类有（   ）。

  A. 成文法和不成文法   B. 公法和私法

  C. 普通法和衡平法   D. 实体法和程序法

【答案】BC

【解析】法律的一般分类是对所有的法律制度普遍适用的分类，法律的特殊分类是指这种分类不具有普遍性，仅是部分国家与地区对法律进行的分类，法律的特殊分类有公法与私法、普通法与衡平法、联邦法与联邦成员法。法律的一般分类：成文法与不成文法、根本法与普通法、实体法与程序法、国内法与国际法、一般法与特别法、固有法与继受法。

7. "恶法亦法"体现的法学分析方法是（   ）。

  A. 价值分析方法   B. 实证分析方法

  C. 社会学分析方法   D. 历史分析方法

【答案】B

【解析】分析实证法学派的主要代表是奥斯丁，在法的概念上，他提出了主权命令制裁说，法律被认为是主权者的命令，而实在法最本质的特征在于其强制性；法与道德的关系上，奥斯丁认为两者没有内在必然的联系，道德上的好坏是没有确

定的标准，因此应该把道德因素从法律中剔除出去。

8. "法治应包含两重含义：已成立的法律获得普遍的服从，而大家所服从的法律应该本身是制定良好的法律"。这段话是由（　　）阐述的。

  A. 柏拉图   B. 洛克

  C. 戴雪   D. 亚里士多德

【答案】D

【解析】西方最早使用法治一词，给他科学定义的是亚里士多德。他在政治学中，指出法治应包含两重意义：以成立的法律获得普遍地服从，而大家所服从的法律又本身是制定良好的法律。

9. 下列属于大陆法系主要特点的是（　　）。

  A. 判例法为主要法源   B. 法官造法

  C. 法律法典化   D. 注重程序，实行对抗制诉讼

【答案】C

【解析】大陆法系也叫民法法系，是以罗马法为基础而发展起来的。大陆法系的特点可以概括为强调私法与保障私权，强调理性与哲理，法学家的重要作用，法律法典化及其独特的法源。普通法法系是指英国中世纪以来的法律，特别是他的普通法，为基础的一种法律制度。普通法法系的主要特点有：判例法为主的独特法源，司法为中心与法官造法，财产信托的合理设计，注重程序，实行对抗诉讼制。

10. 按照我国《立法法》等法律的相关规定，立法机关制定法律的程序包括（　　）。

  A. 提出法律案   B. 审议法律案

  C. 通过法律案   D. 公布法律案

【答案】ABCD

【解析】我国的法律制定程序包括：第一阶段，提出法律议案；第二阶段，审议法律草案；第三阶段，通过法律；第四阶段，公布法律。

11. 下列关于法律职业伦理的说法正确的是（　　）。

  A. 中立是法官职业伦理的核心

  B. 忠实于国家和政府的利益，是检察官职业伦理的基本要求

  C. 律师是国家的法律工作者，其基本职业伦理是忠实于国家和人民的利益

  D. 最大限度地维护当事人的合法权益是律师职业伦理的核心

【答案】ABD

【解析】法律职业伦理是指从事法律职业的人在法律活动中必须遵守的伦理规范与伦理原则。特定的法律职业的特有知识与技术使得法官、检察官、律师的职业伦理各不相同，法官必须保持中立，忠实于国家和政府的利益，是检察官职业伦理的基本要求，律师最大限度地维护当事人的合法权益是律师职业伦理的核心。

12. 中国法律传统的主要内容有（　　）。

  A. 法治传统   B. 权利文化

  C. 礼法文化   D. 德治传统

【答案】CD

【解析】中国法律传统是中华民族几千年法律活动的结果，与西方法律传统有着完全不同的价值取向。中国法律传统主要有：礼法文化；德治传统；重刑轻民；诸法合体，政法合一。西方的法律传统主要有法治传统；权利文化。

13. 下列关于法治正确的是（　　）。

    A. 法治以市场经济和民主政治为基础

    B. 法治关注的焦点是法律至上

    C. 法治蕴含法律调节社会生活的正当性，符合社会生活的理性化要求

    D. 法治表明社会存在较为完备的法律制度

【答案】ABCD

【解析】法治，就是指依照法律治理国家的治国思想、治国方式和社会秩序、社会状态。它包括以下几层含义：第一，法治是一种宏观的治国方略。是指一个国家在多种手段面前，选择以法律为主的社会控制手段。第二，法治是一种理性的办事原则。在制定法律之后，任何人和组织的社会性活动均受既定法律规则的约束。无论发生什么情况，甚至是法律本身发生不正当的情况，也要依法办事。在法律面前只有先承认形式的合理才能承认实质的合理，这是法治建立的根本要求。第三，法治是一种民主的法制模式，又常常被理解为"以民主为基础和前提的法制"。法制必须以民主为社会条件和正当基础。第四，法治还经常被作为一种文明的法的精神，与理念、原则、观念等词联用，如"法治理念"、"法治原则"、"法治观念"等。第五，法治是一种理性的社会状态和理想的社会秩序。法律与国家、政府之间，运用法律约束国家、政府权力；法律与人民之间，运用法律合理地分配利益；法律与社会之间，运用法律确保社会公共利益不受权力和权利的侵犯。因此，可以认为"法治"就是一种在法律管束国家权力以后，而使权利在人与人之间得到合理配置的社会状态。

14. 人权的存在形态有（　　）。

    A. 应有权利　　　　　　　　B. 法律权利

    C. 实有权利　　　　　　　　D. 自然权利

【答案】ABC

【解析】人权的三种存在形态：（1）应有权利。人权是一种道德权利，属于应有权利的范畴，即基于人的本性和本质所应该享有的权利。（2）法律权利。人权就其实质而言，是国内法管辖问题，因此，人权又是一种法律权利。（3）实有权利。人权作为一种道德权利与法律权利，仅仅为人权的实现提供一种理论可能性和制度可能性，人权还必须是一种实有权利。

15. 法律的正义价值体现在（　　）。

    A. 追求正义的实现是法律的首要的和最高的理想

    B. 正义是一种现实的可操作的法律原则

    C. 正义是衡量法律优劣的标准和尺度

    D. 正义是法律进化的精神动力

【答案】ABCD

【解析】追求正义的实现是法律的一个理想，而且是首要的和最高的理想。正

义是一种现实的可操作性的法律原则，也是衡量法律优劣的尺度和标准。一定的正义观不仅是评价人们行为公正与否、善良与否的标准，也是评价现实中法律正义与否的标准。正义观念存在着某些确定的、相对稳定的原则与准则。相对稳定的正义观念就是衡量法律优劣的基本标准。正义始终是法律进化的精神动力，正义观念的进步能够引起法律的革新。

二、命题分析（简要分析命题成立的理由和根据。每小题 10 分，共 30 分）

1. 法律发展遵循"从身份法到契约法"的规律。

【参考答案】从"身份的法"向"契约的法"发展。把法的进程看作是一个从"身份的法"向"契约的法"运动的学者是梅因，古代法所调整的单位是家族而不是独立的个人，随着社会的发展和进步，"个人"不断地代替了"家族"，成为民事法律所考虑的单位。在新的社会秩序中，人与人之间的关系是因个人的自由合意而产生的契约关系，契约本质是自由和平等，这就决定了现代法律的平等性。

2. "法治应当优于一人之治"。

【参考答案】法治作为一种治国思想和治国方式以及法律存在的状态是与人治相对的。人治作为治国的方法和原则，其含义包括：（1）人治不等于没有或取消法律，而是借助法律实现专制。（2）人治通过法律建立和稳定统治秩序，但法律不是社会和权力的基础，而是国家最高权力的工具，终究权大于法。（3）大于法的权力不是一般的职权而是极权。人治与法治的区别在于：人治强调依靠统治者个人的作用来统治国家要求把权力交给统治者个人，使之能够运用手中的权力对国家和人民的统治；而法治则强调通过法律治理国家，要求一切国家机关和各级领导者都要依法办事，在法律面前人人平等，不允许有凌驾于法律之上的个人特权。简而言之，人治所强调的是个人的作用；而法治所强调的则是法律的权威。

3. "法律的生命在于经验而不在于逻辑"。

【参考答案】霍姆斯在批判演绎推论模式时，提出了著名的论断"法律的生命在于经验而不在于逻辑"。如何形成法律判断，有不同的模式，那些把法律应用过程看做是简单的适用法律的人都认为，法律判断通过推论便可以必然得出。其中，演绎三段论是最主要的推论工具。实际上，法律适用的重心不在于最终的结论，而在于发生在推论之前的对事实行为各具体要素的判断。逻辑只能解决推理有效性问题，它只关心形式问题，无法处理内容问题。而法律判断更多关心内容问题，它是一个价值判断问题。价值判断贯穿于法律判断形成过程之始终，而价值判断需要借助于社会经验。法官不需要每一个案件都借助于自己的生活经验，人们通过长期实践而得出的一般的经验法则可以帮助他们勾画出法律判断的轮廓。所以，对于法律判断而言，更重要的是经验，而不是逻辑。

三、简述题（每小题 10 分，共 30 分）

1. 简述西方思想传统中"法"与"法律"的区分及意义。

【参考答案】（1）西方的"法"除有"法"的含义外，还兼有"权利"、"公平"、"正义"或"规律"、"法则"之意，因此它们常被人们理解为"客观法"或

"理想法"、"应然法"。

（2）西方的"法律"则主要被理解为人们依主观意志和认识而制定的法律，即"主观法"或"现实法"、"实然法"。

（3）在西方法文化传统中，人们凭借自然法概念将"法"与"法律"明确地区分开来。自然法理论认为，法律在本质上是规范性的，"恶法非法"，因为存在着一种规制政治权力和法律权力，并为人们的行为制定道德标准的自然法体系。

2. 简述人权与法律的关系。

【参考答案】（1）人权与法律的一般关系。人权与法律存在着不可分割的关系，两者相互作用、相互影响。人权对法律的作用。首先，人权是法律的源泉。其次，人权是判断法律善恶的标准。总之，人权对法律的作用体现在：它指出了立法和执法所应坚持的最低人道主义标准和要求；它可以诊断现实社会生活中法律侵权的症结，从而提出相应的法律救济的标准和途径；它有利于实现法律的有效性，促进法律的自我完善。

（2）法律对人权的作用。人权的实现要依靠法律的确认和保护。对人权的法律保护可以分为两个层次：其一，是对人权的国内法保护。其二，是对人权的国际法保护。

3. 简述法律关系的构成及其产生、变更和消灭的前提与条件。

【参考答案】（1）所谓法律关系，是指根据法律所确定的主体之间具体行为的法律相关性。第一，法律关系的产生以法律规范的存在为前提。第二，法律关系以主体间法律上的权利和义务为内容。第三，法律关系是形式与内容、动态与静态、过程与结果的辩证统一。

（2）法律关系的构成要素：第一，法律关系的主体；第二，法律关系的内容；第三，法律关系的客体（权利义务）。

（3）法律关系产生、变更和消灭的前提是法律规范。

（4）法律关系产生、变更和消灭的条件是法律事实（法律事件和法律行为两类）。

四、论述题（每小题 15 分，共 30 分）

1. 试论法律的利益调控机制。

【参考答案】法律对社会的控制离不开对利益的调整，而法律对利益的调整机制主要又是通过将利益要求转化为一定权利（权利主张、自由、特权、权力），并把它们相对的义务归诸于法律主体，以及通过设置权利和义务的补救办法——惩罚、赔偿等来实现的。法律对利益的调整机制具体表现为三种情况：表达利益要求、平衡利益冲突和重整利益格局。

（1）表达利益要求。第一，法律的产生是调节利益的需要。法律是为适应利益调节的需要而产生的，法律的变化和发展根源于利益关系的变化和发展，归根到底根源于人们利益要求的变化和发展。在这个意义上，利益规律是法律的基础，法律制度实质上是一种利益制度。第二，法律对多元利益的调节。社会上占统治地位的那部分人，总是要把现状作为法律加以神圣化。法律并不创造或发明利益，而只是对于社会中的利益关系加以选择，对特定的利益予以承认或者拒绝。这种选择表现在两个方面：利益主体与利益内容。利益从不同角度可作不同的分类，利益主体也因利益内容的不同而各有其归属。某一特定的人可能在政治利益上归属此一利益主体（群体），而在经济利益上又归属另一利益主体（群体）。法律对利益要求的表达并非绝对地只遵从某一个标准。法律表达利益的过程，同时即是对利益选择的过程。在表达利益要求时，决不可回避利益冲突。

（2）平衡利益冲突。第一，主体多元、资源稀缺——利益冲突的前提。诉讼的前提，乃是存在着利益要求相对立的不同主体。社会并不是均衡化的。利益来源于对资源的控制，利益的大小取决于对资源控制的多少。然而，社会中的现有资源总是处于匮乏的状态。第二，利益差别构成了利益冲突的基本原因。按照爱尔维修的说法，社会不同集团、不同阶层具有不同的利益，他们之间的冲突，本质上是一个利益冲突。所谓利益冲突，就是利益主体基于利益差别和利益矛盾而产生的利益纠纷和利益争夺。正因为有社会利益冲突，社会存在与社会变迁才有可能。第三，法律的利益平衡功能。第四，法律对利益关系的协调，对利益冲突的平衡的媒介。通过某些基本原则规定和制度设计体现在改革中，许多法律措施都可以说是各个利益集团相互冲突、相互制约和相互妥协的结果。总之，市场经济条件下的利益冲突通常需要靠法律来调控。

（3）重整利益格局。作为社会契约论者，卢梭所赋予新的、合理的法律——社会契约的功能，是把不平等的格局加以重整，使每个人的利益得到实现。在人类历史上，革命或改良其实都是对利益格局的调整或重新安排。所谓"变法"无不是改变既存利益格局，法律正是在利益格局的不断被打破和重整过程中逐步地向前发展的。其中，美国宪法的进程有力地说明了这一点。

2. 试论法律对自由的合理限制。

【参考答案】法律对自由的限制是为了更好的实现自由。法律对自由的限制并不是随意的，而应当有一定的原则。法律对自由的限制必须是合理的，要找到合理的限制界限，这样的法律才配得上叫做"良法"。我国法学界所提出的对自由的法律限制原则主要有以下四项，一般认为，超出了这四项基本原则，就是不合理的限制。

（1）法律基于社会生活条件的制约而限制自由。法律以社会为基础，法律的产生、存在与发展在根本上取决于一定的社会物质生活条件。自由同样不能不受社会物质生活条件，即生产方式、地理环境、人口状况等的限制。一般地说，除社会物质生活条件以外的限制都应予以法律化，使其表现为法律限制。总之，法律所确认的自由及其限制，必须遵循现实性和可能性的准则。

（2）法律为了社会及他人的利益而限制自由。禁止伤害社会和他人，可以说是所有国家的法律限制自由的内容。禁止伤害他人和社会的法律是一个国家实体法规范的主要构成部分；而对危害他人和社会的行为的处理，则构成了司法上的主要活动之一。

（3）法律为了行为人自身利益而限制自由。法律限制自由的意义或目的乃是为了实现自由。

（4）法律为了各项自由的协调而限制自由。

世界上不可能有绝对的自由，任何个人都必须为了某些自由而放弃另一些自由。法律所规定的公民的各项自由权利乃是一个统一整体，不能加以肢解。自由权利有多种，但那只是自由权在各项活动领域中的不同表现形式。它们互相衔接、互相依存，失去或剥夺某种自由，必然影响其他自由权利的行使。这样，对自由的限制就有一个必要的量度问题。法律是所涉及的自由之间相互限制的尺度和准则。

五、材料分析题（共30分）

材料：江苏省姜堰市人民法院注意到，对于婚约彩礼返还问题，许多地方的风俗习惯是"男方回绝女方，彩礼不返还；女方回绝男方，彩礼全返还"。这和国家法律关于"彩礼应当返还"的规定是不一致的。于是，一方面，法院的裁判不能为广大群众所接受，法院的裁判在老百姓那里缺乏权威和正当性；另一方面，说明现实中确实存在着国家制定法和民间风俗习惯两套社会规则冲突并存的局面。

2004年，姜堰市人民法院根据最高人民法院的司法解释，融合当地民间习俗，制定了《婚约返还彩礼纠纷案件裁判规范指导意见》（以下简称《意见》），按照男方、女方主动提出解除婚约的不同，划定了返还彩礼的比例。该《意见》试行后，取得了较好的效果，不仅实现了"零上诉"，而且没有一个案件需要采取人身或财产强制措施。

姜堰市法院还注意到，民间借贷有不少借款人在出具借条时，写明借款多少钱，"利息一分"。而发生纠纷时，关于利息一分是月息还是年息，其利率是千分之一还是百分之一等问题，很有争议。依照当地民间习惯，利息一分是指月息百分之一。法院根据这个民间习俗，推定当事人约定的利息是月息百分之一，判决借款人偿还相应的利息，而不能以约定不明为由简单地按《合同法》第二百一十一条第一款"视为不支付利息"处理。

2007年，"民俗习惯的司法适用"被列为全国法院重点调研课题，江苏省高级人民法院成为课题承担单位之一。

著名法理学家、江苏省高级人民法院院长公丕祥大法官说："在有些情况下，依法审判的结果往往并没有得到当事人和社会公众的普遍认同，案结事不了的现象依然存在。"这位深谙百姓生活的学者型大法官认为，在审判工作中，只有高度重视民俗习惯的实际运用，才能体察和体现社情民意，从而正确适用法律，化解社会纠纷，真正做到司法为民。

江苏省法院系统在司法实践中引入民间风俗习惯解决纠纷的良好社会效果，引起了其他省法院的注意，目前，广东省高院表示，在时机成熟的条件下，将在司法审判中尝试着运用民间风俗习惯化解纠纷。

请运用法理学知识，就上述材料所反映的主要问题，自拟题目，写出一篇600~800字的小论文。本题评分标准：字迹工整，表达规范，中心明确，结构完整，言之成理，论述深刻。

【参考答案】1. 习惯重要性，习惯在司法中的作用。

2. 习惯不同于法律。

3. 习惯与法律的关系。

4. 现代司法运用法律时考虑习惯。

※**本章小结**

1. 法理学要注意重点、难点和常考点。
2. 法理学备考注重全面。

第八章 西政法理学 2010 年真题回顾与解析

本章引言

2010 年西南政法大学硕士研究生入学考试法学专业的法理学卷依然延续了 2008 年以来的传统，在试卷结构和试卷难度上来看，和往年基本类似。题型主要有多项选择题、概念比较题、简述题、论述题和材料题。

一、多项选择题（每小题 2 分，共 16 分）

1. 属于当代中国非正式法律渊源的有（　　　）。
   A. 规章 　　　　　　　　　　　B. 判例
   C. 政策 　　　　　　　　　　　D. 法理
   E. 决议

【答案】BCDE

【解析】规章属于正式法律渊源，判例、政策、法理属于我国非正式法律渊源，决议也属于我国非正式的法律渊源。

2. 关于法律继承、法律移植以及法律现代化的正确判断是（　　　）。
   A. 法律继承既包括一国国内的新法对旧法的继承，也包括世界范围内的新旧法间的继承
   B. 法律移植仅指一个国家积极主动地引进、吸收、同化其他国家和地区的法律的现象
   C. 日本历史上几次成功的法律移植案例表明，只要积极、认真地进行法律移植工作，法律移植就能够成功
   D. 法律的自治性表明法律现代化可以超前于政治、经济的现代化。
   E. 中国法律现代化的历程始于清末修律这场大规模的立法活动。

【答案】AE

【解析】法律移植仅指一个国家积极主动地引进、吸收、同化其他国家和地区的法律的现象；只要积极、认真地进行法律移植工作，法律移植就能够成功；超前于政治、经济的现代化。

3. 成文法较之不成文法的优点有（　　　）。
   A. 有较好的预防功能
   B. 内容更具有逻辑性
   C. 更具有稳定性
   D. 有更好的社会改革功能
   E. 有更强的社会适应性

【答案】ABD

【解析】不成文法具有更加稳定性与社会适应性。成文法有较好的预防功能、内容更具有逻辑性、有更好的社会改革功能。

4.《劳动合同法》第二十二条规定:"用人单位为劳动者提供专项培训费用,对其进行专业技术培训的,可以与该劳动者订立协议,约定服务费用。劳动者违反劳动服务期约定的,应当按照约定向用人单位支付违约金。违约金的数额不得超过用人单位提供的培训费用。用人单位要求劳动者支付的违约金不得超过服务期尚未履行部分所应分摊的培训费用。"该条款内含 (   )。

A. 授权性规则　　　　　　　　B. 义务性规则
C. 任意性规则　　　　　　　　D. 强制性规则
E. 禁止性规则

【答案】ABCDE

【解析】可以与该劳动者订立协议是授权性规则、任意性规则;应当按照约定向用人单位支付违约金是义务性规则;违约金的数额不得超过用人单位提供的培训费用是强制性规则、禁止性规则。

5. 对于法理学中的法律行为概念的正确认识有 (   )。

A. 法律行为是指合法行为,不包括违法行为
B. 法律行为只需从外在客观行为方面判断,内在意识方面不构成判断标准
C. 法律行为是指具有法律意义和属性,能够引起一定法律后果的行为
D. 法律行为存在于可以观察到的行为中,而非存在于规则中
E. 法律行为只能体现为积极的行动,而不可能体现为消极的静止

【答案】CD

【解析】法律行为包括合法行为也包括违法行为;法律行为包含的要素是意思表示与法律效果,前者是主观,后者是客观;法律行为包括作为与不作为。

6. 大陆法系与英美法系相比较,其特征在于 (   )。

A. 强调公法与私法的区分
B. 强调理性与哲理的指导作用
C. 强调法官在制度创新和社会变革中的作用
D. 强调法律的法典化
E. 强调习惯和经验在司法中的作用

【答案】ABD

【解析】大陆法系的特征包括:强调私法与公法之间的区分;强调理性与哲理的指导作用;法学家在立法中的重要作用;法律法典化及其独特的法源。英美法系的特征:判例法为主的独特法源;法官在制度创新和社会变革中的重要作用;法律的务实性及其经验主义基础;注重程序,实行对抗诉讼制。

7. 执法和司法的区别有 (   )。

A. 司法具有被动性,执法具有主动性
B. 执法具有较大的自由裁量权,司法不具有自由裁量权
C. 执法具有单方意志性,司法具有中立性
D. 司法权具有终局性,执法不具有终局性

E. 司法需要实现司法平等，而执法不需要实现平等性

【答案】ACD

【解析】司法具有被动性，执法具有主动性；司法也具有自由裁量权；只是没有行政自由裁量权宽泛；执法具有单方意志性，司法具有中立性；司法权具有终局性，执法不具有终局性；司法、执法都需要平等。

8. "自己不能成为自己案件的法官"，该法谚不包括的意思有（　　　　）。

A. 程序正义　　　　　　　　　B. 司法公正

C. 司法中立　　　　　　　　　D. 司法平等

E. 司法责任

【答案】CDE

【解析】自己不能成为自己案件的法官是体现的程序意义，所以体现了程序正义、司法公正。

二、概念比较题（每小题 10 分，共 30 分）

1. 法制与法治。

【参考答案】（1）"法制"与"法治"既有一定区别，又有紧密联系。

（2）"法治"与"法制"的主要区别在于：第一，法治表达的主要是法律运行的状态、方式、程序和过程；而法制主要是一个静态的概念，是法律制度、法律和制度的简称。第二，法制属于工具操作范畴，是为政治服务的，没有民主可以有法制，法制只表明特定社会中存在着一种独立于其他各种制度的法律制度。法治则属于政治理想的范畴，是为政治服务的，没有民主就不可能有法治。法治以市场经济和民主政治为基础，是市场经济基础上、民主政治体制中的治国方略。第三，法制关注的焦点是秩序，法治关注的焦点是法律至上权威，法治是法律对公民、组织和政府行为的有效规则，特别是对运用公共权力的有效制约。

（3）法制与法治又是紧密相连的。第一，法治是法制的前提，因为只有在以法治国的治国思想和主张指导下，才有可能建立和健全法制；第二，法制又是法治的保障。因为只有建立了完备的法制，才能做到有法可依，才能使以法治国的治国主张得以实现。第三，如果没有法治思想的指引，就不可能有完备的法制；反之，如果没有法制的保障，法治也只能是一个空洞的主张，不能得到真正的实现。法制状态虽然不能直接导致法治，但法治状态必须以完备的法制作为基础。从法制向法治的过渡需要民主政治的确立和法律权威的提高。

2. 法律实效与法律效力。

【参考答案】（1）法律实效是指社会主体实际上按照法律规定的行为模式进行行为，法律在实践中被遵守、被执行和被适用。

（2）法律效力通常指法律的保护力和约束力，具体指国家制定或认可的法律对其调整对象所具有的普遍的支配性力量。

（3）法律效力与法律实效的关系。第一，法律效力指法律具有的约束力和保护力，属于"应然"范畴；法律实效是指具有法律效力的法律的实际实施状态，属于"实然"范畴。第二，法律效力一般强调形式有效性，即法律只要满足由有权国家

机关依照法定程序制定或认可，即获得约束力和保护力；法律实效一般侧重实质有效性，即法律只有在实践中部分或全部被遵守、执行、适用，才是有实效的。第三，法律效力是证成法律存在的必要条件；法律实效是对有法律效力的法律实施以及实现状况的一个评价指标。

总之，法律效力是"应然"状态的静止的法律是否符合法律规格；法律实效是分析"实然"状态中法律产生的实际效果。没有法律效力的法肯定没有法律实效，但具有法律效力的法在实践中也不一定都有实效。

3. 基本法与根本法。

【参考答案】基本法一般是指在一个国家或地区具有最高法律效力的法律。它的含义与宪法实际上具有相同的地位，在港澳地区亦有人称基本法为该地区的小宪法。根本法通常是指国家根本制度、具有最高法律效力的法律，即宪法。它规定的基本原则是立法机构进行立法的基础，一切法律、条例和国家机关的决议、命令都不能与之抵触，如有抵触无效。个别国家对某些方面的法律也称为根本法。从某种意义上来说，基本法和根本法都是指的宪法。

三、简述题（每小题 10 分，共 30 分）

1. 法律的定义及其本质。

【参考答案】（1）法律是由社会物质生活条件所决定的，主要反映掌握国家政权的社会集团的共同意志和根本利益，是由国家制定或认可的，并由国家强制力保证实施的，通过规定权利义务以维护社会秩序的一种特殊的行为规范体系。

（2）法律本质的三个层次。第一，法律是国家意志的一种表现形式；第二，法律体现为掌握国家政权的社会集团的意志，同时也保障社会公共利益；第三，法律所体现的意志归根结底根源于社会物质生活条件。

2. 社会主义法治理念的基本内涵。

【参考答案】（1）依法治国是社会主义法治的核心内容。

（2）执法为民是社会主义法治的本质要求。

（3）公平正义是社会主义法治的价值追求。

（4）服务大局是社会主义法治的重要使命。

（5）党的领导是社会主义法治的根本保证。

3. 公法和私法的划分的意义。

【参考答案】（1）公法与私法的划分始于古罗马。在查士丁尼皇帝钦定《法学阶梯》中将法律分两部分：公法与私法。

（2）在如何划分公法与私法的问题上，存在不同的观点，主要有：第一，权力说。该学说以是否涉及国家权力的运用作为划分标准。认为公法是以权力与服从为标志；私法是体现平等主体之间的关系，以公民的意思自治为标志。该说的缺陷是无法说明国际法为何是公法，因为国际法不体现权力与服从关系。

第二，主体说。即以法律关系主体为标准进行划分。如果法律所规定的法律关系主体一方或双方为国家或公法人的，即公法。如果法律关系主体双方都是公民或私人的法律为私法。该说不能解释国家在某些情况下也可从事民事活动，该关系受私法调整。

第三，利益说。该学说以法律所保护的利益为公私法的划分标准。认为凡保护公共利益的法律是公法，保护私人利益的法律是私法。此说来自古罗马法学家乌尔比安。该学说的缺陷是将公法与私法所保护的利益截然对立，没有看到公法也要保护私人利益，私法也要保护公共利益的情况。

第四，应用说。该说认为在法律应用中，公民私人不能自主决定对其是否予以应用的法律为公法；公民私人可以自主决定应用的法律为私法。该说忽略了公法关系中，公民也有可自主选择应用的情况。

第五，法律关系说等。凡调整国家之间或国家与私人之间权力与服从关系的法律为公法；凡调整私人之间或国家与私人之间民事关系的法律为私法。该说作为对公法与私法的划分较为圆满。

（3）公法与私法的划分有助于划清两大不同性质的社会关系领域，采用不同性质的法律规范进行调整。这样既能保护了公共利益，又保护了私人利益；既体现了对社会权力与自由的自我约束，也体现了对个人自由的尊重与保护。在中国实行改革开放和市场经济的过程中，公法与私法的划分有助于矫正长期以来偏重公法，忽略私法的倾向，有助于我们对个人权利和自由的尊重与保护，同时也有助于市场经济体制的真正确立。

四、判断分析题（判断正误并说明理由。每小题6分，共24分）

1. 自然法学被称为价值法学。

【参考答案】正确。自然法是一种可以作为检验实在法公正善良与否的标准，所以可以成为价值法学。

2. 法律上的自由等同于哲学上的自由。

【参考答案】错误。法律上的自由是一种权利，是一种受到法律保护的利益，而哲学上的自由是与必然联系在一起，从本体论角度看，自由是一种意志自由。

3. 学习法律，从法律本身来理解法律是很难的，就法律来理解法律，结果是理解不了法律的。

【参考答案】正确。法律是社会发展的产物，法律是多种社会因素共同作用的结果。

4. 社会不是以法律为基础的，那是法学家们的幻想。相反，法律应该以社会为基础。

【参考答案】正确。社会是法律产生的基础与前提，法律最本质受制于社会物质生活条件。

五、论述题（每小题15分，共30分）

1. 试论法律与政治的关系。

【参考答案】（1）政治的概念。概而言之，政治就是为了维护或反对现行国家政权而进行的，处理阶级关系、政党关系、民族关系、国家关系以及其他有关社会关系的活动。

（2）法律与政治的联系和区别。法律直接受政治的制约。有什么样的政治制度、政治现实，就有什么样的法律；法律随着政治制度和政治现实的变化而变化，因此，政治优先于法律，对法律起导引作用。同时也要看到，法律毕竟有其相对的独立性，法律对于政治的功能仍是不容抹杀的客观存在。

（3）法律对政治的功能。第一，协调政治关系；第二，规范政治行为；第三，促进政治发展；第四，解决政治问题。

2. 论法律的秩序价值。

【参考答案】（1）法律秩序的含义。法律秩序是现代文明的产物。但对何为法律秩序，存在着两种不同的观点。第一种观点是将法律秩序等同于法律制度或者法律体系。第二种观点是，法律秩序不仅仅是一种抽象的法律规范或者法律体系，而是法律在社会生活中的实现，在这种意义上，法律秩序也就等同于法治秩序。法律秩序，并不仅仅是对于公共和私人领域的权利和义务的抽象的法律条文和规范，也不仅仅是法律规范在现实生活中的实际存在，而应当是以上两种观点的内在统一。对于一个具有良好法律秩序的社会来说，法律规范及其实现两个方面缺一不可。法律秩序，就其本质而言，具体体现为一个动态的过程，是稳定性和动态性的内在统一。

（2）法律秩序的基本特征。第一，实在性；第二，强制性；第三，普遍性；第四，自治性。

（3）法律的秩序价值。就法律与社会秩序的关系来说，在以法律秩序为主宰的现代社会中，法律与秩序表现为一种互相生成、相互促进的关系。第一，法律是社会内在规律的体现和表达。法律并不是一个完全独立自主的王国，它在本质上是依赖于社会生活，特别是社会经济生活的。因此，法律不能对社会生活各方面的具体内容独断地进行规定；相反，它本身只不过是为了满足和维护一定社会的秩序需求，而对存在于社会经济、政治以及文化生活领域中的各种规律的进一步肯定和确认，并且权威化。第二，法律对于社会秩序的维持：首先，建立和维持社会政治秩序；其次，维护权力运行秩序；再次，建立和维持社会经济秩序；最后，维护社会生活秩序。

六、材料题（共20分）

上海钓鱼执法事件调查始末

从10月14日，因"涉嫌非法营运"被扣下车辆，到20日被认定为"事实清楚，证据确凿，适用法律正确，取证手段并无不当"，再到26日被浦东区政府重新认定为"在执法过程中使用不正当取证手段，依法终止执法程序"，短短两周内，河南籍"90后"小伙子孙中界经历了一波三折的变化。

14日晚8时，刚把一批工人送到公司基地的孙中界，在上海浦东镇召泰路闸行路口遇到一名身材瘦弱的年轻人扬招，乘客上车4分钟后便要求停靠在闸航路188号，正是在这里，孙中界受到了原南汇区交通行政执法大队的检查，认为其"涉嫌非法营运"而扣下金杯面包车。

对于车上这关键的4分钟，孙中界和行政执法部门各执一词。17日孙中界在接受记者访问时说："当时那名乘客说：'兄弟啊，帮个忙，我有急事，打不到的士也没有公交车'，我见他实在可怜就让他搭车了。上车后那名乘客主动谈价钱，说要给出租车的钱，但我一直没理他。"

而交通执法部门的调查结果是那名乘客"承认扬招上车且谈妥车费10元"。原南汇区交通行政执法大队负责人19日对记者表示，定义"黑车"在"业内"只要满足四个条件即可：扬招、听乘客指令行驶、司机和乘客互不认识、提供有偿服务。"孙中界一事完全符合这四个要求。"

刚来上海3天的孙中界显然没有想到自己就这样被定义成了"黑车"，并且要面临1万元的行政罚款。情急之下孙中界选择伤指以示清白，而此事经媒体报道后也迅速引发各方关注。

18日，上海市政府要求浦东新区政府迅速查明事实，并将调查结果及时公布于众。20日，浦东新区城市管理行政执法局公布"调查报告"，称"孙中界涉嫌非法营运行为情况属实"，并不存在所谓的"倒钩"执法问题。

20日，在浦东城管部门公布"调查报告"的同一天，浦东新区政府决定成立包括人大代表、政协委员、律师、媒体代表、社区和企业代表在内的12人联合调查组，城管部门明确被排除在调查组之外。

21日，刚刚组建起来的调查组迅速投入工作。在查阅相关卷宗、录音等资料的基础上，兵分三路到原南汇区交通执法大队、孙中界工作的上海庞源建筑机械工程公司以及孙中界伤指后就诊的73171部队医院现场调查。

"孙中界事件"中的乘客是确定此案是否属于"钓鱼执法"的关键。21日下午，调查组约见了"乘客"陈雄杰。调查组成员、上海金融学院政法学院院长薄海豹律师问："你是否配合第一次执法？"陈答："我是第一次。"薄又问："假设是否有第二次？"陈答："没有。"薄再问："假设是否能够配合公安测谎测试？"陈答："可以。"

但就是这位自称敢做测谎测试的乘客"陈雄杰"，在调查中露出了马脚。在调查组抽查原南汇区交通行政执法大队今年8月执法活动的案卷中，发现陈雄杰曾有以"乘客"身份作证非法营运的笔录，证明其向调查组的陈述存在虚假，有可能是"职业钓钩"。

进一步深入调查后，破绽越漏越多。调查组发现在多份不同的卷宗上多次出现同一姓名的"乘客"，而检查相关财务资料后发现前来领取所谓"专项整治劳务费"的却另有其人，而且不同"举报乘客"的"劳务费"大多都出自这位"蒋某某"领取，"钓头"由此现身。

22日晚，调查组约见"蒋某某"，在强大的心理压力下，这位"钓头"承认了自己组织的"钓钩集团"直接参与了"孙中界事件"。他说，自己手下有三四十个人，没有固定地域。14日当天，原南汇区交通行政执法大队的一名队员通过"蒋某某"将当天执法的时间和地点告诉了"乘客"陈雄杰，当晚8时许陈雄杰正是按照事先约定的路线将孙中界驾驶的车辆带到了执法人员检查点。

"孙中界事件"的调查过程非常顺利，没有受到政府部门的阻挠和压力。24日从上午9时一直到下午4时，联合调查组开始起草和审议最终的调查报告。报告的第一稿就明确写入"原南汇区交通行政执法大队在 10 月 14 日执法过程中使用了不正当取证手段",以及"陈雄杰在调查报告中的陈述存在虚假"等关键内容。最终 12 名成员都在这份客观真实的报告上郑重署名。

24 日上午,浦东新区区委区政府领导看望并听取联合调查组的汇报,承诺将以调查组结果为基础,"负责任地对此事件作出回应"。

26 日上午,浦东新区人民政府举行新闻通气会,通报"联合调查组"关于 10 月 14 日"孙中界事件"的调查报告和区政府关于此事件的处理意见,认为有关部门在执法过程中使用了不正当取证手段,10 月 20 日公布的结论与事实不符,向社会公众作出公开道歉。

要求:请根据材料,运用法理学相关原理,自拟题目,写一篇不少 600 字的文章。

【参考答案】略。可以从道德与法律的关系入手来剖析此案例。

※**本章小结**

1. 注意法理学理论与现实热点案例的结合。
2. 注重知识的准确性与全面性。

第九章　西政法理学2011年真题回顾与解析

本章引言

2011年西南政法大学硕士研究生入学考试法学专业法理学试卷遵循了历年考研法理学的规律,在试卷难度和试卷结构上都变化不大。但是需要我们引起注意的是,随着法理学的逐年考查,法理学基本知识点都已考查过,所以,考生在以后法理学备考时,必须要更加全面复习的法理学上的每一个知识点。

一、单项选择题(每小题2分,共10分)

1. 孟德斯鸠的代表作是( )。

    A.《利维坦》   B.《政府论》

    C.《论法的精神》   D.《社会契约论》

【答案】C

【解析】在西方法学历史中,孟德斯鸠占有重要地位,《论法的精神》是其代表作。

2.《通过法律的社会控制》一书的作者是( )。

    A. 哈特   B. 庞德

    C. 埃利希   D. 富勒

【答案】B

【解析】美国法学家庞德在其所著的《通过法律的社会控制》及其五卷本的《法理学》中所创立的社会学法学,就是社会学法学派的代表。

3. 下列属于历史法学派的观点是( )。

    A. 法律的发展要经过两个阶段:抽象法——道德——伦理(国家),国家就是伦理精神的实现,是法的理念的完美实现

    B. 法律是社会发展到一定阶段的产物,是适应一定生产力和生产关系的要求而产生的社会历史现象,其产生的直接原因是私有制和阶级的出现

    C. 法律应当体现各民族特有的精神,法律是民族精神的产物

    D. 法律乃公益的行为

【答案】C

【解析】历史法学派认为,法律应该力图体现各民族特有的精神,法律是民族精神的产物。

4. 法律的社会作用之一是分配社会利益,这种分配要通过以下( )方式进行。

    A. 立法   B. 司法

    C. 执法   D. 法律监督

【答案】A

【解析】法律的社会作用是指法律作为一种社会规范对社会关系的调整作用，它体现在立法、司法、执法等法律的运行过程中，包括相对应的分配社会利益、解决社会纠纷和实施社会管理等作用。所以，答案选择 A。

5. 我国《合同法》第八十八条规定：当事人一方经对方同意，可以将自己在合同中的权利和义务一并转让给第二人。以下表述的内容属于（　　）。

    A. 义务性规则、非确定性规则   B. 义务性规则、确定性规则

    C. 授权性规则、非确定性规则   D. 授权性规则、任意性规则

【答案】D

【解析】授权性规则，是规定主体自身有权做出或不做出某种行为以及要求他人做出或不做出某种行为的法律规则。在立法中常常运用含有诸如：可以、允许、有权、有……的权利、有……的自由等法律概念和文字结构的条文来表述；任意性规则，它是指当事人之间可以在法律允许的选择方式和范围内进行协商以自行确定具体的权利与义务的规则。一般而言，授权性规则属于这一类。

二、多项选择题（每小题 2 分，共 20 分）

1. 下列关于法律特征的判断，正确的有（　　）。

    A. 在各种社会规范中，只有法律才具有规范性

    B. 法律是一种社会规范，具有社会规范的一般特征

    C. 具有国家意志性并由国家制定或认可是法律区别于其他社会规范的特征

    D. 用以调整人与人之间的关系是法律区别于其他社会规范的特征

【答案】BC

【解析】在各种社会规范中，道德也具有规范性；法律作为一种特殊的社会规范，但是依然具有社会规范的一般特征；法律是由国家制定或认可的是区别于道德、宗教等其他规范的重要特征；宗教等社会规范也调整人与人之间的关系。

2. 下列关于法律继承与法律创新的理解，正确的有（　　）。

    A. 法律继承仅仅只是发生在相同历史类型法律之间的继承

    B. 法律继承的内容可以是政治制度方面的继承

    C. 法律创新可以是法律原则的创新

    D. 相对于法律继承，法律创新难度较高

【答案】BCD

解析：法律继承可以发生在不同历史类型之间的法律之间；法律继承的内容相当广泛，可以是政治的、经济的、文化的等；法律创新的内容可以是法律概念、法律规则和法律原则的创新等；法律创新相对于法律继承、法律移植是技术难度最高的法律发展方式。

3. 下列选项中，属于法律一般分类的是（　　）。

    A. 公法与私法   B. 实体法与程序法

    C. 一般法与特别法   D. 普通法与衡平法

【答案】BC

【解析】法律的特殊分类包括：公法与私法；普通法与衡平法；联邦法与联邦成员法，其他分类则属于法律的一般分类。

4. 下列属于我国现代法律正式渊源的是（　　）。
　　A. 我国缔结或加入的国际条约　　　B. 民族自治地方的单行条例
　　C. 最高人民法院公报发布的案例　　D. 国务院所属部委制定的规章

【答案】ABD

【解析】从层次上看，当代中国法律渊源的正式渊源有以下六种：宪法、法律、中央法规、地方法（自治条例与单行条例、经济特区法规、特别行政区的法律）、规章（部门规章、军事规章、政府规章）、国际条约（并非所有的国际条约都是我国的法律渊源，只有我国政府缔结或加入的双边或多边国际条约、国际协定等，才属于我国的法律渊源，而且中国声明保留的条款除外）。

5. 民事诉讼中原告与被告之间所形成的法律关系属于（　　）。
　　A. 相对法律关系　　　　　　　　　B. 隶属型法律关系
　　C. 平权型法律关系　　　　　　　　D. 第一性法律关系

【答案】AC

【解析】在相对法律关系中，权利、义务主体都是特定的。平权型法律关系，又称为横向法律关系或对等的法律关系，表现为法律关系主体间的地位是平等的，都享有一定的权利，承担相应的义务，而不存在基于权力等方面的服从和隶属关系。如民事法律关系。第一性法律关系，又称为主法律关系，是主体间合法建立的不依赖其他法律关系可独立存在的法律关系。第二性法律关系又称为从法律关系，它产生于第一性法律关系，与第一性法律关系相比地位与作用具有从属性。

6. 法律作用的局限性表现在（　　）。
　　A. 法律调整范围有限
　　B. 法律不可避免地存在漏洞
　　C. 表达法律规范的语言完全没有确定性
　　D. 相对于现实社会生活，法律具有滞后性和僵化性

【答案】ABCD

【解析】法律作用局限性，法律作为一种具有国家强制力的调整社会关系的手段，有自己的调整领域，它并不能取代道德、习惯、风俗、纪律等社会规范的作用，也不可能做到规范社会生活的方方面面。此外，法律作为具有普遍性的社会规范，它自身的僵硬性和不可避免的漏洞的存在，使它对千变万化的人类事务的调整并不可能非常完美。

7. 在我国，属于社会法律监督的有（　　）。
　　A. 中国共产党的监督　　　　　　　B. 人民政府的监督
　　C. 社会舆论的监督　　　　　　　　D. 工会的监督

【答案】ACD

【解析】社会法律监督指的是国家机关以外的，包括社会组织、政治团体、人民群众等通过多种手段和途径对执法、司法和守法行为的督促。监督的目的在于保证法律实施的合法性。其特点是不直接运用国家权力，不必遵照一定的法律程序和

形式。包括如下：公民监督、社会舆论监督、社会组织监督、执政党的监督。

8.《最高人民法院关于适用〈中华人民共和国合同法〉若干问题的解释（一）》第十四条规定："合同法第五十一条第（五）项规定的'强制性规定'，是指效力性强制规定。"这项规定属于（　　）。

A. 立法解释　　　　　　　　　　B. 司法解释

C. 行政解释　　　　　　　　　　D. 正式解释

【答案】BD

【解析】最高人民法院的解释属于正式解释，具体属于司法性质的解释。

9. 关于司法机关依法独立行使职权这一原则，正确的是（　　）。

A. 司法权只能由国家司法机关统一行使，其他任何组织和个人无权行使此项权力

B. 司法机关行使司法权时，不受任何其他行政机关、团体和个人的干涉

C. 司法机关独立行使职权原则与西方国家的司法独立原则没有区别

D. 司法机关处理案件必须依照法律规定，准确地适用法律

【答案】ABD

【解析】司法独立原则的含义包括三个方面：（1）国家的司法权只能由国家的司法机关统一行使，其他任何组织和个人无权行使此项权力；（2）司法机关依法独立行使职权，不受其他行政机关、团体和个人的干涉；（3）司法机关处理案件，必须依照法律规定，准确地适用法律。

10. 关于法治和法制的含义，正确的理解有（　　）。

A. 没有民主也可以有法制

B. 没有民主也可以有法治

C. 法制不一定建立在正当性价值之上

D. 法治蕴涵了法律至上、平等适用、制约权力、权利本位等法律精神

【答案】ACD

【解析】法治不同于法制。法制属于工具操作范畴，没有民主也可以有法制；法制强调秩序，而不一定建立在正当性价值之上。

三、概念比较（每小题 10 分，共 20 分）

1. 法律责任与法律义务。

【参考答案】（1）法律责任是一种特殊意义的义务，具体说，法律责任是由违反第一性的义务而引起的第二性的义务。

（2）法律责任与法律义务的区别。法律义务通常是指主体根据法律的规定或合法的约定必须作为或不作为的义务，此义务通常针对一般的社会主体设立。而法律责任是指一种特殊义务，此义务通常针对特殊的主体设定的，具体是指一方由于违反了法定义务或约定的义务从而产生一种新的义务。具体区别如下：第一，法律责任针对的是特定的主体，具体指违反了法定义务或约定义务的主体；法律义务针对的是一切社会主体，具有相当的广泛性。第二，法律责任通常具有惩罚性，即法律责任是针对第一性的义务没有被履行而进行救济、制裁；法律义务是作为与法律权

利相对应的法律的重要调控手段，一般不具有制裁性。第三，法律责任的产生是以法律义务为前提，没有主体对义务的违反就不会产生法律责任。

2. 法律规则与法律原则。

【参考答案】法律规则是以法律权利和法律义务为主要内容，由国家强制力保障实施的具有严密的逻辑结构的社会规范；法律原则我们可以从两方面来把握法律原则的含义和内容：从静态意义上讲，法律原则是法律中能够作为法律概念和法律规则来源与基础的综合性、稳定性的原理；从动态意义上讲，法律原则是指导法律规则的创制以及在法律的具体适用中作为法律解释与法律推理依据的准则。法律原则是构成法律结构的核心内容与指导性要素。

四、简答题（每小题 10 分，共 20 分）

1. 简述法律意识的作用。

【参考答案】（1）法律意识是社会意识的一种，是指人们在一定的历史条件下，对现行法律和法律现象的心理体验、价值评价等各种意识现象的总称。包括人们对法的本质和功能的看法、对现行法律的要求和态度、对法律适用的评价、对各种法律行为的理解、对自己权利义务的认识等，是法律观点和法律观念的合称。

（2）法律意识的作用具体表现为：第一，法律意识是法律创立和完善的重要思想依据；第二，法律意识对于正确适用法律和遵守法律也有重要作用。首先，国家公务人员法律意识的高低，决定着他们对法律的精神实质的理解程度，并将直接关系到对案件处理的正确与否。其次，在某种特殊的条件下，法律意识还可以被当做法律的某种特殊表现形式被直接适用。最后，法律必须内化为人们普遍的法律意识，渗透于人们的心理之中，此时，法律的威信也就自然得以确立。

2. 为什么大陆法系和英美法系有逐渐靠拢的趋势？

【参考答案】由于经济一体化、政治一体化进程的不断加速，两大法系的各国法律在法律技术、法律方法等方面有不断靠拢的趋势。表现在：第一，大陆法系中，判例作用日益显著，特别是行政法方面；在英美法系国家，制定法日益增多，呈现制定法与判例法并重和相互作用的局面。第二，在法典化问题上，大陆法系在传统上实行法典化，英美法系在传统上不采用法典形式。但后来发展成，英美法系也有少数法律采用形式，大陆法系的一些重要法律部门并未采用法典。第三，在法律的分类上，大陆法系有公私法之分，英美法系则无此划分，而存在普通法与衡平法之分，后来发展到，英美法系国家的法学中也逐渐倾向于公私法之分。

五、辨析题（每小题 8 分，共 24 分）

1. 对于法律来说，除了人的行为外，人是根本不存在的。

【参考答案】正确。法律调整的是人与人之间的关系，而不是调整单个的人，所以法律对于人的行为来说，除了行为，人是不存在的。

2. 社会不是以法律为基础的。

【参考答案】正确。社会不是以法律为基础的，那是法学家们的幻想。根据马克思主义法学原理，法律是由一定的社会物质生活条件所决定的，是社会决定了法律的内容、结构和发展。

3. 自然权利是指人本身所固有的权利。

【参考答案】正确。自然权利是权利的最初形态，它是特定社会的人们基于一定的物质生活条件而产生出来的权利需要，是主体认为或被承认应当享有的权利。自然权利也称为道德权利。

六、论述题（每小题 18 分，共 36 分）

1. 科学技术对司法的影响。

【参考答案】（1）在事实认定方面，越来越多的高科技产品被用于查明案件事实领域，收效明显。

（2）在法律适用主体方面，传统的单一法官判案受到某种挑战。

（3）在司法方法方面，一方面，司法的过程不断吸收新的科学技术方法，将之纳入案件事实认定和裁判中。另一方面，以新技术发展为依托，司法方法自身不断实现自我创新。

2. 法律是国家意志的体现。

【参考答案】（1）从法的狭义出发，即从人定法（国家制定法）的角度出发，我们认为，所谓法律，就是指归根结底由社会物质生活条件所决定的，主要反映掌握国家政权的社会阶层的共同意志和根本利益，由国家制定或认可并由国家强制力保证实施的，通过规定权利、义务，设定权力、职责以维护社会秩序的一种特殊的行为规范。

（2）法律是国家意志的一种表现形式。法律作为国家制定或认可的强制性规范，是国家意志的一种体现。法律是由国家制定或认可的，所以法律体现为国家立法者的意志，法律首先表现为一种意志，其次是一种阶级和国家的意志。另外，法律不仅仅是各种意志斗争的产物，同时也是各种意志妥协的产物。其次，法律体现为掌握国家政权的社会集团的意志，同时也保障社会公共利益。最后，法律所体现的意志归根结底根源于社会物质生活条件。

七、材料题（共 20 分）

材料：张强在德国汉堡的分公司正式上班第一天，七点就起床了。公司是 9 点上班，张强在 8 点整出门打车，因为同事提醒他，去得太早会让门卫尴尬的。行至汉堡市中心街区的一条马路时，遇到红灯，一停就是 15 分钟，司机说，大概是指示灯坏了。张强心想，第一天上班就迟到，肯定会给以后的工作带来麻烦。看着前面的十字路口车辆稀少，于是就建议司机说："可能是指示灯坏了，我想开过去也应该没问题。"司机摇头说："这样不行，会违反交通规则的，我们还是等等吧。"因为前面是红灯，在反方向上大道根本没有汽车行驶，于是张强又建议司机掉头往反方向绕一下，司机一听，严肃地说："这样我会吃罚款、遭控告，这样不行。"张强实在受不了德国人的死板，只好说："我在这里下车总可以了吧？"司机却固执地说："这里没有人行道，乘客不能下车。"20 分钟后，绿灯终于亮了，车才上道。

匆匆到公司后，张强马上到老总办公室解释迟到的原因。老总听完后说表示理解，然后让张强去秘书处去处理这件事情。在秘书办公室，秘书认真地将处罚单交给张强，并解释说，老总很理解你的遭遇，但是公司的处罚还是要执行。

根据法理学原理，对以下材料做一不少于800字的带标题评述。

参考答案：略。可以从遵守法律的角度解析此案例。

※本章小结

1. 注重知识的全面性复习。

2. 注意反复出现的题目的整理、背诵和记忆。

第三编　西政考研法理学初阶基础知识点梳理

本编引言

　　法理学基础知识属于必须掌握的内容，从宏观的角度而言，法理学知识主要包含了法学的基本知识、法律的基本知识和法治的基本知识；从具体的角度而言，法理学基本知识主要包含了法律本体论、法律价值论、法律方法论和法律社会论。

导论　法学和法理学

本章引言

导论主要介绍关于法学和法理学的基本知识，属于必须掌握的内容。通过对法学和法理学基本知识的学习，准确把握法学、法理学的含义以及关系。同时，要把握住法学与法理学研究对象的区别，并且熟知法律现象的含义。法学、法理学的含义需要识记，以便应对容易出现的（比如法学与法理学）概念比较题型，其他知识点属于熟知即可，应付选择题。

一、法学简说

（一）法学词源

1. 法学一词，至少在公元前 3 世纪末罗马共和国时代就已经出现，该词表示有系统、有组织的法律知识、法律学问。

2. 公元前 254 年，平民出身的科隆加尼乌斯，开始在公共场合讲授法律条文；公元前 198 年，执政官阿埃利乌斯进一步以世俗官吏的身份讲授法律，著书立说，从而使得法律成为一门世俗的学问。

3. 公元 2 世纪罗马帝国前期，这两个词已被广泛使用。

4. 古罗马法学家乌尔比安给法学所下的经典性的定义是："法学是关于神和人的事物的知识；是关于正义和非正义的科学。"

5. 关于法律问题的学问，在我国先秦时期被称为刑名法术之学或者刑名之学。其内涵主要是讲究明辨，强调定分正名，着重对刑、名进行辨析。

6. 汉语中现代意义上的法学一词，最早由日本传入我国。日本法学家津田道真首次使用日文汉字法学二字翻译为西方现代意义上的法学一词。

（二）法学的研究对象

1. 法学，又称法律学或法律科学，是研究法律现象及其发展规律的一门社会科学。

2. 法律现象是人类社会发展到一定阶段所产生的一种特殊的社会现象，包括法律条文、法律行为、法律职业、法律关系等。

3. 法学的研究对象不仅包括静态的法律，而且还包括动态的法律。法学围绕法律现象这一中心，还要围绕法律与经济、政治、道德、宗教等其他社会现象的关系。

4. 作为一门社会科学，法学还有其特定的概念、判断、推理等工具系统，在此基础上形成了较为严密的逻辑理论体系。

（三）法学的层次

1. 知识之学。法学作为一门科学，表现为一种知识系统。这是法学最基本的层次。

2. 智慧之学。法学还是一种智慧之学，即是关于法律的能力、方法、技巧和思维的学问。

3. 精神之学。法学还应当是精神之学，它应当全面展现并传播法律的精神。

二、法理学简说

1. 法理学是以作为整体的法律的共同性问题和一般性问题为研究对象的理论法学，着重揭示法律的基本原理。在法学界，其研究方向涉及有关法哲学、法律社会学、法律经济学、立法学、比较法学、法律解释学和行为法学等基本理论或总论性问题。

2. 法理学一词为日文汉字，是由日本近代法律文化的主要奠基人穗积陈重创造的。

3. 雅维茨出版了《法的一般理论——社会和哲学问题》；维辛斯基的《国家与法的理论》。

※真题再现（2008年真题单项选择题）提出法学是"关于正义和不正义的科学"的是（   ）。

    A. 古希腊思想家   B. 洛克

    C. 古罗马思想家   D. 马克思

【答案】C

（解析见2008年真题不定项选择题第1题）

第一章 法学历史

本章引言

本章分别介绍了中国法学历史、西方法学历史、马克思主义法学历史，本章的重点是掌握西方法学历史的发展过程，为了应对简单题、论述题，应该在熟悉的基础上达到背诵的目的；本章的新增知识点是马克思主义法学历史的创立、发展以及中国化的过程；对于中国法学历史，则属于了解的知识点，熟知即可，不需背诵。

第一节 中国法学历史

一、先秦时期法律思想概述

1. 夏商周时代，中国古籍中出现了有关政治法律思想的论述，其核心是体现君王统治的神圣性，主要包括两点：王权神授、法由天定。这一阶段的政治法律思想的主要目的在于宣扬君主及其所颁布的法律的神圣性，借之调和奴隶主统治阶级和奴隶之间的矛盾并镇压奴隶的反抗，以维护奴隶社会的等级秩序和高压统治。

2. 春秋战国时代的四大法学流派

（1）儒家的法律思想。代表人物孔丘、孟轲和荀况。儒家法学观最重要的特点体现在礼治。礼为国家的主要统治手段，希望在此基础上建立起以尊卑等级和宗法伦理为基础的社会秩序。礼的基本原则是尊尊、亲亲。引礼入法，礼法合一，儒家的礼治思想被正式确定为中国封建社会政治法律思想的基础，并由此发展出了独具中国特色的历法制度和礼法文化。

（2）道家的法律思想。代表人物老聃和庄周。道法自然。法自然的思想，区别于西方的自然法思想。强调顺应自然、顺应客观现实的无为而治。

（3）墨家的法律思想。代表人物墨翟，主要代表社会中有知识的中下层民众的政治和法律概念。主张兼相爱、交相利，主张壹同天下之义。

（4）法家的法律思想。代表人物商鞅和韩非。"法治"是法家法律思想的核心。法家的法治思想主要包括：法是国家的规矩、准绳，是一种普遍遵守的行为规则；国家制定的法律应该以特定形式向社会大众公开，"法者，编著之图籍，设之于官府，而布之于百姓也"，并借助于国家的暴力工具保障其实施。区别于后世的法治思想。

※真题再现（2009年真题不定项选择题）中国法律传统的主要内容有（　　　）。

    A. 法治传统　　　　　　　　　　　B. 权利文化

C. 礼法文化　　　　　　　　　　D. 德治传统

【答案】CD

（解析见 2009 年真题不定项选择题第 12 题）

二、从秦朝到清朝的法律思想概述——以律学为主干

1. 自秦代开始，法学领域出现了律学，也称为刑名律学，又称为刑名法术之学，是根据儒学原则对以律为主的成文法进行讲习、注释的法学。律学不仅从文字上、逻辑上对律文进行阐释，还对包括礼与律例之间的关系、刑名的变迁以及听诉、理狱等在内的法理问题进行阐释，使儒家经典与法律融为一体，最终完成了法律儒家化的过程。

2. 以《法律问答》为代表的法律注释学，为两汉时期律学的开创性发展奠定了基础。汉武帝"罢黜百家、独尊儒术"。

3. 公元 652 年的《唐律疏议》是官方注释的范本，是中国历史上保存最完整、最系统的注释法学著作。

三、近代中国法学发展概述

1. 近代资产阶级改良派的法律思想。康有为、梁启超、严复等人为代表提出维新改良的政治法律主张，而社会变革的主要内容是改君主专制政体为君主立宪政体，改革封建礼教的法律制度，提倡西方近代的法治主义。

2. 近代资产阶级革命派的法律思想。孙中山为代表的革命派完成了旧民主主义革命，推翻了满清帝制。主张宪政，提出了军政、训政、宪政三阶段说；系统阐述了五权宪法的学说；推行三民主义。

3. 清末的改旧律、创新法。沈家本主持草拟了《大清新刑律》、《大清商律草案》、《大清民律草案》、《民事诉讼法》、《刑事诉讼法》。沈家本倡导守法与法律并重的理论，倡导人人守法、法律面前人人平等的原则。总之，清末的修律工作，借鉴了大量大陆法系国家的立法精神和立法技术，标志着中华法系的瓦解。

四、中华人民共和国成立以后的法学发展概述

1. 中华人民共和国成立前夕，废除了国民党的六法全书，由此开始了中国法学发展的历史。

2. 1949 年以后的中国法学发展，走过的是一段极为坎坷的道路。

3. 1978 年 12 月中共十一届三中全会的召开，改变了中国法学的命运。

第二节　西方法学历史

一、古希腊法学思想概述

1. 法学在古希腊思想中并没能形成一门专门的科学，和其他众多学科一样，古

希腊的法律思想被裹挟在希腊思想家对自然和社会所进行的哲学化思考中，其中影响最大的是苏格拉底、柏拉图和亚里士多德。

2. 柏拉图的代表作《理想国》，就对正义问题和城邦秩序进行了探讨，而集中体现柏拉图法律思想的著作是晚年的《法律篇》。

3. 古希腊法律思想的成就主要体现在亚里士多德的理论中，代表作是《政治学》。亚里士多德在《政治学》中指出，达到美好生活乃是政治组织的主要目标，而要实现这一目标唯一可行的手段就是建立起以法律为基础的国家（城邦）。他把法律定义为：不受欲望影响的智慧，明确提出：法治优于一人之治，这里的法治包含两层含义：已制定的法律获得普遍的服从；所服从的法律本身又应该是制定良好的法律。亚里士多德给法治确定了三个要素：（1）法治指向公共利益，它不同于为了单一阶级或个人利益的宗派统治或暴君专制；（2）在依据普遍规则而不是依靠专断命令进行统治的意义上，法治意味着守法的统治；（3）法治意味着治理心甘情愿的臣民，它不同于仅仅依靠暴力支持的专制统治，也即法律得以真正贯彻的文化心理保障在于臣民对于法律的基本信念。

※真题再现（2008 年真题单项选择题）亚里士多德对正义的著名划分是（　　）。

    A. 分配正义与平均正义   B. 个人正义与体制正义
    C. 形式正义与具体正义   D. 实体正义与程序正义

【答案】A

（解析见 2008 年真题单项选择题第 8 题）

※真题再现（2008 年真题不定项选择题）古希腊哲学家柏拉图的法学思想主要体现在（　　）等著作中。

    A.《政治学》   B.《理想国》
    C.《政治家篇》   D.《法律篇》

【答案】BCD

（解析见 2008 年真题不定项选择题第 1 题）

※真题再现（2009 年真题不定项选择题）古希腊法律思想的杰出代表有（　　）。

    A. 乌尔比安   B. 柏拉图
    C. 智者派   D. 亚里士多德

【答案】BCD

（解析见 2009 年真题不定项选择题第 2 题）

二、古罗马法学发展概述

1. 法学在古罗马成为一门专业化的学科；出现了职业法学家阶层；务实性强；以私法研究为主，成为大陆法系私法研究的开端。

2. 西塞罗，其代表作是《论共和国》和《论法律》，他的著作从法律和法的根源以及从哲学深处汲取法的原理来解释法的本质问题。

3. 公元 1 世纪到公元 3 世纪，是罗马法学的繁荣阶段，出现了五大法学家：盖尤斯、保罗、乌尔比安、帕比尼安、莫迪斯蒂努斯。

4. 公元 4 世纪到公元 5 世纪，罗马皇帝法令取代法学家学说，法学精神、法学研究衰落。

5. 查士丁尼皇帝在位期，制定《国法大全》，由《查士丁尼法典》、《学说汇纂》、《法学阶梯》、《查士丁尼新律》四个部分组成。从法学史的角度看，《国法大全》是古代西方最庞大的一部法典，是罗马帝国法学的集结和精华荟萃，其中以《学说汇纂》、《法学阶梯》影响最大。

6. 基督教思想家奥古斯丁，开创了中世纪基督教哲学的先河，被称为欧洲中世纪教会法学的奠基人，代表作是《上帝之城》。

三、中世纪法学发展概述

在基督教的背景下，中世纪法学发展的特点主要表现在：

1. 教会法在中世纪得以发展。教会法泛指整个基督教会在不同历史阶段时期所制定和编纂的、有关教会本身的组织制度和教徒个人的品德、生活守则的各种宗教章程、命令和规则的总和。

2. 注释法学的发展。随着 11 世纪罗马法的复兴，注释法学派通过在罗马法典籍的旁侧或字里行间进行注释的得名。注释的方式有两种：第一，对各种法律名词进行解释；第二，对各项法律条文和原则进行解释。注释法学派分前期注释法学派和后期注释法学派：

（1）前期注释法学派。对《国法大全》进行了甄别和整理，在研究上着眼于罗马法条文原有的意义，目的是为了恢复罗马法的本来面目，其采用的方法是对罗马法文献进行文字注释，包括列举注释者之间的分歧意见、罗马法学家的各方观点以及文献作者本人的观点。此种研究方法以机械的注释取代科学的推理，因而在一定程度上不可避免曲解或脱离了罗马法的文义。

（2）后期注释法学派（评论法学派）。评论法学派改变了前期注释法学派机械注释的方式，将罗马法与封建惯例以及城市条例结合起来做了比较研究，以评论和评议为主。也就是在罗马法的基础上重新提出一些法律原则和法律根据，建立法律的分析结构，并通过类推适用赋予罗马法以灵活性，力图把罗马法的一些原理、原则应用到当时现实的政治法律生活中。评论法学派对后期的判例法的发展产生了较大影响。

3. 托马斯阿奎那的神学——法学思想。经院哲学的代表人物，也是以神学——法学思想为特征的自然法思想的集大成者，代表作《神学大全》。他将整个宇宙中存在的法律分为四种：永恒法，是上帝的终极计划，是上帝用来统治整个宇宙的规则；自然法，是上帝依据永恒法引导和统治人类的法律；神法，通过神的启示得以阐释，可以保护人类免于错误的法；人定法，是人类利用自然法的原则为人类的具体生活制定的法律，人定法必须服从于自然法。

四、西方近代法学发展概述

两大特征：公共生活世俗化与个体权利论。

（一）古典自然法学派

1. 代表人物与著作：

（1）荷兰法学家格劳修斯《战争与和平法》是近代国际法的先驱；英国的霍布斯《利维坦》表达了强烈反对天主教会和建立世俗主权国家的要求。

（2）英国的洛克《政府论》是其最有名的政治学著作，在上篇中洛克批驳了君权神授论和王位世袭论，下篇提出了一套自由主义法哲学，并主张政府通过分权以确保公民的自然权利。

（3）法国的孟德斯鸠代表作《论法的精神》在通过对众多不同类型的政治法律制度进行研究的基础上探讨了法与社会的关系，并继承了洛克的分权理论以确保政府对公民权利的保障。

（4）法国的卢梭是古典自然法学派的集大成者，《论人类不平等的起源》、《社会契约论》是主要著作。卢梭的法律政治思想最突出的特征就是激进的民主主义，强调社会契约是公意的表现，任何人不得违反公意，服从公意就是服从自己的意志。卢梭的学说后来成为法国大革命直接的思想来源。

2. 古典自然法学派的出现标志着一种与中世纪神权世界观对立的法权世界观的确立，这一世界观的核心内容是自由、平等、人权和法治。古典自然法学派反对神权宣扬人权、反对专制宣扬自由、反对等级特权宣扬自由平等。

3. 总体而言，该学派的学说有以下几个特点：宣扬理性主义，主张人的自然权利；提出社会契约论。

（二）历史法学派

1814年，德国法学家萨维尼发表了《论立法与法学的当代使命》，由此宣告了历史法学派的诞生。历史法学派的研究方法是历史比较的方法，历史法学派否定存在普遍的人的理性，因而，反对古典自然法学派对自然法的假设。历史法学派认为法律应该力图体现各民族特有的精神，法律是民族精神的产物。

（三）分析法学派

1832年英国法学家奥斯丁写作的《法理学的范围》一书，标志着分析法学派的诞生。但是分析法学派的理论渊源却出自英国功利主义法学家边沁的法学思想，边沁所著《道德与立法原理导论》中，对法律概念进行了细致的实证分析，这成为奥斯丁《法理学的范围》一书的出发点。哈特整理边沁的《论一般法律》的出版被誉为是分析法学乃至20世纪法学学术史上的重大事件。

在《法理学的范围》一书中，奥斯丁认为法律的研究对象是实在法，实在法是主权者依据主权发布的、以强制制裁为保障的命令。主权者的特性是至高无上性，主权者有权制定法律。分析法学派将法学研究与道德、伦理、政治等其他研究领域相分离，主张区分实际存在的法和理想中的法，认为只要是基于国家的立法程序制定出来的法，就是有效的法律，分析法学派反对自然法学派恶法非法的观点。

（四）哲理法学派

代表人物是德国的古典哲学家康德和黑格尔。代表作是康德的《法的形而上学原理》和黑格尔的《法哲学原理》。

※真题再现（2009年真题不定项选择题）"恶法亦法"体现的法学分析方法是

(   )。

    A. 价值分析方法   B. 实证分析方法

    C. 社会学分析方法   D. 历史分析方法

【答案】B

（解析见 2009 年真题不定项选择题第 7 题）

※真题再现（2010 年真题判断分析题）自然法学被称为价值法学。

（解析见 2010 年真题判断分析题第 1 题）

※真题再现（2011 年真题单项选择题）孟德斯鸠的代表作是（   ）。

    A.《利维坦》   B.《政府论》

    C.《论法的精神》   D.《社会契约论》

【答案】C

（解析见 2011 年真题单项选择题第 1 题）

※真题再现（2011 年真题单项选择题）下列属于历史法学派的观点是（   ）。

    A. 法律的发展要经过两个阶段：抽象法——道德——伦理（国家），国家就是伦理精神的实现，是法的理念的完美实现

    B. 法律是社会发展到一定阶段的产物，是适应一定生产力和生产关系的要求而产生的社会历史现象，其产生的直接原因是私有制和阶级的出现

    C. 法律应当体现各民族特有的精神，法律是民族精神的产物

    D. 法律乃公益的行为

【答案】C

（解析见 2011 年真题单项选择题第 3 题）

五、西方现代法学发展概述

（一）新自然法学派

新自然法学派以美国法学家富勒、罗尔斯、德沃金为代表。

1. 富勒的代表作是《法律的道德性》。该书认为，真正的法律制度必须符合一定的内在道德（程序自然法）和外在道德（实体自然法），法律的内在道德事关调整人们行为的规则制度制定和执行方式，法律的外在道德事关法律所要达到的实质目的。其中法律的内在道德必须符合八个条件：普遍性、公开性、非溯及力、明确性、一致性、可行性、稳定性以及官方行为与已颁布的法律之间的一致性。

2. 罗尔斯的《正义论》将正义的原则分为对制度的正义原则和对个人的正义原则，并着重探讨了制度的正义原则。罗尔斯认为制度的正义原则有两条：一是平等的自由原则，即每个人在社会中享有平等的自由权利；二是机会平等原则和差别原则。前者要求社会地位、社会职务等对所有的人平等开放；后者要求在进行分配的时候，如果不得不产生某种不公平，那么这种不公平应该有利于境遇最差的人们的利益改善。《正义论》被誉为 20 世纪西方探讨正义问题的集大成者。

3. 德沃金的代表作《认真对待权利》、《法律帝国》。德沃金系统阐释了他的权利论法哲学思想，标志着一个新的法哲学时代的开始。他强调回归以个人权利为中

心的自由主义，不同程度地反对法律实证主义和功利主义，强调道德与法律的联系，并对正义问题进行了实体上和程序上的全新研究。

（二）新分析法学派

泛指对 20 世纪奥斯丁分析法学的最新发展。主要包括了凯尔森的法律规范理论和哈特的法律规则理论。

1. 凯尔森的法律规范理论。凯尔森在《纯粹法理论》、《法与国家的一般理论》中，区分了静态理论和法律的动态理论。在法律的静态理论部分，他界定了法律的一系列专门概念；在法律的动态理论部分，凯尔森认为法律是由强制性的规范构成、以法律规范的效力等级为标准的体系，凯尔森的法学理论核心便是从结构上分析法律。

2. 哈特的法律规则理论。哈特出版《法律的概念》，被视为新分析法学产生的标志。哈特反对奥斯丁的法律命令说，认为法律是第一性规则和第二性规则的结合。第一性规则是设定义务的规则，是原始的小型社会的法律规则；第二性规则是授予权利的规则，是承认规则、改变规则和审判规则构成。哈特认为，法律与道德有一定的联系，提出了著名的"最低限度内容的自然法"的观念。

（三）社会学法学派

1. 19 世纪末 20 世纪初，西方法学逐步转向了以重视社会利益为特征的社会法学。

2. 奥地利法学家欧根·埃利希反对传统的法学研究方法，即法学家习惯于将国家制定的法律条文当作自己的主要研究对象，因为他们推定全部法律就在这种条文中。他不赞成成文法是唯一法的渊源，而主张研究法律首先就要收集各种成文法材料，并以自己的解释来确定这些材料的内容，然后再自己的著作和判决中利用这种解释。他重视现实社会中的活法和自由法的作用；主张扩大法官的自由裁量权，允许法官可以根据正义原则和习惯自由地创制法律规则。主要代表作《法社会学原理》。

3. 美国法学家庞德所著《通过法律的社会控制》以及五卷本的《法理学》创立了社会学法学。庞德社会学法学的基本主张包括：法律是一种实施社会控制的工具，通过法律对社会进行控制是社会文明的标志，庞德将法律对社会的控制类比为一项社会工程，法理学也就成为一门社会工程学科，社会学法学因此更多地关注法律的运行机制而不是抽象的内容；强调法律是促进各种社会目的而不是制裁；将法律更多的是看作能够带来社会公正的手段或指南，而不是一成不变的模式。在此基础上，庞德将法律的发展分为五个阶段：原始法阶段、严格法阶段、衡平法和自然法阶段、法律的成熟阶段和法律社会化阶段，以此来说明法律的不同目的和作用。

4. 经济分析法学。代表人物美国法学家波斯纳，《法律的经济分析》是其代表作。经济分析法学通过运用经济学上的定量分析方法评判某项法律制度的优劣，该学派认为法律制度的正义与否取决于立法者的意图，善与恶的评价是由伦理学解决的问题，任何法律制度只要能促进效益、减少交易成本，就是可适用的，否则就应该改革。由此，一个理性的法律制度应该最大限度地利用人们的本性，促进社会资源和社会财富的最有效利用。

此外，20 世纪西方社会还出现了女性主义法学、法律与文学运动、批判种族主义法学等，一般被称为后现代法学思潮。

※真题再现（2005 年真题不定项选择题）"一些人要分一个蛋糕，假定公平的划分是人人平等的一份，什么样的程序将给出定结果呢？我们把技术问题放在一边，明显的办法就是让一人来划分蛋糕并拿最后一份，其他人都被允许在他之前拿。"这段话出自于（　　　）

　　A. 罗尔斯　　　　　　　　　　B. 马克思

　　C. 柏拉图　　　　　　　　　　D. 邓小平

【答案】A

（解析见 2005 年真题不定项选择题第 5 题）

※真题再现（2006 年真题不定项选择题）社会学法学的代表人物是（　　　）。

　　A. 柏拉图　　　　　　　　　　B. 康德

　　C. 黑格尔　　　　　　　　　　D. 庞德

【答案】D

（解析见 2006 年真题不定项选择题第 1 题）

※真题再现（2007 年真题命题分析题）法的内在道德是一种程序上的自然法。（富勒）

（解析见 2007 年真题命题分析题第 2 题）

※真题再现（2003 年不定项选择题）在西方，最早将法理学作为一个学科来讲述和研究的是（　　　）。

　　A. 亚里士多德　　　　　　　　B. 边沁

　　C. 奥斯丁　　　　　　　　　　D. 萨维尼

【答案】C（解析见 2003 年真题不定项选择题第 1 题）

※真题再现（05 年真题不定项选择题）古典自然法学派的代表有（　　　）。

　　A. 格劳秀斯　　　　　　　　　B. 梅因

　　C. 阿库修斯　　　　　　　　　D. 卢梭

【答案】AD

（解析见 2005 年真题不定项选择题第 4 题）

※真题再现（2008 年真题单项选择题）19 世纪西方分析法学派的代表人物奥斯丁的主要代表作是（　　　）。

　　A.《法理学的范围》

　　B.《论当代在立法和法学方面的使命》

　　C.《法律的概念》

　　D.《论法的精神》

【答案】A

（解析见 2008 年真题不定项选择题第 2 题）

※真题再现（2007 年真题命题分析）从一般的意义上说，法是理念上的自由。（黑格尔）

（解析见 2007 年真题命题分析第 1 题）

※真题再现（2009年真题不定项选择题）古典自然法学派论说的主题是
（　　）。

    A. 自然权利说   B. 社会控制说

    C. 民族精神论   D. 社会契约说

【答案】AD

（解析见2009年真题不定项选择题第3题）

※真题再现（2011年真题单项选择题）《通过法律的社会控制》一书的作者是
（　　）。

    A. 哈特   B. 庞德

    C. 埃利希   D. 富勒

【答案】B

（2011年真题单项选择题第2题）

第三节　马克思主义法学历史

一、马克思主义法学的创立

1. 《共产党宣言》的问世，标志着马克思主义法学的正式诞生。

2. 马克思主义法律思想体系包括三个层次：第一个层次是与形形色色的唯心主义法律观相对立的历史唯物主义法律观，其核心是经济基础决定法律，法律反作用于经济基础，法律与上层建筑其他部分交互作用的根本原理，这是马克思主义法学的理论基础。第二个层次是与一切剥削阶级法学根本不同的代表工人阶级和劳动群众利益的马克思主义的法学一般理论，即建立在历史唯物主义的基础上的法律客观基础观、法律本质论、法律职能论、法律价值论和法的运动规律论等，这是马克思主义法学的主干。第三个层次是马克思主义的部门法思想。包括马克思主义宪法学、行政法学、刑法学、民法学、婚姻法学、诉讼法学和国际法学等。

二、列宁对马克思主义法学的新贡献

1. 十月革命前，列宁捍卫和维护了马恩关于民主和法制的法律思想。

2. 创立社会主义法制，构建起社会主义法律体系和社会主义法学体系的基本框架。

3. 创造性地提出了关于社会主义的立法、守法、司法和法律监督等一系列的崭新理论，极大地丰富了马克思主义法学理论宝库。

三、马克思主义法学的中国化

1. 在中国共产党第一代中，在法学理论方面最有代表性的是毛泽东和董必武。

2. 1978年12月的十一届三中全会后形成邓小平理论法律观。

3. 1989年十三届四中全会，江泽民提出，依法治国，建设社会主义法治国家。

4. 2002年党十六大，胡锦涛以人为本的法律观以及和谐法律观、依法执政观、民生法治观。

5. 中国特色的社会主义理论体系的法治思想，即中国特色社会主义法治理论，主要由以下五个方面构成：

（1）坚持党的领导、人民当家做主和依法治国的有机统一，这是中国特色社会主义法治的核心和精髓。

（2）坚持党的事业至上、人民利益至上和宪法法律至上，这是中国特色社会主义法治的基本原则。

（3）坚持依法治国、执法为民、公平正义、服务大局和党的领导，这是中国特色社会主义法治的基本理念。

（4）坚持人民代表大会制度，这是中国特色社会主义法治的政治基础。

（5）建设公正高效权威的社会主义司法制度，这是中国特色社会主义法治的重要保障。

6. 我们可以至少总结出马克思主义法学中国化的三大成功经验：

（1）必须坚持马克思主义法学基本原理，进一步提高马克思主义理论水平，坚定不移地做中国特色社会主义事业的捍卫者和建设者。

（2）必须赋予马克思主义法律思想以民族性，科学、合理地批判、借鉴和吸收中国传统法律文化中的精华，充分发挥中国特色社会主义法治建设理论的优越性。

（3）必须赋予马克思主义法学以时代性，立足中国国情、从实际出发。

※真题再现（2006年真题不定项选择题）"每个人的自由发展是一切人的自由发展的条件"，这句话出自于（　　　）

    A. 柏拉图　　　　　　　　　　B. 亚里士多德

    C. 马克思　　　　　　　　　　D. 董必武

【答案】C

（解析见2006年真题不定项选择题第5题）

第二章 法学性质

本章引言

本章是对法学概念的进一步展开与阐释，要求考生重点掌握的是法学与其他学科的关系，包括法学与其他社会科学的关系、法学与自然科学的关系。本章的难点是法的人文性与科学性问题。本章考察的知识点容易出现法学的基本属性简述题。

第一节 法学基本属性

一、社会科学的发展和法学性质的定位

法学是研究法律现象及其发展规律的一门社会科学。

二、法学的基本属性

（一）法学的人文性

古罗马法学家乌尔比安对法学的定义是：神事和人事之知识，正与不正之学问。法学是关于正义和权利的科学。强调法学的人文性，现实意义在于重申法学中的人本主义精神与社会正义感。

（二）法学的意识形态性

法学的意识形态性主要表现为：

1. 从法学研究的对象来看，法律总是反映和维护一定的社会存在价值，并代表其愿望和利益，这就决定了法学为一定的意识形态服务，具有一定的意识形态性。

2. 从法学研究的主体来看，研究者总是生活在一定的意识形态中，这就决定了他们不同意识形态倾向，而不同的意识形态倾向必将对法学研究产生一定的影响。

（三）法学的实用性和理论性

从总体上看，法学是一门实用性科学，但是这并不影响其中所存在的理论价值。

1. 从法学自身来看，不管它是理论科学还是实用科学，都必须有一套自身最基本的概念范畴和理论原则，都必须依靠基本理论的不断深入发展来带动自身的发展，因此理论性不仅是法学固有的属性，也是推动自身进步的动因。

2. 从法学与法律实践的联系来看，法学来源于法律实践，又指导法律实践。

（四）法学的民族性和普适性

法学的民族性不代表法学是封闭的，更不说明法学只具有绝对的特殊性。首先，作为法律永恒主体的人类都必然生活在一定的共同规律之下，都有共同的理想

追求和道德观念，而这一切都势必体现在法学所包含的理性基础和价值原则之中；其次，法学作为知识之学、智慧之学和精神之学必然表现为一定的脱离具体环境的抽象性。

（五）法学的时代性和历史性

法学的时代性和历史性是从静态和动态两个方面来分析法学的社会性。

1. 法学的时代性是指法学总是要反映特定时空中的社会问题和社会现象，是固定的、时代的产物，在特殊的历史时期表现出一定的稳定性，带有时代的烙印和局限。

2. 法学的历史性是指具有时代性的法学不是一成不变的，法学也是随着人类社会的发展而不断变化和发展，任何社会的政治、经济和文化状态的前进或倒退都反映到法律制度中去，从而影响法学理论和法学思想。

综上所述，法学从总体上应该属于社会科学。法学是一门既主要体现社会科学属性，也同时体现某些自然科学、人文科学属性的综合学科。

第二节　法学和其他学科的关系

一、法学与哲学

1. 哲学指导着法学的研究，成为法学的方法论原则和理论基础。
2. 法学的科学成果，是哲学的材料来源之一。

二、法学与其他社会科学

1. 两者研究内容存在一定的交叉重叠关系。
2. 两者研究方法具有互补关系。
3. 两者在发展进程中的互动关系。

一方面，法学的发展或更新，在一定程度上促进了其他社会科学的进步和发展；另一方面，其他社会科学的发展或更新，也在一定程度上推动了法学研究的深入或发展。

三、法学与自然科学

1. 法学的研究领域向自然科学领域发展。
2. 自然科学方法向法学研究渗透。

第三章　法学体系

本章引言

本章主要内容包括法学基本体系的基本概念和各类法学分支学科的介绍，介绍法学的整体面貌。其中，法学体系的概念属于必须掌握的内容。对法学体系的基本含义、特征以及意义先进行把握，在此基础上要对法学体系的各个分支学科进行了解，在学习中要重点掌握法学体系的概念、并能够把握理论法学、应用法学、法律史学、比较法学、边缘法学的主要特征和区别，应付简述题。

第一节　法学体系概述

一、法学体系释义

1. 法学体系又可称为法律科学体系，它是由法学的各个分支学科组成的相互联系、相互制约的有机整体。

2. 法学体系不同于法学学科。法学体系不同于法学课程体系。

二、法学体系的特征

（一）系统性

组成法学体系的各法学分支学科组成了法学体系这一个整体，法学体系的性质和功能并不体现在各分支学科的简单相加，而是法学各分支学科的相互配合和相互支撑构成了法学体系的整体性质和功能。

（二）层次性

法学体系的一层一层的结构，显示出法学研究范围的明晰化和专深化。

（三）现实性

法律现象是适应社会现实的产物，建立在法律现象之上的法学体系也就只能是社会现实的产物。

（四）开放性

法学体系的开放性首先体现在法律现象的开放性；同时还体现在法学体系针对其他学科体系的开放性。

三、法学体系的意义

1. 加深对法律现象及其发展规律的认识。
2. 确立法学研究的基础领域。

3. 推进法学研究向纵深发展。

4. 便于法学各分支学科的横向联系和相互交流。

第二节　法学分支学科

一、法学分支学科的划分和归类

（一）法学分支学科的划分

1. 以特定的研究对象为标准可分为法理学、法律史学、宪法学、民法学、刑法学、诉讼法学、行政法学、经济法学、国际法学。

2. 以一定的研究范围为标准可分为国内法学和国外法学。

3. 以一定的学科功能为标准可分为理论法学和应用法学。

4. 以一定的研究方法为标准可分为比较法学、注释法学、实证法学（含分析法学和社会学法学）、哲理法学。

5. 以法律运作过程为标准可分为立法学、司法学、法律解释、法律社会学、法律人类学。

（二）法学分支学科的归类

1. 两分法：理论法学和应用法学。

2. 四分法：国内法学、国际法学、法律史学、比较法学和外国法学。

3. 五分法：理论法学、应用法学、法律史学、比较法学和边缘法学。

4. 六分法：理论法学、法律史学、国内部门法学、外国法学、国际法学、法学与其他学科之间的边缘学科。

5. 七分法：理论法学、法律史学、国际法学、外国法学和比较法学、立法学和法律社会学、法学与其他学科之间的边缘学科以及部门法学。

二、法学分支学科主要类别简介

（一）理论法学

1. 理论法学是以法律现象的共同问题和一般规律为研究对象的法学学科。理论法学一般包括法理学与法哲学。

2. 理论法学的基本特征：高度抽象性、高度概括性、理论的基础性、普遍适用性和指导性。

（二）应用法学

1. 应用法学是以直接服务于法律实践为目的，并具有较强现实针对性的法学分支学科的总称。

2. 应用法学的特征：实用性、针对性、广泛性。

（三）法律史学

1. 法律史学是研究法律现象和法律思想的历史及其发展规律的法学分支学科。

2. 法律史学的基本特征：真实性、规律性、文献性。

（四）比较法学

1. 比较法学是指采用比较方法研究不同国家和地区的法律现象的一门法学分支学科。

2. 比较法学的基本特征：研究方法的独特性、学科领域的广泛性、研究内容的层次性、研究对象的跨国（区）性。

（五）边缘法学

1. 边缘法学是法学和其他学科因部分研究对象的交叉重合而形成的法学分支学科的总称。边缘法学并不是指该学科属性法学知识的边缘化地带，它和核心地带的法学知识相比，是不受重视的法学学科。

2. 边缘法学的基本特征：学科领域的交叉性、学科属性的多样性、研究内容的针对性。

※真题再现（2006年真题不定项选择题）法学体系的特征包括（　　）。

A. 系统性 　　　　　　　　　　　B. 层次性
C. 现实性 　　　　　　　　　　　D. 开放性

【答案】ABCD

（解析见2006年真题不定项选择题第2题）

第四章　法学教育

本章引言

　　本章首先阐释法学教育的概念、特点，然后介绍了我国法学教育的历史与现实以及基本发展方向。重点掌握法学教育的概念与特点，应对简述题，属于必须识记的知识点。

第一节　法学教育概述

一、法学教育释义

　　法学教育特指以培养法律人才为目的而进行的系统化、理论化的专门教育，是一种特殊形式的法律教育。

二、法学教育的特点

　　1. 法学教育以传授法律知识和培养法律技能为主要内容。

　　2. 法学教育注重法律理念、法律意识和法律职业道德的培养。

　　3. 法学教育是综合性教育。

　　4. 法学教育注重培养学生的实践能力，是知识教育和职业训练的统一，教学实习在法学教育中占有极其重要的地位。

第二节　新中国高等法学教育

一、新中国高等法学教育的起步与曲折

　　20世纪的中国法学教育经历了两次巨大变革。第一次是清末新政。西方近代的法学思潮涌入中国，法学教育一度成为显学。第二次是改革开放以后的依法治国方略的确立，法学教育再次勃兴，并呈现出多渠道、多形式、多层次的格局。

二、新中国高等法学教育的恢复和发展

　　1. 法学教育的重建和专业教育理念的确立

　　2. 从专才教育到通才教育的转变

　　3. 从大众教育到精英化职业教育的延伸和互动

第五章　法律的概念

本章引言

　　本章介绍了法、法律的基本概念，在此基础上，分析了法律的内涵，包括法律的本质、特征和作用。在学习时，要重点把握法律的概念，难点是理解西方文化背景下对法与法律的区分、意义，要对法律本质的三个层次进行识记，以达到应付简述题的目的。

第一节　法和法律的词源

一、汉语中"法"和"律"的词源

　　1. 汉语言中，"法"字的古体是"灋"。其含义是："灋，刑也。平之如水，从水。廌所以触不直者去之，从去。"

　　2. 在古代汉语中，法的主要内容是刑。

　　※真题再现（2003 年不定项选择题）古汉语中"法"一词包括的含义有（　　）。

　　　　A. 公平　　　　　　　　　　　　B. 正义

　　　　C. 惩罚　　　　　　　　　　　　D. 权利

　　【答案】AC（解析见 2003 年不定项选择题第 2 题）

　　※真题再现（2009 年真题不定项选择题）中国古代"灋"的含义有（　　）。

　　　　A. 公平　　　　　　　　　　　　B. 权利

　　　　C. 惩罚　　　　　　　　　　　　D. 规范

　　【答案】ACD

　　（解析见 2009 年真题不定项选择题第 4 题）

二、西方"法"与"法律"的词源

　　1. 西方的"法"除有"法"的含义外，还兼有"权利"、"公平"、"正义"或"规律"、"法则"之意，因此它们常被人们理解为"客观法"或"理想法"、"应然法"。

　　2. 西方的"法律"则主要被理解为人们依主观意志和认识而制定的法律，即"主观法"或"现实法"、"实然法"。

　　3. 西方法文化传统中，人们凭借自然法概念将"法"与"法律"明确地区分开来。自然法理论认为，法律在本质上是规范性的，"恶法非法"，因为存在着一种规制政治权力和法律权力，并为人们的行为制定道德标准的自然法体系。

※真题再现（2005年真题简述题）写出中文"法"字的古体，并简单解释字义。

（解析见2005年真题简述题第1题）

※真题再现（2009年真题不定项选择题）在西方法文化中，人们根据（　　）概念而将"法"与"法律"明确的区分开来。

  A. 理性   B. 神性

  C. 自然法   D. 德性

【答案】C（解析见2009年真题不定项选择题第1题）

※真题再现（2009年真题简述题）简述西方思想传统中"法"与"法律"的区分及意义。

（解析见2009年真题简述题第1题）

※真题再现（2010年真题简述题）法律的定义及其本质。

（解析见10年真题简述题第1题）

第二节　法律本质

一、关于法律本质的主要学说

1. 法律命令说

（1）这是从立法的权力来源和法律规范的内部结构出发。

（2）这种学说认为法律是一种主权者的命令。英国法学家约翰·奥斯丁1832年的《法理学范围》；还有霍布斯也坚持这种观点。

2. 公意说。卢梭的公意说认为法律乃公意的行为，并且区别众意。

3. 社会控制说。美国社会法学家庞德文明是人类力量的不断完善和发展，是人类对外在物质自然界和对人类目前能加以控制的内在的或人类本性的最大限度的控制。对于法律，庞德将其理解为"发达的政治上组织起来的社会高度专门化的社会控制形式，它是一种通过有系统有秩序地使用社会强制力量的社会控制。"

二、法律本质的三个层面

从法的狭义出发，即从人定法（国家制定法）的角度出发，我们认为，所谓法律，就是指归根结底由社会物质生活条件所决定的，主要反映掌握国家政权的社会阶层的共同意志和根本利益，由国家制定或认可并由国家强制力保证实施的，通过规定权利、义务，设定权力、职责以维护社会秩序的一种特殊的行为规范。

1. 法律是国家意志的一种表现形式。

2. 法律体现为掌握国家政权的社会集团的意志，同时也保障社会公共利益。

3. 法律所体现的意志归根结底根源于社会物质生活条件。

※真题再现（2011年真题论述题）法律是国家意志的体现。

（解析见2011年真题论述题第2题）

第三节 法律特征

一、法律作为一种社会规范的一般特征

1. 法律的规范性

法律的规范性是指法律作为一种调整人们行为的社会规范而具有的，规定人们可以做什么，应该做什么或不应该做什么，从而为人们的行为提供一个模式标准或方向的属性。

2. 法律的概括性

法律的概括性是指法律的对象是一般的或抽象的某一类人和事，而不是具体的、特定的个人和事；法律在同样的条件下可以反复适用，而不是仅仅可以适用一次。

二、法律区别于其他社会规范的基本特征

1. 法律具有国家意志性，由国家制定或认可。

2. 法律以权利、义务、权力、职责为主要内容。

3. 法律具有国家强制性，由国家强制力保证实施。

※真题再现（2011 年真题多项选择题）下列关于法律特征的判断，正确的有（   ）。

    A. 在各种社会规范中，只有法律才具有规范性

    B. 法律是一种社会规范，具有社会规范的一般特征

    C. 具有国家意志性并由国家制定或认可是法律区别于其他社会规范的特征

    D. 用以调整人与人之间的关系是法律区别于其他社会规范的特征

【答案】BC

（解析见 2011 年真题多项选择题第 1 题）

第四节 法律作用

一、法律作用释义

1. 法律作用是指法律对于人的行为以及社会关系所带来的影响。

2. 法律作用局限性，法律作为一种具有国家强制力的调整社会关系的手段，有自己的调整领域，它并不能取代道德、习惯、风俗、纪律等社会规范的作用，也不可能做到规范社会生活的方方面面。此外，法律作为具有普遍性的社会规范，它自身的僵硬性和不可避免的漏洞的存在，使它对千变万化的人类事务的调整并不可能非常完美。

3. 法律作用的分类法律的规范作用与法律的社会作用。

二、法律的规范作用

（一）法律的指引作用

指引作用是指法律对人们的行为起到的普遍指导作用。法律的指引是一种一般指引，而不是个别指引。

（二）法律的评价作用

法律的评价作用是指法律作为一种评价尺度，能够对人的行为的法律意义进行评价。法律的评价作用的客体是人的行为。评价的标准包括行为的合法或不合法、违法或不违法。

（三）法律的预测作用

法律的预测作用是指人们可以根据法律规范预测人们相互之间将会怎样行为的以及行为的法律后果。

（四）法律的强制作用

法律的强制作用是指法律能够运用国家强制力对违法者施以强制措施，保障法律被顺利实现。法律具有强制作用是法律区别于其他社会规范的重要特征。

（五）法律的教育作用

法律的教育作用是指法律不仅是社会的行为规范，也确立了最低的社会道德标准和是非观念，它可以通过它的实施和传播进入人的心灵，矫正人的行为。

※真题再现（2004 年真题不定项选择题）《中华人民共和国政府采购法》第五条规定："任何单位和个人不得采用任何方式，阻挠和限制供应商自由进入本地区和本行业的政府采购市场。"从法的规范作用看，该项规定属于下列哪一情况？
（　　）

    A. 个别指引   B. 确定的指引

    C. 有选择的指引   D. 非规范性指引

【答案】B

（解析见 2004 年真题不定项选择题第 2 题）

※真题再现（2006 年真题简述题）法律的规范作用有哪些？

（解析见 2006 年真题简述题第 1 题）

※真题再现（2009 年真题不定项选择题）以下关于法律作用的判断正确的有（　　）。

    A. 法律的指引作用包括一般指引，又包括个别指引。

    B. 法律的作用是有局限性的。

    C. 法律的社会作用是指对人的行为的作用。

    D. 法律的评价作用是对思想和行为的合法与不法、违法与不违法的评价。

【答案】B

（解析见 2009 年真题不定项选择题第 5 题）

三、法律的社会作用

（一）分配社会利益

法律对利益的分配主要是通过权利义务的规定来确认利益主体、利益内容、利益数量和范围等内容，以具体的各种法律规范来指导实际生活中的利益分配。

（二）解决社会纠纷

法律对社会纠纷的解决主要是通过司法活动予以解决。国家通过法律调整社会利益，确立权利义务，通过司法的裁判活动，使违法者受到惩罚或承担责任，使社会纠纷得到平息。

（三）实施社会管理

法律的社会作用不仅包括社会纠纷的解决，还包括积极地实施对社会的管理作用。每个社会都有公共事务需要国家予以处理，国家便需要发挥积极的职能，根据法律行使权力。

※真题再现（2008年真题不定项选择题）法律对利益的调整机制具体表现在（　　）。

  A. 表达利益要求   B. 平衡利益冲突

  C. 消除利益冲突   D. 重整利益格局

【答案】ABD

（2008年真题不定项选择题第10题）

※真题再现（2009年真题论述题）试论法律的利益调控机制。

（解析2009年真题论述题第1题）

第六章　法律起源和法律发展

本章引言

　　本章介绍了法律从起源到现在的脉络，属于必须掌握的内容。注意本章的逻辑结构：法律起源是法律研究的起点；法律产生后从低级到高级阶段有规律的进步，就是法律发展；法律以法律继承、法律移植和法律创新为主要的发展方式；而法律现代化则是近代以来法律发展过程的一种阐释。在学习时，应该重点掌握法律起源和法律发展的规律，难点是法律移植和法律现代化理论，容易出现简述题、论述题。

第一节　法律起源

一、原始社会规范

原始社会的调控准则是原始社会规范。

二、法律起源的历史过程

1. 法律是人类理性自觉的产物。

2. 法律产生的根本动因是社会内部的基本矛盾，即生产力与生产关系、经济基础与上层建筑之间矛盾的运动发展，直接原因是私有制和阶级的出现。

三、法律起源的规律

1. 法律的产生经历了一个由个别调整到规范性调整的过程。个别调整是指针对具体的人、具体的事所进行的一次性调整。规范性调整是指形成或制定具有普遍适用性的、可以多次反复适用的行为规则来调整社会关系。

2. 法律的产生经历了一个由习惯到习惯法，再发展成为制定法的过程。原始习惯的存在，为法律的形成提供了最初的规范性基础；随后，国家通过认可的方式，将有利于统治阶级利益和社会生活的维系与发展的习惯转化为受国家强制力保障实施的法律，习惯法产生；随着社会生活的日益复杂，仅仅靠根据既有规范转化而来的习惯法已经不能满足社会对规范的需求，国家顺应这一局势，有针对性地制定新的规范，这些新的规范就是制定法。

3. 法律的产生经历了一个由自发调整到自觉调整的过程。原始习惯是人类在长期的生产与生活过程中自发形成的，从习惯到习惯法的转变则经过了人类的有意识选择，这是一个从自发到初步自觉的转变。而从习惯法到制定法的过程则是法的产生方式从认可到制定的转变，说明人类对规范的形成已经达到了高度自觉的阶段。

※真题再现（2003 年真题简答题）试述法的形成的一般规律。

（解析见 2003 年真题简答题第 2 题）

2. （2004 年真题不定项选择题）"在社会发展某个很早的阶段，产生了这样一种需要，把每天重复着的生产、分配和交换产品的行为用一个共同规则概括起来，设法使个人服从生产与交换的一般条件。这个规则首先表现为习惯，后来便成了法律。"这段名言说明（　　　）。

    A. 法具有调整经济关系的功能

    B. 经济关系可只由习惯调整，没有法律也行

    C. 在一定意义上，法律就是经济关系发展及其需求的产物

    D. 有了法律，个人在经济关系中将变得不自由

【答案】C

（解析见 2004 年真题不定项选择题第 1 题）

3. （2004 年真题简述题）法的演进规律。

（解析见 2004 年真题简述题第 1 题）

第二节　法律发展

一、法律发展的类型

法律发展的类型包括法律的历史类型和法律的社会形态。

1. 所谓法律的历史类型，即根据法律赖以存在的经济基础和阶级本质，对人类历史上存在过的以及现实生活中存在着的法律进行分类。一般将人类的法律分为四种不同的历史类型：奴隶制法、封建制法、资本主义法和社会主义法。

2. 一般把法律的基本社会形态分为：农业社会法、工业社会法和知识社会法。

二、法律发展的规律

1. 从神法向人法发展。早期法律的成长过程与宗教密切关联，法律往往披上宗教的外衣，借助神灵的力量获得权威。随着人类社会的发展，神灵之法让位于人世之法。表现为：（1）法律不再被当作神的意志而是人民意志的表达，人民主权是法律权威的终极来源。（2）世俗的司法诉讼取代了神明裁判，成为社会解决纠纷的最为重要的形式。

2. 从"身份的法"向"契约的法"发展。把法的进看作是一个从"身份的法"向"契约的法"运动的学者是梅因，古代法所调整的单位是家族而不是独立的个人，随着社会的发展和进步，"个人"不断地代替了"家族"，成为民事法律所考虑的单位。在新的社会秩序中，人与人之间的关系是因个人的自由合意而产生的契约关系，契约本质是自由和平等，这就决定了现代法律的平等性。

3. 从不成文法向成文法发展。

（1）从法律起源的过程来看，法律在起源之初是以习惯法为其主要表现形式

的，成文法的出现，则是法律实践和人们的抽象思维能力达到一定程度的产物，是法律发展到稍后阶段的事情。

（2）在英美法系和法德法系两大法系相互融合的过程中，不成文法和成文法的地位逐渐显示出不同。

4. 从族群之法向世界之法发展。古代的法律起源于氏族的习惯，带有浓厚的民族和地方特色。人类社会在后来的发展中，通过宗教扩张、武力征服和文化传播等方式，包括法律在内的文明出现了相互影响与融合。当代世界经济一体化导致在商业贸易等私法领域交往增多，法律也呈现出一体化趋势。

※真题再现（2009 年真题命题分析题）法律发展遵循"从身份法到契约法"的规律。

（解析见 2009 年真题命题分析题第 1 题）

三、法律发展的方式

（一）法律继承

1. 法律继承，是指在法律发展过程中，新法在审查、批判旧法的基础上，有选择地吸收旧法中的合理因素，使之成为新法的有机组成部分。

2. 法律继承既包括一国国内的新法对旧法的继承，也包括世界范围内的新旧法间的继承。

3. 法律继承分为同质法间的继承和异质法间的继承。所谓同质法间的继承是指相同历史类型的法律之间的继承。异质法间的继承是指不同历史类型的法律相互之间的继承。

4. 法律继承的内容非常广泛，既包括外部规则制度的继承，也包括内在的精神和文化的继承。就近代而言，法律继承主要集中在：政治方面，主要是反映民主政治的法律规定；经济方面，是反映市场经济规律的法律规定；另外，有关社会公共事务组织与管理的法律规定也是法律继承的主要领域。

（二）法律移植

1. 法律移植是指一个国家或地区有选择地引进、吸收、同化其他国家或地区的法律，使之成为本国法律体系的有机组成部分，以弥补本国法律的不足。

2. 法律移植要注意以下两点：

（1）法律移植以输入国对被移植的法律的研究、分析和评价为前提。

（2）法律移植包含了引进、吸收、同化和改造多种方式和程序。

3. 法律移植有两种类型：被迫的消极型法律移植；主动的积极型法律移植。

4. 影响法律移植的因素：地理、气候、人口等自然条件；经济因素；政治因素；文化因素。

（三）法律创新

所谓法律创新，是指对法律观念、法律概念和技术、法律原则、法律规范和具体法律制度的独创性革新，它是人类法律智慧活动的最高形式，也是难度最大的法律发展运动。

四、法律现代化

（一）现代化理论

现代化是指人类社会从工业革命以来所经历的一场涉及社会生活诸领域的深刻变革过程，现代化过程标志着人类社会从传统向现代的转变。

（二）法律现代化的内涵和特征

1. 法律现代化是指一国法律伴随该国政治、经济、文化等诸领域的现代化变革而出现的、以某些特征为显著标志的、从传统人治向现代法治转变的深刻变革过程。

2. 法律现代化的特征

（1）法律现代化与社会政治、经济、文化等各个领域的现代化紧密联系，相互促进。

（2）法律现代化包括法律领域各个方面的现代化。

（2）法律现代化是一个传统人治社会获取现代法治社会的特征的动态过程，以实现法治为目标，是过程与目标的统一。

（2）法律现代化是变革性与连续性的统一，民族性与世界性的统一。

（三）法律现代化的基本模式

以法律现代化最初的动力来源为标准，可以把法律现代化划分为内发型和外发型两种模式。

1. 内发型法律现代化的模式，是指法律由于社会内部条件的成熟而从传统走向现代。它以社会经济发展为根本原因，发展的动力来源于市民社会内部，并伴随着政治民主化进程。表现为自上而下的社会推进式。

2. 外发型法律现代化的模式，是指因一个较先进的法律对较落后国家法律的冲击而导致的该国法律的进步转型过程。在现代化过程中政府发挥着主导作用，因而属于自上而下的政府推进式。这些国家现代法律体系的建立通常依靠政府立法来实现，往往以法律移植作为主要手段。由于现代化的法律体系主要来自于对西方先现代化国家的借鉴，因此在一定程度上往往缺乏本土观念资源，在一定时期内形成传统与现代的强烈对立与冲突。

（四）中国法律现代化具有以下几个特点

1. 从外源型现代化模式逐渐向内发型现代化模式转化。

2. 模仿大陆法系到建立具有混合法特色的社会主义法律制度。

3. 具有立法主导、政府推进、精英主义特色。

4. 传统文化与现代法制的对立与冲突异常激烈。

※真题再现（2008年真题不定项选择题）法律创新需要注意的问题有（　）。

    A. 法律创新要以社会生活为来源

    B. 法律创新一定要使新法和旧法一刀两断

    C. 法律创新一定要以正确的理论为指导

    D. 法律创新最好采取循序渐进的方式

【答案】ACD

（解析见 2008 年真题不定项选择题第 2 题）

※真题再现（2008 年真题判断分析题第 3 题）法律现代化是全球化的法律完全取代民族性的法律的过程。

（解析见 2008 年真题判断分析题第 3 题）

※真题再现（2010 年真题多项选择题）关于法律继承、法律移植以及法律现代化的正确判断是（　　）。

    A. 法律继承既包括一国国内的新法对旧法的继承，也包括世界范围内的新旧法间的继承

    B. 法律移植仅指一个国家积极主动地引进、吸收、同化其他国家和地区的法律的现象

    C. 日本历史上几次成功的法律移植案例表明，只要积极、认真地进行法律移植工作，法律移植就能够成功

    D. 法律的自治性表明法律现代化可以超前于政治、经济的现代化。

    E. 中国法律现代化的历程始于清末修律这场大规模的立法活动。

【答案】AE

（解析见 2010 年真题多项选择题第 2 题）

※真题再现（2011 年真题多项选择题）下列关于法律继承与法律创新的理解，正确的是（　　）。

    A. 法律继承仅仅只是发生在相同历史类型法律之间的继承

    B. 法律继承的内容可以是政治制度方面的继承

    C. 法律创新可以是法律原则的创新

    D. 相对于法律继承，法律创新难度较高

【答案】BCD

（解析见 2011 年真题多项选择题第 2 题）

第七章　法律渊源和法律分类

本章引言

本章首先在法律的内在效力的基础上，探讨了法律渊源的问题；在法律的外在形式方面，探讨了法律分类的问题；本章的重点是法律渊源含义的理解；法律渊源的分类；世界各国普遍存在的法律分类；公法、私法与社会法的含义与区别；难点是掌握法律渊源的概念、学习部分国家和地区存在的对法律的基本分类。

第一节　法律渊源

一、法律渊源释义

1. 法律渊源是指法律规范的来源或源头，又称法的渊源，或法源。

2. 法律渊源可分主要渊源和次要渊源。主要渊源包括制定法、判例法、国际条约和协定等应当优先考虑适用的法律规范。次要渊源包括习惯、法理、学说等。

3. 法律渊源发展的两大趋势：

（1）从以习惯法为主的法律渊源向以制定法为主体的法律渊源演进。

（2）从多元、凌乱的法律渊源向单一和确定的法律渊源演进。

二、法律渊源的一般类别

（一）制定法

制定法是最为普遍的法律渊源，是指由立法机关或有权立法的机关通过法定程序制定的规范性法律文件。不论是大陆法系还是英美法系，制定法都是重要的法律渊源。

（二）判例

判例作为法律渊源的地位主要存在于英美法系。遵循先例是判例法的基本原则。

（三）习惯

习惯成为法律渊源一般有两种方式：一是通过进入制定法或判例法成为法律渊源。二是习惯直接就可以作为法律被司法适用，这种适用方式主要用于填补制定法的漏洞或判例的缺乏。

（四）法理

法理是对法的理性认识，是人们从法律现象中总结出的关于法的一般规律。

（五）法学家的学说

从法律史上看，法学家的学说在大陆法系从来都是法律的主要渊源之一。

（六）国际条约和协定

国家和国家之间缔结的国际条约和协定对缔约国和加入国具有法律约束力，是国际法的主要渊源，也是一个国家的国内法律渊源之一。

（七）宗教教义和戒律

从历史上看，宗教往往直接地成为法律渊源。

直接具有国家效力的法律渊源，被称为法律的正式渊源；而不具有直接的法律效力，仅具有一定说服力的法律渊源，被称为法律的非正式渊源。

三、当代中国的法律渊源

从层次上看，当代中国法律渊源的正式渊源有以下六种。

（一）宪法

作为法律渊源的宪法，区别于作为法律部门的宪法，其外延也是不同的。作为法律渊源，即作为法律效力形式的宪法，是国家的根本大法，具有最高的法律效力，是其他一切法律的立法依据，其制定和修改程序也比较特殊。

（二）法律

这里指狭义的法律。即由我国最高权力机关及其常设机关——全国人民代表大会及其常务委员会制定的规范性文件。一般分为基本法律和基本法律以外的法律（一般法律）。

（三）中央法规

中央法规包括行政法规和军事法规。

（四）地方法

自治条例与单行条例、经济特区法规、特别行政区的法律。

（五）规章

部门规章、军事规章、政府规章。

（六）国际条约

并非所有的国际条约都是我国的法律渊源，只有我国政府缔结或加入的双边或多边国际条约、国际协定等，才属于我国的法律渊源，而且中国声明保留的条款除外。

一般认为，在当代中国，判例、政策、法理都属于非正式法律渊源。

※真题再现（2008 年真题单项选择题）大陆法系的主要法律渊源是（　　）。

    A. 判例　　　　　　　　　　　　B. 法学家的学说

    C. 习惯　　　　　　　　　　　　D. 制定法

【答案】D

（解析见 2008 年真题单项选择题第 6 题）

※真题再现（20 年真题多项选择题）属于当代中国非正式法律渊源的有（　　）。

    A. 规章　　　　　　　　　　　　B. 判例

    C. 政策　　　　　　　　　　　　D. 法理

    E. 决议

【答案】BCDE

（解析见2010年真题多项选择题第1题）

※真题再现（2011年真题多项选择题）下列属于我国现代法律正式渊源的是（　　　）。

  A. 我国缔结或加入的国际条约   B. 民族自治地方的单行条例

  C. 最高人民法院公报发布的案例 D. 国务院所属部委制定的规章

【答案】ABD

（解析见2011年真题多项选择题第4题）

第二节　法律分类

一、法律的一般分类

（一）成文法和不成文法

1. 成文法是经有立法权的国家机关制定或认可，并以法律条文作为表现形式的法律的总称。成文法又称为制定法。成文法最高的以及最完善的形态是法典。

2. 不成文法是指不具有法律条文形式，但国家认可其具有法律效力的法。不成文法并非来自立法机关的创制。它包括习惯法和判例法两种形式。

3. 成文法与不成文法的特点比较

（1）从内容上看，成文法具有明确的法律条文形式，内容编排逻辑井然、清晰明白。不成文法中法律规范的内容不够清晰，需要借助相应法律技术去发现法律的原则和规则。

（2）从立法程序上看，成文法的制定和修改有严格的程序规定，是立法机关通过法定程序产生出来。不成文法的形成没有严格的程序规定，不需要立法机关创制产生。

（3）从各自的功能看，成文法有较好的规范功能、预防功能和社会改革功能。而不成文法没有清晰的条文形式，在规范功能、预防功能和社会改革功能上稍逊于成文法，但不成文法更具有稳定性和社会适应性。

（4）从司法适用上看，成文法由于以词汇和语言来表达内容，语言本身的不确定性使法律规范通常需要解释才能适用。而不成文法并不完全依靠明确肯定的语言来表达内容，使法律解释的必要性降低。制定成文法的目的是为了法律的确定性和防止法律适用者滥用权力，法官的只在一定范围内享有自由裁量权；而不成文法的司法适用中，法官通常拥有较大的自由裁量权，可以通过法官造法来弥补法律的不足。

※真题再现（2003年真题简答题）成文法相对于不成文法的优点是什么？

（解析见2003年真题简答题第1题）

※真题再现（2008年真题单项选择题）具有较好的预防功能的法是（　　　）。

  A. 程序法   B. 判例法

    C. 不成文法   D. 成文法

【答案】D

（解析见 2008 年真题单项选择题第 3 题）

※真题再现（2010 年真题多项选择题）成文法较之不成文法的优点是（   ）。

    A. 有较好的预防功能

    B. 内容更具有逻辑性

    C. 更具有稳定性

    D. 有更好的社会改革功能

    E. 有更强的社会适应性

【答案】ABD

（解析见 2010 年真题多项选择题第 3 题）

（二）根本法和普通法

1. 根本法，也就是一个国家的宪法，又称根本大法。

2. 普通法是根本法之外的其他法律。普通法不得和根本法相抵触。

3. 根本法和普通法的区别体现在：

（1）根本法和普通法的立法主体不同。根本法的制定和修改一般来自最高立法机关或特别的制宪会议；对于普通法，根据法的位阶的不同可以由最高立法机关、地方立法机关或行政机关行使。

（2）根本法和普通法的立法程序不同。根本法的程序更严格，不论是法案的提出、审议还是表决都与普通法有差异；在我国，修改宪法须有全国人大常委会或五分之一以上人大代表提议，由三分之二通过。普通法一般按照既定法律程序即可。

（3）根本法和普通法的基本内容不同。根本法规定国家和社会生活中的重大事项，调整社会关系范围广，具有原则性。普通法是根本法在某一领域的具体体现，调整社会关系范围窄，具有具体性。

（4）根本法和普通法的法律效力不同。根本法是制定普通法的原则和依据，在法律体系中具有至高无上的效力地位，任何普通法不得和根本法相抵触，否则不具有法律效力。

（5）根本法和普通法的法律解释和监督不同。根本法的解释权力和监督权力一般被宪法授予特定的机关行使。而普通法的解释和监督，除立法机关之外，行政机关、司法机关等国家机关也享有一定的解释和监督权。

（三）实体法和程序法

1. 实体法和程序法的划分是根据法律的内容和功能的不同对法律作出的划分。

2. 实体法是规定法律关系主体之间的权利与义务关系、职责与职权关系的法律。如民法、刑法、行政法等。

3. 程序法是规定保证实体权利与义务、职责与职权得以实现的方式和手段的法律。如民事诉讼法、刑事诉讼法、行政诉讼法、行政程序法、立法程序法等。

4. 实体法与程序法的关系

（1）区别：第一，在概念上。实体法是指规定法律关系主体之间的权利与义务关系、职责与职权关系的法律。程序法是指规定保证实体的权利与义务关系、职责与职权得以实现的方式和手段的法律。第二，在溯及既往上。实体法除法律特别规定外一般不溯及既往。程序法可以溯及既往。第三，在类推适用上。实体法除刑法以及一些处罚性质的法律外，一般实体法可以适用类推。程序法不能适用类推。

（2）联系：实体法通过对权利义务的规定，体现了法律的实施目的。程序法则是实体法得以实现的手段和方法。但是程序法并不是实体法的附庸，程序法也有独立存在的地位和价值。程序正义可以独立于实体正义而存在。

（四）国内法和国际法

1. 国内法是由国内的立法机关或其他有权机关制定和认可，在一国领域内实施的法律规范。国际法是调整国家与国家之间、国际组织之间以及国际组织与国家之间的关系的法律规范的总和。

2. 国内法与国际法相比有以下不同：

（1）创制主体不同。国内法是一国的立法机关或其他有权机关，而国际法是两个以上的国家。

（2）法律关系主体不同。因为国内法调整的是国内社会关系，因此主体主要包括自然人和法人，某些特殊情况下可以包括国家。因为国际法调整的是国家与国家之间的关系，因此其主体主要是国家，也可以是争取民族独立的民族和国际组织。

（3）强制性质不同。国内法的强制力是通过国内的法庭、监狱、警察等强制机关实施。国际法没有一个有组织的超越于国家之上的强制机关来保证实施，因此其强制力是通过国家单独、集体或通过国际组织保障的。

（五）一般法和特别法

1. 根据法律适用的效力范围，可将法律分为一般法与特别法。

2. 一般法是针对一般人、一般事项、一般地域、一般时间生效的法律。特别法是针对特定的人、特定的事项、特定的地域、特定时间生效的法律。

3. 一般法与特别法的划分具有相对性。

4. 一般法和特别法的适用上，特别法优于一般法。

5. 一般法与特别法划分的意义。

第一，一般法与特别法的划分可以克服法律僵化性。第二，一般法与特别法的划分可以提高法律的可操作性。第三，一般法与特别法的划分可以增强法律的应变性。第四，一般法与特别法的划分可以提高法律的稳定性。

※真题再现（2011年真题多项选择题）下列选项中，属于法律一般分类的是（　　）。

A. 公法与私法　　　　　　　B. 实体法与程序法
C. 一般法与特别法　　　　　D. 普通法与衡平法

【答案】BC

（解析见2011年真题多项选择题第3题）

二、法律的特殊分类

（一）公法、私法和社会法

1. 公法与私法的划分始于古罗马。在查士丁尼皇帝钦定《法学阶梯》中将法律分两部分：公法与私法。

2. 在如何划分公法与私法的问题上，存在不同的观点，主要有：

(1) 权力说。该学说以是否涉及国家权力的运用作为划分标准。认为公法是以权力与服从为标志；私法是体现平等主体之间的关系，以公民的意思自治为标志。该说的缺陷是无法说明国际法为何是公法，因为国际法不体现权力与服从关系。

(2) 主体说。即以法律关系主体为标准进行划分。如果法律所规定的法律关系主体一方或双方为国家或公法人的，即公法。如果法律关系主体双方都是公民或私人的法律为私法。该说不能解释国家在某些情况下也可从事民事活动，该关系受私法调整。

(3) 利益说。该学说以法律所保护的利益为公私法的划分标准。认为凡保护公共利益的法律是公法，保护私人利益的法律是私法。此说来自古罗马法学家乌尔比安。该学说的缺陷是将公法与私法所保护的利益截然对立，没有看到公法也要保护私人利益，私法也要保护公共利益的情况。

(4) 应用说。该说认为在法律应用中，公民私人不能自主决定对其是否予以应用的法律为公法；公民私人可以自主决定应用的法律为私法。该说忽略了公法关系中，公民也有可自主选择应用的情况。

(5) 法律关系说等。凡调整国家之间或国家与私人之间权力与服从关系的法律为公法；凡调整私人之间或国家与私人之间民事关系的法律为私法。该说作为对公法与私法的划分较为圆满。

※真题回顾（2003 年真题不定项选择题）公法和私法的划分起源于（   ）。

　　A. 古希腊法　　　　　　　　　B. 古罗马法
　　C. 英国普通法　　　　　　　　D.《拿破伦法典》

【答案】B（解析见 2003 年真题不定项选择题第 4 题）

※真题回顾（2005 年真题简述题）公私法的划分标准之"法律关系说"。

（解析见 2005 年真题简述题第 2 题）

※真题回顾（2010 年真题简述题）公法和私法的划分的意义。

（解析见 2010 年真题简述题第 3 题）

（二）普通法与衡平法

1. 普通法是指产生于英国 11 世纪，以国王的令状为基础，综合了各地的习惯法，通过司法审判的形式形成的法律。它的表现形式是判例法。

2. 衡平法是为弥补英国普通法的僵化性和机械性，救济那些依照普通法无法得到公正判决的当事人，通过判例法的形式发展起来的法律形式。衡平法的运用并不依照严格的规则，而是依靠法官的良心、道德和对公平正义的理解来进行审判。

（三）联邦法与联邦成员法

在联邦制国家中，有联邦法和联邦成员法的划分。联邦法是调整和规范联邦事务的法律规范的总称，而联邦成员法是调整和规范联邦成员地方事务的法律规范的总称。

※真题再现（2008 年真题单项选择题）英美法系对法律的基本分类（   ）。

　　A. 公法和私法　　　　　　　　B. 根本法和普通法

    C. 程序法和实体法　　　　　　　　D. 普通法和衡平法

【答案】D

（解析见 2008 年真题不定项选择题第 5 题）

※真题再现（2009 年真题不定项选择题）法律的特殊分类有（　　）。

    A. 成文法和不成文法　　　　　　　B. 公法和私法

    C. 普通法和衡平法　　　　　　　　D. 实体法和程序法

【答案】BC

（解析见 2009 年真题不定项选择题第 6 题）

第八章　法律结构和法律效力

本章引言

本章主要介绍了法律结构和法律效力的内容。在学习时，要重点理解法律结构的四个基本要素，即法律概念、法律规则、法律原则和法律技术性规定，重点理解法律对人的效力、时间效力与空间效力。本章的难点是法律规则的逻辑结构的内容、法律规则和法律条文的复杂关系以及法律溯及力的问题，属于理解性的知识。

第一节　法律结构

一、法律结构概述

（一）法律结构释义

所谓法律结构，是指由各个必备的法律要素有机构成的法律系统。

（二）法律要素内容的确定

一般认为据以构成法律结构的要素有法律概念、法律规则、法律原则和技术性规定。

二、法律概念

1. 法律概念是人们在不断地认识和实践过程中，对具有法律意义的现象和事实进行理性概括和抽象表达而形成的一些权威性范畴。

2. 法律概念的地位与作用：

（1）法律概念是构成法律结构最为基础性的要素，整个法律大厦都要借助法律概念来构建，同时它也是形成其他法律要素的前提。

（2）法律概念是立法者在实际立法过程中进行法律创制和推进法律变革与发展的语言工具。

（3）在具体的法律适用中也必须借助法律概念来进行。

3. 法律概念的意义：在社会历史过程中，法律概念是培养和形成一定水平的法律文化与法律意识的重要媒介，也是人们进行法学研究和法律教育的媒介，同时还是具有不同文化与地域背景的人们就法律问题进行讨论和交流的重要基础。

三、法律规则

（一）法律规则释义

法律规则是以法律权利和法律义务为主要内容，由国家强制力保障实施的具有严密的逻辑结构的社会规范。

（二）法律规则的逻辑结构

法律规则的逻辑结构：是指一个完整的法律规则要由哪些必备要素构成，以及如何确立这几个要素的功能和它们在法律规则内部的具体逻辑关系。

法律规则必备的构成要素包括假定条件、行为模式和法律后果。

1. 假定条件

它是经过对事实状态中相关条件和情况的归纳与抽象并将其规定在法律中，从而构成具体适用某一法律规则的前提条件。这部分内容的主要功能是用来表明在发生何种情形或具备哪些条件时，相关的事件和行为才由此一规则调整。

2. 行为模式

这是构成法律规则的核心部分。在法律文件中对行为模式有不同形式的表述，即授权式、义务式和禁止式三种。

3. 法律后果

法律后果部分表明人们遵守它会得到法律怎样的保护，而若违反法律的要求时又要承担怎样的法律责任等内容。从表现形式上看法律后果有两大类：一类是肯定性的，第二类是否定性的。

法律规则逻辑结构的内容落实到具体的法律文件中，是以相应的文字结构形式——法律条文来表现。但在具体的立法实践中一个法律条文并不一定就表达一个法律规则，即二者不是一一对应的关系。关于法律规则和法律条文的关系，主要有以下四种情况：

（1）一个条文就构成一个规则。

（2）一个条文可能含有两个甚至两个以上的法律规则。

（3）一个规则是由两个或者两个以上的条文结合构成。

（4）一个规则可能由来自不同法律文件中的不同条文结合构成。

（三）法律规则的种类

1. 根据行为模式与调整方式的不同，可将法律规则分为授权性规则、义务性规则和禁止性规则三个种类。

（1）授权性规则，是规定主体自身有权做出或不做出某种行为以及要求他人做出或不做出某种行为的法律规则。在立法中常常运用含有诸如：可以、允许、有权、有……的权利、有……的自由等法律概念和文字结构的条文来表述。

（2）义务性规则，是指在一定的条件和情况下，要求相关主体应当积极做出某种行为的法律规则。在立法中常常运用带有：应当、必须、有责任、有义务等法律概念的条文来表述。

（3）禁止性规则，是要求法律主体不得做出或必须抑制某种行为的规则。在立法中常常运用含有：不得、禁止、严禁等文字结构的条文来表述。

2. 强制性的不同，可以将法律规则分为强制性规则和任意性规则两类。

（1）强制性规则，它是指必须按照法律所明确规定的行为模式进行行为或不行为的规则。这类规则不允许当事人自行协商解决问题，前面所讲的义务性规则和禁止性规则即属于这一类规则。

（2）任意性规则，它是指当事人之间可以在法律允许的选择方式和范围内进行协商以自行确定具体的权利与义务的规则。一般而言，授权性规则属于这一类。

3. 根据内容的确定性程度不同，可以将法律规则分为确定性规则和非确定性规则两类。

（1）确定性规则，是指法律中明确规定了行为规则的具体内容与方式，而不必再援用其他规则即可确定本规则内容的法律规则。法律规则中大部分属于这一类。

（2）非确定性规则，也称为委托性规则或委任性规则，这类规则本身没有明确规定行为规则的具体内容，而是将其委托给某一专门机关加以确定的规则。

四、法律原则

（一）法律原则释义

法律原则我们可以从两方面来把握法律原则的含义和内容：从静态意义上讲，法律原则是法律中能够作为法律概念和法律规则来源与基础的综合性、稳定性的原理；从动态意义上讲，法律原则是指导法律规则的创制以及在法律的具体适用中作为法律解释与法律推理依据的准则。法律原则是构成法律结构的核心内容与指导性要素。

（二）法律原则的分类

1. 根据法律原则产生的依据和稳定性不同，可以将法律原则分为政策性原则和公理性原则两类。

（1）法律中的政策性原则是国家为了实现经济和社会发展战略目标或实现某一时期、某一方面的任务而做出的政治设计或决定的法律表达。

（2）法律中的公理性原则，是从社会关系的本质中产生出来的，得到广泛承认并被奉为法律的公理。

2. 根据法律原则调整社会关系范围的不同，可以将法律原则分为基本原则和具体原则两类。

（1）基本原则是指法律在调整诸种社会关系时所体现出来的共同要求，是对法律最基本的价值与精神的总体反映和概括。

（2）具体原则是法律在调整某一方面的社会关系时所体现出来的价值要求，反映了该领域的相对特殊性。

3. 根据法律原则所涉及内容性质的不同，可以将法律原则分为实体性原则和程序性原则两类。

（1）实体性原则是直接涉及实体法问题的原则。

（2）程序性原则是直接涉及程序法问题的原则。

（三）法律原则的作用

1. 立法过程中的作用。

（1）法律原则指导和影响重要法律概念的形成及其内涵的确定，甚至决定某些概念的兴与废。

（2）法律原则指导着法律规则的创制并制约规则变动的方向和范围。

（3）法律原则是法律体系内部有机统一与和谐的保障。

2. 法律适用过程中的作用。

（1）在法律规则的具体适用过程中离不开法律原则的指导。

（2）法律原则有弥补具体法律规则缺失的作用。

（3）法律原则对相关的自由裁量权有限制作用，是确定行使自由裁量权合理范围的重要依据。

（4）在特定情况下发挥补救的作用。

3. 人们了解和遵守法律方面所发挥的作用。

五、法律中的技术性规定

法律中的技术性规定主要有以下几个方面的具体内容：

1. 有关法律文件生效和失效时间的规定，关于公布法律文件的文字形式的规定，这是绝大部分的法律文件中我们可以直接看到的。

2. 法律文件中对有关概念进行技术性的界定和专门说明的规定以及对有一定法律意义的具体标志与物品的制作形式、比例大小和尺寸等做出技术性要求和说明的规定。

3. 法律运行各环节中所必须应用的专门技术与方法的规定，而且随着人类立法和法律适用水平的不断提高，这部分内容越来越受到重视。

※真题再现（2003年真题不定项选择题）根据法律规范所调整的方式不同，法律规范可分为（   ）。

    A. 授权性规范   B. 义务性规范

    C. 确定性规范   D. 任意性规范

【答案】AB（解析见2003年真题不定项选择题第3题）

※真题再现（2004年真题不定项选择题）《中华人民共和国律师法》第十四条规定："没有取得律师执业证书的人员，不得以律师名义执业，不得为牟取经济利益从事诉讼代理或者辩护业务。"这一法律规范属于以下何种规范？（   ）

    A. 禁止性规范   B. 授权性规范

    C. 任意性规范   D. 委任性规范

【答案】A

（解析见2004年真题不定项选择题第5题）

※真题再现（2005年真题不定项选择题）法律规范的逻辑结构要素包括（   ）。

    A. 法律关系   B. 行为模式

    C. 法律后果   D. 因果关系

【答案】BC

（解析见2005年真题不定项选择题第1题）

※真题再现（2008年真题单项选择题）下列有关法律规则和法律条文的正确表述是（   ）。

    A. 法律规则就是法律条文

    B. 法律条文是法律规则的表现形式

    C. 法律规则的完整结构必须体现在一个条文中

D. 一个法律条文不能内含几个法律规则

【答案】B

(解析见 2008 年真题单项选择题第 10 题)

※真题再现（2008 年真题不定项选择题）以下关于法律概念的正确表述是（　　）。

A. 日常术语不能成为法律概念

B. 在具体的法律适用中必须借助于法律概念来进行

C. 法律概念就是指法律中的专门术语

D. 法律概念较日常生活运用的概念更具确定性

【答案】BD

(解析见 2008 年真题不定项选择题第 3 题)

※真题再现（2006 年真题不定项选择题）根据法律原则产生的依据和稳定性不同，可以将其分为（　　）。

A. 基本原则　　　　　　　　　　B. 具体原则

C. 政策性原则　　　　　　　　　D. 公理性原则

【答案】CD

(解析见 2006 年真题不定项选择题第 3 题)

※真题再现（2008 年真题简述题）法律原则在法律适用过程中的作用。

(解析见 2008 年真题简述题第 1 题)

※真题再现（2010 年真题多项选择题）《劳动合同法》第二十二条规定："用人单位为劳动者提供专项培训费用，对其进行专业技术培训的，可以与该劳动者订立协议，约定服务费用。劳动者违反劳动服务期约定的，应当按照约定向用人单位支付违约金。违约金的数额不得超过用人单位提供的培训费用。用人单位要求劳动者支付的违约金不得超过服务期尚未履行部分所应分摊的培训费用。"该条款内含（　　）。

A. 授权性规则　　　　　　　　　B. 义务性规则

C. 任意性规则　　　　　　　　　D. 强制性规则

E. 禁止性规则

【答案】ABCDE

(解析见 2010 年真题多项选择题第 4 题)

※真题再现（2011 年真题单项选择题）我国《合同法》第八十八条规定：当事人一方经对方同意，可以将自己在合同中的权利和义务一并转让给第二人。以下表述的内容属于（　　）。

A. 义务性规则、非确定性规则　　　B. 义务性规则、确定性规则

C. 授权性规则、非确定性规则　　　D. 授权性规则、任意性规则

【答案】D

(解析见 2011 年真题单项选择题第 5 题)

※真题再现（2011 年真题概念比较题）法律规则与法律原则。

(解析见 2011 年真题概念比较题第 2 题)

第二节 法律效力

一、法律效力释义

1. 法律效力通常指法律的保护力和约束力，具体指国家制定或认可的法律对其调整对象所具有的普遍的支配性力量。

2. 对于法律效力的来源，一般主要有以下几种学说：

（1）自然法学派的观点。自然法学派始终坚持法有善恶之分，恶法非法，法律的道德性是法律的本质特性。因此法律效力必须源于法本身是制定得良好的法，法本身所具有的内在权威使人们由衷的尊重法并信守法。以道德标准证成法律效力的原因主要是：①证成一个判决或法规的理由包括着义务论功利论等道德判断；②法与社会现实一致，而社会现实是一个成功的社会所持有的道德态度、原则、理想、价值和行为的复合；③不正义的法律和政令总是激起人民的反抗，从而丧失约束力。

（2）实证法学派的观点。坚持法仅仅是"实际上如何的法"，拒绝讨论"应然"意义上的法。在法律效力来源上，侧重从规范的形式要件角度和逻辑角度进行讨论。

（3）社会法学派的观点。认为法律效力是一个"事实的概念"判定一个规则是否有效，要从该规则是否被民众遵守，是否被官员适用，立法者赋予该规则的目的是否实现等角度进行衡量。

（4）社会心理学派的观点。认为法律的效力源自人们对法律的心理态度。

二、法律效力的等级

1. 法律效力等级也称法律的效力层次或法律的效力位阶，是指一国法律体系中不同法律的渊源在效力方面的等级差别。

2. 确定法律效力等级，形成以下四个原则：

（1）宪法具有最高法律效力。宪法是制定其他法律的根据。

（2）等级序列。法律制定主体的地位不同而形成上位法优先于下位法。

（3）后法优于前法。要在同一机关制定的法律规范性文件的前提下适用。

（4）特别法优于一般法。前提是同一机关就其某一领域制定的法律规范性文件而言。

三、法律效力的范围

（一）法律的对象效力范围

1. 确定法律的对象效力的原则

（1）属人原则。即以自然人的国籍和拟制人的国别为标准，本国法律的效力适用于本国人，无论其在本国内还是在本国领域外。优点：该原则最大限度地保护在外国的本国人。缺点：一是使得在本国领域内的外国人无法受到本国法律的约束和保护；二是与本国人所在的域外地的法律属地原则可能产生冲突。

（2）属地原则。即以主体所处的地域为标准，法律的效力适用于所有在本国领域的人，不论其是本国人还是外国人抑或是无国籍人。优点：该原则解决了外国人或无国籍人在本国领域内的法律约束和保护问题。缺点：如果本国人不在本国领域内，则无法受到本国法律的保护。

（3）保护主义原则。该原则以本国利益为标准，法律的效力适用于任何有损本国利益的任何主体的任何行为，无论该主体是否是本国人，无论该主体在本国领域内还是本国领域外。该原则在理论上最大限度地保护本国利益。但是，基于一个国家不得在另一个国家的领土上行使主权行为的国际法原则，保护主义原则在实践方面有较大的局限性。

（4）折衷主义原则。即是以属地原则为主，结合属人主义或保护主义原则来确定本国法律的对象效力原则。一是本国法对本国领域的人有效。这是维护本国利益，主权不受别国侵犯的原则的体现。二是对生活在外国的本国人，本国法有条件的有效。这一方面尊重居住国的主权，另一方面最大限度地保护本国在外国的侨民。三是根据国际法精神、国际条约和国际惯例，本国法可以有条件地适用于在本国领域外侵害本国利益的外国人。折衷主义原则是大多数国家所采纳的原则。

2. 当代中国法律的对象效力的规定

我国法律的对象效力也采纳折衷主义原则来确定：

（1）对我国公民的效力。根据我国宪法，中国公民在中国领域内的一律适用中国法，并且法律面前人人平等。中国公民在外国的，原则上本国法仍对其有效；但本国法一旦与居住国法相冲突，应根据有关国际条约、国际惯例或本国法律的规定，本着既维护本国主权，又尊重他国主权的精神，确定在某种情况下适用哪个国家的法律。

（2）对外国公民或无国籍人的效力。一是对在本国领域内的外国人和无国籍人，中国法律一律有效，特别情况除外（如我国法律不适用于在本国领域内享有外交豁免权或特权的外国人）。二是对在本国领域外的外国人和无国籍人，中国法律有条件地有效。

（二）法律的事项效力范围

法律的事项效力通常是指法对主体所进行的哪些行为、事项、社会关系有效力。法律的事项效力包括以下几个原则：

1. 确定法律的事项效力范围的原则。通常称事项法定原则，即对哪些事项有效一般以是否有法律的明文规定为限。

2. 一事不再理原则。一事不再理原则是指同一机关不得两次或两次以上受理同一当事人就同一法律关系所作的同一法律请求。

3. 一事不二罚原则。一事不二罚原则是指对同一行为，不得处以两次或两次以上性质相同或同一刑名的处罚。

（三）法律的时间效力范围

1. 法律的生效时间

（1）自法律公布之日起生效。

（2）有法律明文规定法律的生效时间。

2. 法律的失效时间

（1）新法明确规定自其生效之日旧法失效。

（2）立法专门通过文件宣布某一法律失效。

（3）期间届满失效。

（4）特定法律因为特定事项过去（完成、终止）而失效。

3. 法律溯及力问题

（1）法律的溯及力又称法律的溯及既往的效力，是指新法是否可以适用其生效以前的事件和行为的问题。如果可以适用，即法律有溯及力；如果不能适用，即法律无溯及力。

（2）现代法治一般强调法不溯及既往是一项基本原则。当然，法不溯及既往不是绝对的，作为对法不溯及既往原则的有力补充，有利既往原则是大部分国家承认并采纳的。所谓有利既往是指先前的某种行为或关系在行为发生时并不符合当时的法律规定或者就根本没有法律进行调整，但依据现行法是合法的，对之进行确认和保护对任何一方都是有利的，此时的新法是可以溯及既往的。

四、法律的空间效力范围

1. 法律的域内效力。法律是规范性的国家意志，法律的域内效力是指法律在一主权国家领域内具有效力；相反，在该主权国家领域外无效。

2. 法律的域外效力。法律的域外效力是指法律在其所在的主权国家管辖领域外的效力。

第九章　法律意识和法律行为

本章引言

本章首先论述了法律意识的概念、结构和作用，然后分析了法律行为的概念、特征和基本分类，着重阐明了法律对行为的激励机制，本章重点要求掌握法律意识理论；难点是理解法律对行为的激励机制。法律意识的三个层次是必须熟记的内容，可能出现简述题、论述题；法律行为的理解是难点，要从意思表示、法律效果入手来把握和理解。

第一节　法律意识

一、法律意识释义

法律意识是社会意识的一种，是指人们在一定的历史条件下，对现行法律和法律现象的心理体验、价值评价等各种意识现象的总称。包括人们对法的本质和功能的看法、对现行法律的要求和态度、对法律适用的评价、对各种法律行为的理解、对自己权利义务的认识等，是法律观点和法律观念的合称。

二、法律意识的结构

（一）法律心理

法律心理是低级阶段的法律意识，是人们对法律现象认识的感性阶段。它直接与人们的日常生活、法律生活相联系，是人们对法律现象的表面的、直观的、感性的认识和情绪，是对法律现象的自发的、不系统的反映形式。

（二）法律思想体系

法律思想体系是高级阶段的法律意识，是人们对法律现象认识的理性阶段。它表现为系统化、理性化了的法律思想观点和学说，是人们对法律现象的自觉的反映形式，在整个法律意识中处于主导地位。

（三）法律观念

法律观念是指介于感性和理性阶段之间的一种特有的法律意识反映阶段。法律观念既包括人们对法律的零散的、偶然的、感性的认识，也包括一些系统的、必然的、理性的认识。

三、法律意识的作用

1. 法律意识是法律创立和完善的重要思想依据。
2. 法律意识对于正确适用法律和遵守法律也有重要作用。

（1）国家公务人员法律意识的高低，决定着他们对法律的精神实质的理解程度，并将直接关系到对案件处理的正确与否。

（2）在某种特殊的条件下，法律意识还可以被当做法律的某种特殊表现形式被直接适用。

（3）法律必须内化为人们普遍的法律意识，渗透于人们的心理之中，此时，法律的威信也就自然得以确立。

3. 国家要走向法治国家，建立和健全法律体系非常重要，在全体公民中普及法律知识、提高法律意识同样重要。

※真题再现（2004 年真题概念比较题）法律心理与法律观念。

（解析见 2004 年真题概念比较题第 1 题）

※真题再现（2008 年真题不定项选择题）以下关于法律意识的正确表述的是（　　）。

    A. 法律意识就是法律心理

    B. 法律思想体系不属于法律意识

    C. 法律意识是法律创制和完善的重要思想依据

    D. 法律意识对于正确适用法律和遵守有重要作用

【答案】CD

（解析见 2008 年真题不定项选择题第 5 题）

※真题再现（2008 年真题判断分析题）不具备法律知识的人就不具有法律意识。

（解析见 2008 年真题判断分析题第 4 题）

※真题再现（2011 年真题简答题）简述法律意识的作用。

（解析见 2011 年真题简答题第 1 题）

第二节　法律行为

一、法律行为释义

法律行为是指具有法律意义和属性，能够引起一定法律后果的行为。由历史法学派创始人胡果提出。具有"法律性"和"社会性"两个特征。

二、法律行为的基本分类

（一）合法行为、违法行为和中性行为

根据行为与法律的要求是否一致，把法律行为分为合法行为、违法行为和中性行为。合法行为就是指人们的符合法律要求的行为。违法行为是指违反国家现行法律规定，危害法律所保护的社会关系的行为。中性行为介于合法行为与违法行为之间，虽没有得到法律的允许又没有受到法律的禁止，即处于现行法律的调整范围之外的"法律真空"或"法律漏洞"。

（二）积极法律行为（作为）和消极法律行为（不作为）

根据行为人的具体行为方式，可以把法律行为分为积极法律行为和消极法律行为。积极法律行为就是行为人以积极的、直接对客体发生作用的方式进行的活动，表现为一定的动作或者动作系列，能够引起客体内容或性质的变化。消极法律行为是指行为人以消极的、间接对客体发生作用的方式进行的活动，表现为不做出一定的动作，保持客体不变或者容许、不阻止客体发生变化。

（三）抽象法律行为和具体法律行为

根据法律行为的效力对象和生效范围，可以区分为抽象法律行为和具体法律行为。抽象法律行为是针对未来发生的不特定事项而做出的、制定和发布普遍性行为规范的行为。具体法律行为是针对特定对象，就特定的具体事项而做出的、只有一次性法律效力的行为。

（四）个体法律行为和群体法律行为

根据行为的主体情况，人的行为可以分为个体行为和群体行为。个体行为就是由自然人个人意识和意志所支配、并由自己直接做出的行为。群体行为是由两个以上的自然人有组织的、基于某种共同意志或追求所做出的趋向一致的行为。

三、法律行为的激励机制

1. 法律的外附激励。法律的外附激励就是通过赞许、奖赏等正激励，或者压力、约束等负激励法律手段使人们做出某种行为。

2. 法律的内滋激励。法律的内滋激励就是通过主体自身产生的某种自觉的精神力量来使人们做出某种行为。

3. 法律的公平激励。法律的公平激励就是使人们对法律的公正性的认同和遵守来激励人们的行为。

4. 法律的期望激励。法律蕴涵了某种目的和期望，这种期望可以激励人们做出某种行为。

5. 法律的挫折激励。法律在很多情形下将规制人们的欲望，并通过使人的欲望受挫而使人们服从法律。

※真题再现（2008年真题单项选择题）针对未来发生的不特定事项而做出、制定和发布普遍性行为规范的行为时（   ）。

　　A. 具体法律行为　　　　　　　　B. 中性行为
　　C. 抽象法律行为　　　　　　　　D. 消极法律行为

【答案】C

（解析见2008年真题不定项选择题第4题）

※真题再现（2010年真题多项选择题）对于法理学中的法律行为概念的正确认识是（   ）。

　　A. 法律行为是指合法行为，不包括违法行为
　　B. 法律行为只需从外在客观行为方面判断，内在意识方面不构成判断标准
　　C. 法律行为是指具有法律意义和属性，能够引起一定法律后果的行为
　　D. 法律行为存在于可以观察到的行为中，而非存在于规则中

E. 法律行为只能体现为积极的行动，而不可能体现为消极的静止

【答案】CD

（解析见 2010 年真题多项选择题第 5 题）

※真题再现（2011 年真题辨析题）对于法律来说，除了人的行为外，人是根本不存在的。

（解析见 2011 年真题辨析题第 1 题）

第十章　法律关系和法律责任

本章引言

　　法律关系和法律责任是属于法学和法理学基本范畴，都是属于要重点掌握的知识点。本章的重点是：法律关系的构成、法律关系的演变原因；法律责任的产生原因以及归责原则。本章的难点是权利能力与行为能力；法律义务与法律责任之间的区别；以及相关的一些基本范畴的逻辑关系是要理解和把握的问题。

第一节　法律关系

一、法律关系概述

（一）法律关系释义

　　所谓法律关系，是指根据法律所确定的主体之间具体行为的法律相关性。由此定义可以看出，法律关系是被法律所调整的那部分社会关系内容的法律形式，具体表现为主体之间根据法律所结成的一种规范性关系。

（二）法律关系的特征

　　1. 法律关系的产生以法律规范的存在为前提。

　　2. 法律关系以主体间法律上的权利和义务为内容。

　　3. 法律关系是形式与内容、动态与静态、过程与结果的辩证统一。

二、法律关系的构成要素

（一）法律关系的主体

　　1. 法律关系的主体是法律关系的参加者。它是构成法律关系的最根本的要素。没有一定主体的意志和行为，便无从构成任何法律关系。

　　2. 在我国现阶段，构成法律关系主体的主要包括公民（自然人）、机构和组织。国家在特殊情况下也可以成为一定法律关系的主体。

　　3. 所谓权利能力是指法律关系主体依法享有权利和承担义务的资格；所谓行为能力是指法律关系主体能够通过自身的行为享有权利和承担义务的能力。

（二）法律关系的内容——法律权利与法律义务

（三）法律关系的客体

　　1. 法律关系的客体是指法律主体之间建立起一定法律关系所指向的具体目标，是人们通过自己的意志和行为意欲影响和改变的对象，是连接权利与义务等法律概念并使其具有实际内容的现实载体。

　　2. 现代法律制度中法律关系的客体主要有：

（1）物。能成为法律关系客体的物是指能满足人们需要、具有一定的稀缺性，并能为人们所现实支配的各种物质资源。

（2）非物质财富。又称为精神产品或精神财富。它主要包括两个方面的具体内容：一是人们运用脑力劳动创造的智力成果，如科学发明、技术成果、文艺作品等；二是与人身、人格相联系的公民和组织的肖像、名誉、隐私等。

（3）行为。行为是指法律关系主体行使权利和履行义务以满足自己或他人利益而进行的活动。

（4）其他。

※真题再现（2003年真题不定项选择题）法律关系的要素有（　　）。

  A. 主体   B. 法律规范

  C. 客体   D. 权利义务

【答案】ACD（解析见2003年真题不定项选择题第8题）

三、法律关系的分类

1. 按照据以形成法律关系的法律规则所属法律部门的不同，可将法律关系划分为宪法法律关系、民事法律关系、刑事法律关系、行政法律关系、诉讼法律关系等类别。

2. 根据构成法律关系的主体是否具体化，可将法律关系划分为绝对法律关系和相对法律关系两类。

绝对法律关系中，权利一方是特定而具体的，而义务一方是除了权利一方之外的所有人，是不特定、不能具体化的。在相对法律关系中，权利、义务主体都是特定的。

3. 按照法律关系主体法律地位的不同，可将法律关系划分为平权型法律关系和隶属型法律关系两类。

（1）平权型法律关系，又称为横向法律关系或对等的法律关系，表现为法律关系主体间的地位是平等的，都享有一定的权利，承担相应的义务，而不存在基于权力等方面的服从和隶属关系。

（2）隶属型法律关系，又称为纵向法律关系或不对等的法律关系，表现为法律关系主体间的法律地位是不对等的，而是存在着服从和隶属的关系。

4. 根据法律关系之间因果联系与相互间地位的不同，可将法律关系划分为第一性法律关系和第二性法律关系两类。

（1）第一性法律关系，又称为主法律关系，是主体间合法建立的不依赖其他法律关系可独立存在的法律关系。

（2）第二性法律关系，又称为从法律关系，它产生于第一性法律关系，与第一性法律关系相比地位与作用具有从属性。

四、法律关系的产生、变更和消灭

（一）法律关系的产生、变更和消灭的概念与意义

1. 法律关系的产生是指主体之间依据法律规范而结成一定的权利义务关系。

2. 法律关系的变更是指由于符合法律规定的一定法律事实的出现而引起法律关系诸要素发生了变动。

3. 法律关系的消灭是指主体之间权利义务关系的完结。

（二）法律关系的产生、变更和消灭的前提与条件

1. 法律关系产生、变更和消灭的前提：法律规范。

2. 法律关系产生、变更和消灭的条件：法律事实。法律事实包括法律事件和法律行为。

（1）法律事件是指法律规则所规定的，不以人的主观意志为转移的，并且能够引起一定法律关系产生、变更和消灭的事实或现象。

（2）法律行为是指法律规范中规定的，在一定主体意志支配之下而作出的，能引起法律关系产生、变更和消灭的人的活动。

※真题再现（2003年真题不定项选择题）法律事实包括（   ）。

　A. 法律事件　　　　　　　　　　　B. 法律义务

　C. 法律权利　　　　　　　　　　　D. 法律行为

【答案】AD（解析见2003年真题不定项选择题第9题）

※真题再现（解析见2009年真题简述题）简述法律关系的构成及其产生、变更和消灭的前提与条件。

（解析见2009年真题简述题第3题）

※真题再现（2011年真题多项选择题）民事诉讼中原告与被告之间所形成的法律关系属于（   ）。

　A. 相对法律关系　　　　　　　　　B. 隶属型法律关系

　C. 平权型法律关系　　　　　　　　D. 第一性法律关系

【答案】AC

（解析见2011年真题多项选择题第5题）

第二节　法律责任

一、法律责任释义

1. 法律责任是一种特殊意义的义务，具体说，法律责任是由违反第一性的义务而引起的第二性的义务。

2. 法律责任与法律义务的区别

法律义务通常是指主体根据法律的规定或合法的约定必须作为或不作为的义务，此义务通常针对一般的社会主体设立。而法律责任是指一种特殊义务，此义务通常针对特殊的主体设定的，具体是指一方由于违反了法定义务或约定的义务从而产生一种新的义务。具体区别如下：

（1）法律责任针对的是特定的主体，具体指违反了法定义务或约定义务的主体；法律义务针对的是一切社会主体，具有相当的广泛性。

  （2）法律责任通常具有惩罚性，即法律责任是针对第一性的义务没有被履行而进行救济、制裁；法律义务是作为与法律权利相对应的法律的重要调控手段，一般不具有制裁性。

  （3）法律责任的产生是以法律义务为前提，没有主体对义务的违反就不会产生法律责任。

  ※真题再现（2011年真题概念比较题）法律责任与法律义务。

  （解析见2011年真题概念比较题第1题）

二、法律责任的特点

（一）法律责任的法定性

  法律责任承担的最终依据是法律，而不是其他社会规范。

（二）法律责任的强制性或必为性

  法律责任是指特定国家机关依法追究，并以国家强制力为后盾保障实施，不以任何责任主体的个人意志为转移，这反映了法律责任的国家强制性或必为性。

（三）法律责任的当为性

  法律责任主体应当补救由于自己违反第一性义务所带来的对国家、社会、集体和他人等的损害。

三、法律责任的产生原因

（一）违法

  1. 所谓违法是指特定主体实施了与现行法相冲突的行为，引起相应的损害事实，法律对之进行否定性评价的状态。

  2. 违法的构成要件

  （1）主体要件，违法的主体要件是指构成违法的主体必须是具有行为能力或责任能力的主体。

  （2）主观要件，违法的主观要件是指违法的构成主体在做出与现行法相冲突的行为时，主体的主观心理态度上必须有过错。

  （3）客观要件，损害事实以及与损害事实之间的因果关系。

  （4）客体要件，违法在深层次意义上是破坏了法律所保护的社会关系。

（二）违约

  1. 违约是指合同主体违反合同约定，通过作为和不作为的方式未履行合同义务的状态。

  2. 违约引起的法律责任主要适用于合同主体和契约主体。违约的法律责任主要包括两类：一是法定的法律责任；二是约定的法律责任。

（三）法律的特别规定

  法律的特别规定，也可以引起法律责任。这主要是指那些直观上既不违法也不违约的行为，一旦进入法律的特别规定的调整范畴，主体就要承担某种法律责任。

四、法律责任的种类和功能

（一）法律责任的种类

1. 民事责任。民事责任是指公民、法人、国家或其他民事主体因民事违法行为、违约或因特定的法律事实出现而依法应承担的不利后果。

2. 刑事责任。刑事责任是指公民、法人、组织等主体违反刑事法律而应该承担的法律上的不利后果。

3. 行政责任。行政责任是指行政机关及其工作人员和行政相对人违反行政法律或某些法律事实的出现而引起的法律上的不利后果。

4. 违宪责任。违宪责任是指由违反宪法而应承担的法律的不利后果。

（二）法律责任的功能

1. 制裁功能。法律责任的制裁功能一般是指通过法律责任的承担对责任主体进行惩罚。

2. 补偿功能。法律责任的补偿功能是指国家强制责任主体赔偿损失，救济受害主体，恢复受侵害的权利。

3. 预防功能。法律责任的预防功能是指法律责任通过强制责任人补偿其所造成损害，对责任人进行严厉的制裁等一系列不利后果承担，教育、引导、威慑责任人及社会上的其他人理性选择行为。

五、法律责任的归结、承担和免除

（一）法律责任的归结

1. 法律责任的归结也称为法律责任的归责，是指法定的国家机关或经授权的国家机关依照法定的程序，进行判断、认定、追究或减缓、免除法律责任的活动。

2. 法律责任的归结原则

（1）责任法定原则，是指法律归责过程必须是依法进行的活动过程。第一，归责主体必须是依法享有归责权力的或依授权获得归责权力的主体。第二，责任主体应承担的法律责任的种类、性质、期限、承担方式等必须以预先生效的法律规范为依据。第三，归责主体的归责过程必须严格遵守程序法。

（2）公正原则，法律尤其是成文法具有局限性，在法律无法提供准确的归责依据时，归责主体必须本着符合基本社会公正、法律公正的原则精神进行归责。法律表现为：第一，同等情况同等对待。第二，归责要坚持"罪责相适应"。第三，归责过程中归责主体要坚持法律面前人人平等原则，任何主体违法犯罪都应受到同等的追究；但要注意特定的情况下区别对待，只有这样才能达到真正的平等。

（3）效益原则，在立法时对某种违法进行设计法律责任时要考虑犯罪成本、犯罪代价或风险因素。以较小的投入得到最大的产出。

（二）法律责任的承担及竞合

1. 所谓法律责任的承担，是指责任主体依法承担不利的法律后果。

2. 法律责任的竞合，是指由于某种法律事实的出现，导致两种或两种以上的法律责任产生，而这些责任之间相互冲突的现象。同一行为符合不同法律责任的构成要件，从而导致了不同法律责任间的冲突。法律责任竞合的特点是：

（1）数个法律责任的主体为同一法律主体。

（2）责任主体实施了一个行为。

（3）该行为符合两个或两个以上的法律责任构成要件。

（4）数个法律责任之间相互冲突。

（三）法律责任的免除

1. 法律责任的免除，又称为免责，是指根据法律本应承担法律责任，但基于某种法定的主客观情况，可以不必再承担法律责任。

2. 法律责任免除的情形：时效免责；不诉免责；协议免责；诉辩交易免责；自首和立功免责；因履行不能而免责等。

※真题再现（2003 年真题概念比较题）法律责任与法律制裁。

（解析见 2003 年真题概念比较题第 2 题）

第十一章　法系

本章引言

本章主要介绍比较法学的基本知识，属于必须掌握的内容、首先要熟知法系的概念与分类；其次要掌握世界法系中具有深远影响的大陆法系和英美法系；最后简单了解一下伊斯兰法系与中华法系。在学习时，应该重点掌握法系的概念、西方两大法系的差异性与共同性以及二者的未来发展趋势等问题。属于必须掌握的内容，应对选择题、简述题以及论述题。

第一节　法系概述

一、法系释义

法系是具有共同法律传统的若干国家和地区的法律，它是一种超越若干国家和地区的法律现象的总称。

二、法系的基本分类

日本法学家穗积陈重对法系分类采用五分法：印度法、中国法、伊斯兰法、英国法和罗马法。

第二节　大陆法系

一、大陆法系释义

大陆法系，也称罗马—日耳曼法系、民法法系、法典法系，是指以古罗马法为基础，以19世纪初《法国民法典》为历史传统产生和发展起来的国家和地区法律制度的总称。

二、大陆法系的地理分布

1. 以欧洲大陆为中心，遍布全世界。
2. 苏格兰，可称为是大陆法系和英美法系的混合。

三、大陆法系的特征

（一）强调私法与公法之间的区分
（二）强调理性与哲理的指导作用
（三）法学家在立法中的重要作用
（四）法律法典化及其独特的法源

※真题再现（2003年真题不定项选择题）大陆法系又称为（　　）。

A. 中华法系 　　　　　　　　B. 民法法系
C. 法典法系 　　　　　　　　D. 罗马法系

【答案】ABC

（解析见2003年真题不定项选择题第6题）

※真题再现（2005年真题简述题）大陆法系的基本特点。

（解析见2005年真题简述题第3题）

※真题再现（2008年真题不定项选择题）以下属于大陆法系的国家或地区是
（　　）。

A. 中国台湾 　　　　　　　　B. 香港特别行政区
C. 日本 　　　　　　　　　　D. 法国

【答案】ACD

（解析见2008年真题不定项选择题第4题）

※真题再现（2009年真题不定项选择题）下列属于大陆法系主要特点的是
（　　）。

A. 判例法为主要法源

B. 法官造法

C. 法律法典化

D. 注重程序，实行对抗制诉讼

【答案】C

（解析见2009年真题不定项选择题第9题）

※真题再现（2010年真题多项选择题）大陆法系与英美法系相比较，其特征
在于（　　）。

A. 强调公法与私法的区分

B. 强调理性与哲理的指导作用

C. 强调法官在制度创新和社会变革中的作用

D. 强调法律的法典化

E. 强调习惯和经验在司法中的作用

【答案】ABD

（解析见2010年真题多项选择题第6题）

第三节 英美法系

一、英美法系释义

英美法系，又称普通法系、海洋法系、英国法系，是指以英国中世纪的法律，特别是以普通法为基础产生与发展起来，以英国法和美国法为代表，以及在英美法律传统的影响下所形成的具有共同外部特征的各个国家与地区的法律制度的总称。

二、英美法系的特征

（一）判例法为主的独特法源
（二）法官在制度创新和社会变革中的重要作用
（三）法律的务实性及其经验主义基础
（四）注重程序，实行对抗制诉讼

三、大陆法系和英美法系的演变及发展趋势

由于经济一体化进程的不断加速，两大法系的各国法律在法律技术、法律方法等方面有不断靠拢的趋势。表现在：

1. 大陆法系中，判例作用日益显著，特别是行政法方面；在英美法系国家，制定法日益增多，开创制定法与判例法并重和相互作用的局面。

2. 在法典化问题上，大陆法系在传统上实行法典化，英美法系在传统上不采用法典形式。但后来发展成英美法系也有少数法律采用法典形式，大陆法系的一些重要法律部门并未采用法典形式。

3. 在法律的分类上，大陆法系有公私法之分，英美法系则无此划分，而存在普通法与衡平法之分，后来发展到英美法系国家的法学中也逐渐倾向于公私法之分。

※真题再现（2003年真题概念比较题）根本法律与基本法律。

（解析见2003年真题概念比较题第1题）

※真题再现（2004年真题不定项选择题）法系是法学中的一个重要概念，借此概念可以对各国各地区法律制度的现状和历史渊源进行考察比较。据此，下列结论正确的是（　　）。

    A. 中国目前是一国两制三法系

    B. 大陆法系与英美法系当今的发展趋势是日趋融合，但不会合而为一

    C. 美国属英美法系国家，所以全国所有的地方均采用判例法

    D. 英美法系的判例汇编与大陆法系的法典都是成文法

【答案】AB

（解析见2004年真题不定项选择题第4题）

※真题再现（05年真题不定项选择题）从法系的意义上来看，目前中国的香港法属于（　　）。

A. 大陆法系   B. 英美法系

C. 中华法系   D. 亚太法系

【答案】B

（解析见 2005 年真题不定项选择题第 3 题）

※真题再现（2006 年真题不定项选择题）从日本现行法律制度看，其主要传统、渊源和风格属于（   ）。

A. 中华法系   B. 大陆法系

C. 亚洲法系   D. 英美法系

【答案】B

（解析见 2006 年真题不定项选择题第 4 题）

※真题再现（2011 年真题简答题）为什么大陆法系和英美法系有逐渐靠拢的趋势？

（解析见 2011 年真题简答题第 2 题）

第四节　其他法系

一、伊斯兰法系

（一）伊斯兰法系的概念及其地理分布

伊斯兰法是来源于神的启示规则的总体，泛指以伊斯兰教义为基础的法律，而伊斯兰法系则是指所有伊斯兰法的总称。

（二）伊斯兰法系的渊源

1. 《古兰经》，或真主的启示，由穆罕默德颁布。

2. 圣训。

3. 法学家的评论（即公议）。

4. 类比（格亚斯）。

（三）伊斯兰法系的特征

1. 原则上的不变性。

2. 法学家的法律。

3. 法律与宗教合一。

二、中华法系

1. 中华法系是最早产生于东亚大陆，以中国古代法律为核心的法律制度的总称。

2. 中华法系有以下特征：

（1）维护专制制度和宗法等级特权。

（2）以儒家思想为指导。

（3）重刑轻民、诸法合体的法律传统。

（4）具有统一性和封闭性。

第十二章　法治概述

本章引言

　　本章是法治的总论,属于必须掌握的内容。本章主要论述法治、法制与法治、法治与人治、依法治国、社会主义法治理念等基本知识。本章的难点是掌握有关法治的几个基本范畴,特别是法治、民主和民生三者之间的关系以及社会主义法治理念的基本内容,要熟悉并能够运用社会主义法治理念分析和评价有关案例、事例;本章的难点是深刻理解通过依法治国而达到致力于法治秩序的建立。

第一节　法　治

一、法治释义

　　1. 在中国最早使用"法治"一词的是梁启超先生。

　　2. 西方最早使用法治一词并给它以科学定义的是亚里士多德,他在《政治学》中指出:"法治应当优于一人之治。法治应包含两重含义:已成立的法律获得普遍的服从,而大家所服从的法律又应是良好的法律"

　　3. 19 世纪末,英国著名宪法学家戴雪提出了法治的三要素说。第一,任何人"唯独受法律治理",法律没有明文禁止的行为,都不应受处罚;第二,在法律面前人人平等;第三,个人的权利是宪法赖以建立的基础。

　　4. 法治,就是指依照法律治理国家的治国思想、治国方式和社会秩序、社会状态。它包括以下几层含义:

　　(1) 法治是一种宏观的治国方略。这是指一个国家在多种手段面前,选择以法律为主的社会控制手段。

　　(2) 法治是一种理性的办事原则。在制定法律之后,任何人和组织的社会性活动均受既定法律规则的约束。无论发生什么情况,甚至是法律本身发生不正当的情况,也要依法办事。在法律面前只有先承认形式的合理才能承认实质的合理,这是法治建立的根本要求。

　　(3) 法治是一种民主的法制模式,又常常被理解为"以民主为基础和前提的法制"。法制必须以民主为社会条件和正当基础。

　　(4) 法治还经常被作为一种文明的法的精神,与理念、原则、观念等词联用,如"法治理念"、"法治原则"、"法治观念"等。

　　(5) 法治是一种理性的社会状态和理想的社会秩序。法律与国家、政府之间,运用法律约束国家、政府权力;法律与人民之间,运用法律合理地分配利益;法律与社会之间,运用法律确保社会公共利益不受权力和权利的侵犯。因此,可以认为

"法治"就是一种在法律管束国家权力以后，而使权利在人与人之间得到合理配置的社会状态。

※真题再现（2006年真题简述题）法治包括哪几层含义？

（解析见2006年真题简述题第2题）

※真题再现（2008年真题简述题）法治的含义。

（解析见2008年真题简述题第2题）

※真题再现（2009年真题不定项选择题）"法治应包含两重含义：已成立的法律获得普遍的服从，而大家所服从的法律应该本身是制定良好的法律"。这段话是由（　　　）阐述的。

    A. 柏拉图   B. 洛克

    C. 戴雪   D. 亚里士多德

【答案】D

（2009年真题不定项选择题第8题）

※真题再现（2009年真题不定项选择题）下列关于法治正确的是（　　　）。

    A. 法治以市场经济和民主政治为基础

    B. 法治关注的焦点是法律至上

    C. 法治蕴含法律调节社会生活的正当性，符合社会生活的理性化要求

    D. 法治表明社会存在较为完备的法律制度

【答案】ABCD

（解析见2009年真题不定项选择题第13题）

※真题再现（2009年真题命题分析题）"法治应当优于一人之治"。

（解析见2009年真题命题分析题第2题）

二、法制与法治的联系与区别

1. 法制的含义：

（1）静态的理解：认为法制就是法律制度。

（2）动态的理解：认为法制是指一切社会关系的参加者严格地、平等地执行和遵守法律，以及法律制定、法律实施和法律监督等一系列活动的过程，包括立法、守法、执法、司法和护法的有机统一。

2. 法制与法治的区别和联系

（1）二者的区别：

第一，法制属于工具操作范畴，没有民主也可以有法制。法制仅仅表明特定社会中存在着一种独立于其他各种制度的法律制度，有时也表现为一整套较为系统的法律制度。但是，在法律的这种存在状态即法制中，法律还只是某个权威所运用的一种工具，一个控制国家和社会的手段。法治则属于政治理想的范畴，没有民主就不可能有法治。法治是市场经济基础上、民主政治体制中的治国方略。法治关注的焦点是法律的至上权威，公民、团体和政府必须依从公认的法律规则行事，法律是对公共权力运用的有效制约。因此，法治表明法律在社会生活中享有最高权威。

第二，法制强调秩序，而不一定建立在正当性价值之上。而法治则蕴涵了法律

调整社会生活的正当性。法治符合社会生活理性化的要求，使人们的社会生活和交往活动具有了可预测性和确定性，也使人们的正当要求有了程序化、制度化的保障，增强了社会成员的安全感。

第三，法制是相对于政治制度、经济制度而存在的一种制度。而法治则显示了法律介入社会的广泛性，即法律必须更加全面、深入地介入社会生活的方方面面。法治要求在全部社会活动中都必须依法办事，要求法律不仅在经济、文化、社会生活中具有重大作用，而且特别强调在国家的政治生活中也同样具有重要作用。法治要求社会的法律化，可以从根本上维护公民的权利和自由。

（2）二者的联系：

第一，只有在法治理念的指导下，才有可能建立和健全法制；如果没有法治理念的指引，就不能有完备的法制。第二，只有建立了完备的法制，才能做到有法可依，才能使依法治国方略得以实现；如果没有法制保障，法治只能是一个空洞的思想主张。法制状态虽然不能直接导致法治，但法治状态必须以完备的法制为基础。最终，通过法律制定、法律实施和法律监督，即立法、守法、执法、司法的整个环节，在以依法办事为核心的动态过程中，法治状态得以实现。

※真题再现（2010年真题概念比较题）法制与法治。

（解析见2010年真题概念比较题第1题）

※真题再现（2011年真题多项选择题）关于法治和法制的含义，正确的理解是（　　）。

  A. 没有民主也可以有法制

  B. 没有民主也可以有法治

  C. 法制不一定建立在正当性价值之上

  D. 法治蕴涵了法律至上、平等适用、制约权力、权利本位等法律精神

【答案】ACD

（解析见2011年真题多项选择题第10题）

三、法治与人治的联系与区别

1. 法治作为一种治国思想和治国方式以及法律存在的状态是与人治相对的。

2. 人治作为治国的方法和原则，其含义包括：第一，人治不等于没有或取消法律，而是借助法律实现专制；第二，人治通过法律建立和稳定统治秩序，但法律不是社会和权力的基础，而是国家最高权力的工具，终究权大于法。第三，大于法的权力不是一般的职权而是极权，在古代社会通常为皇权或王权以及贵族特权。

3. 人治与法治的区别在于：人治强调依靠统治者个人的作用来统治国家要求把权力交给统治者个人，使之能够运用手中的权力实行对国家和人民的统治；而法治则强调通过法律治理国家，要求一切国家机关和各级领导者都要依法办事，在法律面前人人平等，不允许有凌驾于法律之上的个人特权。简而言之，人治所强调的是个人的作用；而法治所强调的则是法律的权威。

四、法治与民主的关系

1. 在权利层面上，现代民主从消极意义上讲即没有特权；从积极意义上讲即人

人平等。现代民主之于政治制度，就其功能而言，虽然不一定能够达到最好，但一般却可以防止最坏。

2. 所谓现代民主，就是遵循预定的程序，在平等基础上少数服从多数，从而实现大多数人的统治权力，即建立在服从多数、遵循程序和保护少数等基本原则基础上的现代社会的政治制度或国家制度，并由此影响到人们的思想作风和日常生活；其核心是人民当家做主，真正享有各项权利和自由，享有管理国家和其他一切社会事务的权力。

3. 民主与法治的关系：

（1）民主和法治相互依存、相互渗透。民主政权是现代法治存在的前提，没有作为国家制度的民主事实的存在，就不可能创立法治；离开了民主制度、民主程序，就不可能制定出科学性、人民性的法律。从立法到护法，每一步都离不开民主。同时，没有法治确认民主的方向，社会就会动乱，民主就会付诸东流。没有法治规定和确认民主权利的范围，行使民主权利的原则、程序和方法，民主就会成为一句空话。

（2）民主和法治相互制约、彼此平衡。主要表现在，民主是法治的内容和价值取向，民主权利的内容直接由法律确认和规定，而且，行使民主权利的程序和方法也必须以法律为依据；法治必须体现人民的意志和利益，必须是凝聚、引导和规范民主的力量，反映民主发展的要求，民主程序和民主程度都直接影响法治作用的范围。

总之，民主建设应在法制轨道上进行，从而实现民主的法治化；同时，法制建设也要纳入民主的轨道，从而实现法治的民主化。既不能将二者割裂开来，更不能对立起来。

五、法治与民生

1. 民生问题大致包括四个方面的内容：一是生计来源问题；二是生活质量问题；三是生存状态问题；四是生命安全问题。

2. 目前，我国在改善民生方面，需要建立四个体系：义务教育经费保障体系；覆盖城乡的医疗卫生服务体系；以廉租房和经济适用房为主的城市住房保障体系；以及包括失业、社会最低生活保障、医疗等为主要内容的社会保障体系。

3. 这些民生问题的解决，都需要法律功能的很好发挥。显然，民生法治是解决民生问题于建设现代法治的绝佳交汇点。中国现代法治以民生为基础，以民生为根本。关注民生，是现代中国法治拥有坚实基石的必然要求；建设民生法治，是法治国家目标得以实现的有效途径。

※真题再现（2004年真题判断分析题）法治与法制是同一个法学范畴。
（解析见2004年真题判断分析题第2题）
※真题再现（2008年真题不定项选择题）有关法制和法治关系的正确表述的是（　　）。

    A. 法制就是法治的前提
    B. 实现了法制就是实现了法治

C. 法制属于人治，法治是法律的统治

D. 法制属于操作性范畴，而法治属于政治理想范畴

【答案】AD

（解析见 2008 年真题不定项选择题第 9 题）

第二节　依法治国

一、依法治国释义

所谓依法治国，就是依照体现人民意志和社会发展规律的法律治理国家，而不是依照个人意志、主张治理国家；要求国家的政治、经济运作、社会各方面的活动统统依照法律进行，而不受任何个人意志的干预、阻碍或破坏。简而言之，依法治国就是依照法律来治理国家。

二、依法治国的基本要求

1. 有法可依。有法可依，指国家应当高度重视和加强立法工作，逐步建立起完备的法律体系。这是建立法治国家的前提。

2. 有法必依。有法必依，即普遍守法原则，指的是法律制定以后的整个实施过程，要求一切国家机关、政党、社团和公民在自己的活动中，必须严格遵守和执行国家法律，依法办事。这是建立法治国家的中心环节。

3. 执法必严。执法必严是指国家机关在执行法律的过程中，必须切实依照法律规定的内容、精神和程序办事，维护法律的尊严和权威。这是建设法治国家的重要支撑。

4. 违法必究。违法必究，是指对一切违反宪法和法律的行为都必须依法平等地予以追究和制裁，任何组织和个人都不能例外。违法必究是对有法必依的进一步强调。

　　※真题再现（2003 年真题不定项选择题）法制的中心环节是（　　）。

　　A. 执法必严　　　　　　　　　　B. 违法必究

　　C. 依法治国　　　　　　　　　　D. 依法办事

【答案】D（解析见 2003 年真题不定项选择题第 11 题）

第三节　社会主义法治理念

一、法治理念与社会主义法治理念

1. 法治理念是法治的理性化观念，是关于法治的本质属性、基本内涵和根本要

求的思想观念。

2. 社会主义法治理念是在建设中国特色社会主义历史进程中形成的法治理念，是指导我国建设社会主义法治国家的思想观念体系，反映了社会主义法治的性质、功能、价值取向和实现途径，是社会主义法治体系的精髓和灵魂，是当代中国立法、执法、司法、守法和法律监督的指导思想。

3. 社会主义法治理念由依法治国、执法为民、公平正义、服务大局、党的领导五个方面的主要内容构成。其基本特征是具有政治性、人民性、科学性、开放性；其基本要求包括：健全完善立法、坚持依法行政、严格公正司法、加强制约监督、自觉诚信守法、繁荣法学事业、坚持和落实党的执政方式的基本规定性。

二、社会主义法治理念的地位和作用

1. 社会主义法治理念是马克思主义法律观中国化的最新成果。

2. 社会主义法治理念是社会主义法治建设的指导思想。

3. 概括起来，社会主义法治理念的作用主要体现在：社会主义法治理念是我国一切立法活动的思想先导；社会主义法治理念是我国行政机关及其公职人员实现严格公正文明执法、取得最佳执法效果的思想基础；社会主义法治理念是确保我国司法坚持正确方向、实现司法公正的思想保障；社会主义法治理念是建设社会主义法治文化、增强全社会法律意识的价值指引；社会主义法治理念是推动法学研究繁荣和发展的重要保障。

三、社会主义法治理念的基本内涵

1. 依法治国是社会主义法治的核心内容。依法治国的基本内涵包括：人民民主、法制完备、树立宪法法律权威、权力制约。

2. 执法为民是社会主义法治的本质要求。执法为民的基本内涵包括：以人为本、保障人权、文明执法。

3. 公平正义是社会主义法治的价值追求。公平正义的基本内涵包括：法律面前人人平等、合理合法、程序正当、及时高效。

4. 服务大局是社会主义法治的重要使命。服务大局的基本内涵包括：把握大局、围绕大局、立足本职。

5. 党的领导是社会主义法治的根本保证。在社会主义法治理念中，党的领导的基本内涵包括党对社会主义法治的思想领导、政治领导和组织领导。

※真题再现（2010年真题简述题）社会主义法治理念的基本内涵。

（解析见2010年真题简述题第2题）

第十三章　法律程序

本章引言

本章首先是法律程序的外在形式即概念、要素的介绍，然后重点介绍了法律程序的内在价值问题，同时介绍了法律程序的功能。本章学习的重点是法律程序的概念、法律程序的内在价值；二者与法治的关系。难点是理解法律程序的功能。

第一节　法律程序概述

一、法律程序释义

1. 法律程序和程序法是近似的概念，但略有不同。法律程序是程序法的内容，而程序法是法律程序的表现形式。程序法的概念是通过和实体法区别而产生出来，所以程序法是法的分类的结果，是法的一种形式。而法律程序的概念则是程序法的实质内容。

2. 法律程序的类型可按法律关系的性质划分为公法程序和私法程序。法律程序还可按法律运行的过程划分为法律制定程序、法律解释程序、法律实施程序、法律监督程序等。

二、法律程序的构成要素

1. 法律主体和法律行为。法律程序中的法律主体是参与程序法律关系，享有法律权利并承担法律义务的主体。既可以是自然人，也可以是法人，还可以是国家或其他组织。这里的法律行为仅指合法行为。

2. 法定步骤和方式。法定步骤和方式是法律程序对法律行为的规定性。法律程序对法律行为的规范是通过对行为发生的步骤以及特定方式的规范来实现。所谓步骤，指的是法律行为的时间先后顺序和期限上的安排；所谓方式，指的是法律行为在空间上的具体表现，如诉讼程序中的合法证据形式、审判公开、回避原则等规定，立法程序中的立法听证、议员言论免责、多数决定、表决方式等规定。

3. 程序法律后果。程序法律后果也包括肯定性法律后果和否定性法律后果，肯定性法律后果使程序法律行为有效，而否定性法律后果使法律行为无效。

4. 特定价值。现代法律程序越来越注重程序自身独立价值的存在和实现，即这种价值不依赖于实体法的存在就可以单独存在，并予以实现。如对程序公正、中立、参与价值的追求可以独立于实体法而被实现。

第二节　法律程序内在价值

一、法律程序内在价值释义

1. 法律程序既是实体正义实现的工具，同时也是实现自身程序正义的手段。所以，法律程序的价值分为两种：一种是作为追求良好结果的手段，二是程序自身的德性。因此，评价某种法律程序有两条标准：一是结果有效性，二是过程价值有效性。偏重前者的观点可简单称之为程序工具主义，偏重后者称为程序本位主义。

2. 程序工具主义偏重于实现法律程序的结果价值，即实现实体权利与义务。或称实现实体正义，而程序正义受到忽略。而程序本位主义偏重于实现程序的过程价值，即实现法律程序的内在道德，或称为实现程序正义，而实体正义往往被置于第二位。如果程序工具主义和程序本位主义走到极端，都不会完美地实现法律程序的价值。所以，法律程序的价值的实现必须是兼顾过程价值和结果价值的双重实现。

3. 法律程序的过程价值即法律程序的内在价值，具体是指法律程序作为一个过程所具有的，不依赖其结果如何而存在并可以作为评价该法律程序作为一个过程是否好的那些标准。

4. 最早对程序价值进行研究的学者是边沁。虽然边沁看到了程序法本身具备的工具性价值，但他并没有认识到程序法自身的内在价值，程序法的价值只能是通过最大限度地实现实体法的目的而体现出来。

5. 意大利法学家贝卡利亚进一步认识到了程序的独立价值，这反映在他提出的无罪推定和刑事程序人道化的方面，他实际上使人权成为了评价刑事法律程序的价值标准。

6. 当代西方学者，美国法学家罗伯特·萨默斯是较早提出法律程序的独立价值标准问题的学者。认为程序价值包括参与性统治、程序正统性、程序和平性、人道性及尊重人的尊严、个人隐私的保护、协议性、程序公平性、程序法治、程序理性、及时性和终结性。

7. 美国法学家米奇尔曼同样对程序的内在价值进行了列举。他认为诉讼其实就是为了追求一定的目的或价值、利益、结果。这些价值包括尊严价值、参与价值、威慑价值和实现价值。

二、法律程序内在价值的主要内容

1. 参与。参与价值是民主社会里对法律程序的普遍性要求。参与价值不仅体现在民主的立法程序中，也体现在法律适用过程中利害关系人都有被告知和陈述意见的机会。

2. 公平。公平包括公正和平等。公平首先指程序中立。中立是指法律程序中立法者或法律适用者的立场，也即自己不能成为自己案件的法官的自然正义原则。只有中立才能带来公正的实现。平等是指平等地享有各种程序权利和履行程序义务，尤其指各方当事人的意见都能平等地听取。

3. 正统性。正统性也称合法性、正当性，主要指法律程序被公众认可而具有权威性。

4. 和平。和平是指程序本身良好的、和谐的秩序。

5. 尊严。尊严价值的体现是要将人看成是人，人就是目的而不能成为手段。

6. 理性。法律程序的理性是指程序能够产生合乎逻辑的结果，它符合人们理性思维习惯，因而能够被认可。

7. 公开。程序的公开能够使人们对法律程序的运行结果实现心理期待。

8. 及时性和终结性。及时性和终结性有利于提高诉讼效率，降低诉讼成本。

第三节　正当法律程序

一、正当法律程序释义

1. 法律程序的内在价值在实践中的体现就是正当法律程序的运用。正当法律程序就是将程序正义作为法律程序的内在价值追求从而形成的法律程序。

2. 在美国，正当法律程序分为程序性正当程序和实质性正当程序。程序性正当法律程序主要是基于承认个人生命、自由和财产等天赋权利的思想，并通过正当程序约束政府的行为。而实质性法律程序是要求联邦和州议会制定的法律必须符合公平与正义，政府制定的法律或实施的行为不符合公平与正义的标准，法院将宣布这个法律或行为无效。

3. 正当法律程序最早起源于英国的程序正义理念。从正当法律程序的思想渊源来说，它是来自于英国的自然正义观念。自然正义拥有两个原则：（1）任何人不得在与自己有关的案件中担任法官（回避）；（2）必须给予诉讼当事人各方充分的机会来陈述自己的理由。

二、正当法律程序的功能

1. 限制恣意，约束权力。

2. 保障做决定者充分接纳各种信息，做出正确的或最好的判断。

3. 通过和平的程序保障充分、平等的发言机会，疏导矛盾冲突。

4. 稳定实现确定的程序运行结果。

5. 可以导致人们对程序运行的结果有效服从，并有利于法律信仰的形成。

※真题再现（2010 年真题多项选择题）"自己不能成为自己案件的法官"，该法谚不包括的意思有（　　）。

A. 程序正义　　　　　　　　B. 司法公正

C. 司法中立　　　　　　　　D. 司法平等

E. 司法责任

【答案】CDE

（解析见 2010 年真题多项选择题第 8 题）

第十四章　法律制定

本章引言

　　法律制定即立法，是法治的首要环节。本章属于必须掌握的内容。首先要熟知立法的基本知识，包括立法的基本概念、特征、我国立法的理念、立法体制、立法程序与立法技术等；其次要理解我国法律体系和法律解释的基本状况，在学习时，要重点掌握和理解我国立法的基本原则和中国特色社会主义法律体系。

第一节　法律制定概述

一、法律制定释义

　　1. 法律制定一般称为立法。
　　2. 立法的概念。从狭义的解释来看，根据我国现行宪法，立法是指全国人民代表大会及其常设机关制定法律这种特定规范性文件的活动。从广义来看，立法就是国家专门机关遵循掌握国家政权的社会集团的意志，根据一定的指导思想和基本原则，依照法定的权限和程序，使之上升为国家意志，从而创制、修改和废止法律的专门活动。广义的立法概念与法律制定可以通用。

二、法律制定的特征

　　1. 立法是国家履行职能的主要方式之一，是国家的一项专门活动。
　　2. 立法既包括有立法权的专门国家机关进行的立法活动，也包括经授权的国家机关进行的立法活动。
　　3. 立法是依照法定程序进行的活动。
　　4. 立法是一项包括多种变动法律的专门活动。

第二节　立法理念和立法体制

一、立法理念

（一）立法的指导思想

　　中国现阶段立法的指导思想，就是坚持包括邓小平理论、"三个代表"重要思想和科学发展观在内的中国特色社会主义理论体系的指导，坚持中国特色社会主义法治道路，坚持社会主义法治理念，特别是坚持党的领导、人们当家做主、依法治国的有机统一。

（二）立法的基本原则

1. 立法基本原则，是国家立法指导思想在实际立法活动中的具体贯彻和落实，是对国家立法意图的总体概括。

2. 我国当代的立法基本原则主要有以下几项：

（1）实事求是，从实际出发原则。立法应当从实际出发，科学合理地规定公民、法人和其他组织的权利与义务、国家机关的权力与责任。立法要从中国现实的国情出发，要反映客观规律。

（2）法制统一原则。立法应当依照法定的权限和程序，从国家整体利益出发，维护社会主义法制的统一和尊严。立法要坚持以宪法为核心和统率，任何法律、行政法规和地方性法规都不能同宪法相抵触，行政法规不得同法律相抵触，地方性法规不得同法律相抵触，法律法规的规定之间要衔接协调，不能相互矛盾。

（3）民主立法原则。立法应当体现人民的意志，发扬社会主义民主，保障人民通过多种途径参与立法活动。

（4）以人为本，尊重和保障人权原则。要求通过立法积极具体地落实和保障宪法赋予公民的一切权利和自由。要求立法工作以限制和规范政府的权力为本。要求立法工作要以促进人的全面发展为本。

另外，在中国当前的立法工作中，也要强调坚持总结经验与科学预见相结合原则，原则性与灵活性相结合原则，法律的稳定性、连续性和适应性相结合原则等。地方立法在坚持立法工作总的指导思想和原则的基础上，还应坚持与宪法和法律不抵触的原则、坚持具有地方特色和时代精神的原则、坚持增强可操作性的原则。

二、立法体制

（一）立法体制释义

立法体制是指关于立法权的配置方面的组织制度，其核心是立法权限的划分问题，即在一个国家中，哪些主体享有立法权或可以参与立法，各立法主体享有哪些立法权限。

（二）中国现行立法体制的特点

1. 中国现行立法体制是一元性的立法体制，即实行中央集中统一领导，强调国家立法权属于中央。所谓一元性，是指全国范围内只存在一个统一的立法体系。《中华人民共和国宪法》第五十八条规定：全国人民代表大会和全国人民代表大会常务委员会行使国家立法权。

2. 中国现行立法体制是两极并存的立法体制，即中央一级的立法和地方一级的立法同时存在。

3. 中国现行立法体制是多类结合的立法体制。

（三）中国现行立法权的配置结构

1. 中央立法权

中央立法权包括国家最高权力机关的立法权、最高行政机关的立法权以及中央军事委员会的立法权。

2. 地方立法权

（1）省级人大及其常委会、政府的立法权。

（2）省会市人大及其常委会、政府的立法权。

（3）国批市人大及其常委会、政府的立法权。

（4）民族自治地方的人大、政府的立法权。

第三节　立法程序和立法技术

一、立法程序

1. 立法程序是指享有立法权的国家机关在创制、修改、废止法律的活动中必须履行的法定步骤。

2. 按照我国宪法、立法法和有关法律规定，最高立法机关的法律制定程序包括：

第一阶段：提出法律案。所谓法律案，是具有立法提案权的国家机关和人员提请法律制定机关列入议程讨论决定关于法律创制、修改或废除的建议。

第二阶段：审议法律案。

第三阶段：通过法律案。

第四阶段：公布法律。

二、立法技术

所谓规范性法律文件是指有权制定法律规范的国家机关发布的属于法律渊源的文件。

（一）规范性法律文件的规范化

1. 规范性法律文件的规范化是指立法主体在制定法律、法规时必须符合一定的要求，必须按照一定的规格来进行。

2. 规范性法律文件的规范化具体包括：要求不同层次或不同等级的规范性文件只能由不同的国家机关制定；确定这些不同层次、不同等级的规范性文件的不同法律地位、效力及其相互关系；这些文件有哪些专有名称，这些专有名称要统一；各种规范性文件的表达方式应有统一的规格；法律条文的文字简练明确，法律术语统一严谨，并要通用。

3. 规范性法律文件规范化的意义

第一，有助于法制的统一；第二，有助于建立和谐一致的法律体系；第三，有助于改善立法工作，提高立法工作质量。

（二）规范性法律文件的系统化

1. 规范性法律文件的系统化的含义

（1）规范性法律文件的系统化即对已制定的规范性文件进行系统地整理、分类和加工。规范化是对法律文件制定过程中的要求，而系统化则是对法律文件制定后的要求。

（2）法律系统化的意义在于，便于查阅法律法规，便于适用法律和遵守法律，有助于改善立法工作和实现法制的统一。

2. 规范性法律文件的系统化的方式

（1）法律汇编，即将有关规范性法律文件按照一定的标准予以排列，编辑成册，不改变文件的内容，也不是制定法律。

（2）法律编纂，即对属于某一部门法或某类法律的全部规范性文件加以整理补充、修改，甚至在此基础上制定一系列新的系统化法律，是一种立法活动。

法律编纂与法律汇编的区别在于：法律编纂是立法活动，而法律汇编并不是立法活动。

※真题再现（2003 年真题不定项选择题）不具有立法性质的活动是（　　）。

    A. 法的修改   B. 法的废止

    C. 法律汇编   D. 法律编纂

【答案】C（解析见 2003 年真题不定项选择题第 12 题）

※真题再现（2009 年真题不定项选择题）按照我国《立法法》等法律的相关规定，立法机关制定法律的程序包括（　　）。

    A. 提出法律案   B. 审议法律案

    C. 通过法律案   D. 公布法律案

【答案】ABCD

（解析见 2009 年真题不定项选择题第 10 题）

第四节　法律体系和法律解释

一、法律体系

（一）法律体系和法律部门

1. 所谓法律体系，是指一个国家现行所有的法律规范，依照一定的原则和要求，根据调整对象和调整方法的不同，划分为若干法律部门，并由这些法律门类及其所包括的不同法律规范形成的相互联系、有机统一的整体。简单地说，法律体系就是法律部门体系。

2. 所谓法律部门，又称部门法，是根据一定标准、原则所制定的同类法律规范的总称。法律部门的划分标准有二：

（1）法律的调整对象是划分法律部门的首要标准。法律的调整对象，是特定的社会关系，即人与人之间的关系。

（2）法律调整的方法是划分法律部门的另一标准。法律调整方法，一般是指在调整社会关系时用以影响和控制这些关系的手段和方式。具体包括两种：一种是法律制裁方法；一种是法律关系的不同主体以及主体之间的不同权利义务关系。

划分法律部门除了考虑以上客观标准以外，还要考虑以下原则：第一，划分部门法的目的，在于帮助人们了解和掌握本国全部现行法律；第二，应考虑不同社会关系领域的广泛程度和相应法律法规的多寡；第三，部门法划分不应过宽或过细，应保持适当平衡。

※真题再现（2003年真题不定项选择题）划分法律部门的标准是（　　）。

    A. 法律调整的对象　　　　　　　B. 法律调整的原则
    C. 法律调整的范围　　　　　　　D. 法律调整的方法

【答案】AD（解析见2003年真题不定项选择题第5题）

（二）中国特色社会主义法律体系

中国特色社会主义法律体系主要由三个不同层级和七个法律部门的法律规范构成：

1. 三个不同层级的法律规范是：法律、行政法规、地方性法规、自治条例和单行条例。

2. 七个法律部门是：宪法及其宪法相关法、民法商法、行政法、经济法、社会法、刑法、诉讼与非诉讼程序法。

3. 完善中国特色社会主义法律体系必须把握以下几点：

（1）不能用西方的法律体系来套中国的法律体系。

（2）行政法规和地方性法规都是法律体系的重要组成部分。

（3）要区分法律手段和其他调整手段的关系，需要法律来调整时才用立法来规范，以便更好的发挥法制的功能和作用。

（4）中国法律体系是动态的、开放的、发展的，本身就有一个与时俱进的问题。

二、法律解释

（一）法律解释释义

1. 法律解释是指一定的解释主体根据法定权限和程序，按照一定的标准和原则，对法律的含义以及法律所使用的概念、术语等进行进一步说明的活动。

2. 法律解释的必要性或实践意义主要在于：

（1）法律解释能够为法律实施提供比较具体的标准，缓解法律的抽象性与社会生活的复杂性之间的矛盾。法律具有抽象性、概括性，其所针对的是一般的人或事，通常只规定了一定行为或关系的原则特征。而法律实施过程中，遇到的是具体的社会行为或社会关系，只有准确地理解和阐明法律规定的含义，才能把它运用到具体的社会生活中。所以，法律实施以法律解释为前提，准确的法律解释是实施法律的必要条件。

（2）就我国现实状况而言，法律解释是使法律符合时代精神、适应社会发展并维护法制统一的必要手段。法律解释是连接立法的历史背景与社会现实条件，使法律从纸上规范变为实际生活中行为的桥梁。

（3）法律解释是弥补法律本身存在的漏洞，是使法律适应社会不断发展并且保持法律自身稳定的需要。任何立法者都不是万能的，任何法律也都难免会存在漏洞。通过法律解释，可以对不明确的法律条款进行价值补充，克服制定法滞后的弊端，从而成为联结立法意图与司法目的的纽带。法律解释作为平衡和协调立法权与司法权的重要机制，也是发展法律的一个重要方式。

（二）法律解释的分类

1. 根据解释手段或解释角度的不同，法律解释可分为文理解释、论理解释和法意解释。

（1）文理解释，又称文义解释，就是按照表述法律规范的文字的字面意义进行的一种法律解释。

（2）论理解释，又称目的解释方法，即不拘于法律规范的字面含义，也不拘于制定法律当时的立法动机，而从现时社会关系发展的需要出发，以合理的目的所进行的解释。

（3）法意解释即探求立法者在制定法律时的意图而对法律条文进行解释的方法。

2. 根据解释尺度或解释结果的不同，分为字面解释、扩充解释和限制解释。

（1）字面解释即严格地按照法律的"字面意思"来解释法律，既不扩充也不限制。

（2）扩充解释是指当法律条文的字面含义窄于立法原意时，为了准确表达立法原意，对法律规定的含义扩充范围，作广于字面含义的解释。

（3）限制解释是指当法律条文的字面含义广于立法原意时，为了符合立法原意，对法律规定所作的窄于字面含义的解释。

3. 根据解释的效力的不同，分为正式解释和非正式解释。

（1）正式解释又称有权解释、法定解释或有效解释，是指由特定的国家机关按照宪法和法律所赋予的权限，对有关的法律规范所进行的解释，具有法律效力。我国法律的正式解释包括：立法解释、司法解释和行政解释三种。

（2）非正式解释又叫无权解释或者无效法律解释，是指未经授权的机关、团体社会组织、学术机构以及公民对法律规范所作的解释，其基本特点是该解释在法律上没有约束力。包括学理解释与任意解释。

（三）中国现行法律解释体制

1. 立法解释。

（1）立法解释。立法解释是指由制定法律规范的机关对法律规范所作的解释。

（2）法律解释权属于全国人民代表大会常务委员会。法律有以下情况之一的，由全国人民代表大会常务委员会解释：①法律的规定需要进一步明确具体含义的；②法律制定后出现新的情况，需要明确适用法律依据的。

（3）我国立法解释的方式有两种：一是事前解释，包括法律文件本身附带解释性条款，立法机关在规范性法律文件中直接附带关于某些条文含义的说明；另行制定法律如实施细则以解释原有法律，以免在应用中发生疑义；法律在提请审议通过时所附带的说明。二是事后解释，即就已生效的法律规范中需要进一步明确界限或做补充规定的事项进行解释。

2. 司法解释。

（1）司法解释就是指由最高人民法院（审判委员会）和最高人民检察院对审

判和检察工作中具体应用法律问题所作的具有普遍司法效力的解释。

（2）司法解释只能就司法工作中具体应用法律的问题而作出。这些问题诸如：

第一，对法律规定不够具体明确而使理解和执行有困难的问题进行解释。

第二，由于情况的变化，对某类案件的处理依据因有不同理解而需作出解释。

第三，为统一审理案件的标准而就某一类具体案件说明应如何理解和执行某些法律规定。

第四，对各司法机关之间应如何依据法律规定的精神相互配合审理案件进行解释。

3. 行政解释

（1）所谓行政解释，是指国家行政机关在行政管理活动中，对有关法律法规如何具体应用贯彻的问题所作的说明。

（2）中国现行法定法律解释体制的特点有哪些？

第一，立法部门主导即立法部门特别是全国人民代表大会常委会处于支配地位，人大常委会的立法解释高于司法解释和行政解释的效力。

第二，集中垄断，即由不同领域的职能主管部门统一行使本领域的法律解释权。

第三，分工配合，既包括"进一步明确界限"与"具体应用"两种法律解释的分工配合，又包括部门领域间的分工配合。

※真题再现（2003 年真题不定项选择题）法定解释又称为（　　）。

    A. 有效解释　　　　　　　　　　B. 正式解释

    C. 有权解释　　　　　　　　　　D. 学理解释

【答案】ABC（解析见 2003 年真题不定项选择题第 7 题）

※真题再现（2005 年真题不定项选择题）法定解释可以分为（　　）。

    A. 学理解释　　　　　　　　　　B. 立法解释

    C. 司法解释　　　　　　　　　　D. 行政解释

【答案】BCD

（解析见 2005 年真题不定项选择题第 2 题）

※真题再现（2004 年真题不定项选择题）《中华人民共和国立法法》（　　）。

    A. 在当代中国法律部门中属宪法

    B. 在当代中国法律部门中属于法律

    C. 在当代中国法的渊源中属于宪法

    D. 在当代中国法的渊源中不属于法律

【答案】A

（解析见 2004 年真题不定项选择题第 7 题）

※真题再现（2008 年真题不定项选择题）法学家对法律所作的解释是（　　）。

    A. 非正式解释　　　　　　　　　B. 学理解释

    C. 无权解释　　　　　　　　　　D. 任意解释

【答案】ABCD

（解析见 2008 年真题不定项选择题第 6 题）

※真题再现（2011 年真题单项选择题）法律的社会作用之一是分配社会利益，这种分配要通过以下（　　）方式进行。

    A. 立法   B. 司法

    C. 执法   D. 法律监督

【答案】A

（解析见 2011 年真题单项选择题第 4 题）

※真题再现（2011 年真题多项选择题）《最高人民法院关于适用〈中华人民共和国合同法〉若干问题的解释（一）》第十四条规定："合同法第五十一条第（五）项规定的'强制性规定'，是指效力性强制规定。"这项规定属于（　　）。

    A. 立法解释   B. 司法解释

    C. 行政解释   D. 正式解释

【答案】BD

（解析见 2011 年真题多项选择题第 8 题）

第十五章 法律实施

本章引言

法律实施是继立法之后的包括守法、执法、司法的整个法治动态过程。在学习时，要用比较的方法，深刻理解执法与司法、行政权与司法权的区别，重点掌握司法的基本原则，并能够对如何提高司法能力等实现问题有一个基本的认识。本章的难点是辨析法律实施以及相关的概念，包括法律实现、法律实效、法律效果和法律效益的准确概念，同时要熟知它们之间的区别。

第一节 法律实施概述

一、法律实施和法律实现

（一）法律实施

法律实施是指法律在社会生活中被人们实际执行，是法律在社会实际中的具体运用和贯彻。它包括三个方面：法律遵守（守法）、法律执行（执法）和法律适用（司法）。

（二）法律实现

1. 所谓法律实现是指法律的要求在社会生活中被转化为现实，是指体现在法律中的一定意志、利益和目标经过有效的法律实施，从而转化为社会现实的过程与结果。从微观的角度来看，它可以指一个具体法律规范的实现；从宏观的角度看，可以指最终的法治秩序的建立。

2. 学习和研究法律实现的理论意义和实践价值：

（1）法律实现表明了法律是一种管理社会的有效制度。

（2）法律实现的实质是法律目的与价值的实现，也表明了法律的存在对于人的意义。

（3）法律实现的过程与结果能提高人们知法、守法、用法的意识和积极性。

3. 法律实现的条件集中表现为法律条件和社会条件两个方面的内容。

4. 法律实现的方式是指法律的意志与要求转化为社会现实的具体形式：

（1）从是否需要在主体间建立相应的法律关系的角度，可分为通过具体法律关系的法律实现和不通过具体法律关系的法律实现两种方式。

（2）从与国家强制力联系的紧密性程度角度，可分为法律的非强制实现和强制实现两种。

（3）从行为模式角度，可分为权利的行使和义务的履行两种方式。

二、法律实效、法律效果和法律效益

（一）法律实效

1. 法律实效是指社会主体实际上按照法律规定的行为模式进行行为，法律在实践中被遵守、被执行和被适用。

2. 法律效力与法律实效的关系：

（1）法律效力指法律具有的约束力和保护力，属于"应然"范畴；法律实效是指具有法律效力的法律的实际实施状态，属于"实然"范畴。

（2）法律效力一般强调形式有效性，即法律只要满足由有权国家机关依照法定程序制定或认可，即获得约束力和保护力；法律实效一般侧重实质有效性，即法律只有在实践中部分或全部被遵守、被执行、被适用，才是有实效的。

（3）法律效力是证成法律存在的必要条件；法律实效是对有法律效力的法律实施以及实现状况的一个评价指标。

（二）法律效果

1. 法律效果是指法律为了实现其目的，通过调整社会关系而对整个社会所发生的客观影响和实际后果。

2. 法律效果与法律目的是既有区别又有联系的两个概念。法律目的一般指蕴涵在立法者主观意志中，希望法律调整社会产生预期的效果，是法律效果预先的观念模型和超前反映。法律效果是通过法律实施活动，产生对社会的实际影响。如果这种实际影响和法律目的保持一致，我们说法律有良好的效果；如果这种实际影响和法律目的有巨大偏差，我们说法律效果差或不理想。可见，法律目的是法律效果优劣的衡量标准之一，法律调整社会关系，达到主管的预期目的，法律获得最佳效果。反过来，法律效果也是矫正法律目的的标尺。

3. 法律效果与法律实效也是不同的。一般说来，法律实效是法律效果的前提，因为如果法律根本没被遵守、执行和适用，就谈不上社会影响和效果问题。法律只有是有实效的，才涉及进一步的法律优劣问题的考察。

（三）法律效益

1. 在法理学上通常在下面两个意义上使用效益这个术语：（1）将法律效益与法律效果等同。在此意义上法律效益是指法律在实施过程中是否给人们和社会带来有效的效果和好处，此时侧重法律的社会效益考察。（2）法律效益是指从具体的法律入手，为获得适合法律目的的效果，考察法律实施过程中投入的成本和产出的比率。

2. 法律效益与法律效果概念非常接近。一般说来，法律效果作为评价法律实效的一个概念；而法律效益是作为进一步分析法律效果的一个重要概念。也就是说，对法律效果的研究借鉴经济学的效益范畴，更深化了法律实质有效性的研究。总之，一部法律有法律效力，不一定有法律实效；有法律实效，不一定有法律效果；有法律效果，不一定有法律效益。从法律效力到法律实效，再到法律效果、法律效益这一连续过程是法律从形式有效到实质有效的层层递进过程，是法律实现这一目标的不断展开过程。

※真题再现（2007 年真题简述题）法律实现的条件。

（解析见 2007 年真题简述题第 1 题）

※真题再现（2008 年真题单项选择题）法律在实践中被遵守、被执行和被适用指的是（   ）。

    A. 法律效果   B. 法律效力

    C. 法律实效   D. 法律效益

【答案】C

（解析见 2008 年真题单项选择题第 9 题）

※真题再现（2010 年真题概念比较题）法律实效与法律效力。

（解析见 2010 年真题概念比较题第 2 题）

第二节　法律遵守

一、法律遵守释义

1. 守法是法律实施的一种重要方式。法律遵守与遵守法律、守法是同一概念，是指国家机关、社会组织和每个公民，依照法律的规定，行使权利、履行义务的活动，即一个国家和社会的各个主体严格依法办事的活动和状态。

2. 法律遵守的意义

（1）法律遵守是对全社会主体的普遍要求，是法律实施和实现的一种最基本也是最重要的形式。具体来说包括三个方面：第一，国家机关在行使职权、履行公务的过程中，不得违反法律规定，行为的内容与方式要符合法律要求，既不能权力膨胀也不能权力萎缩、失职渎职。第二，国家机关在其职权管辖外的社会活动中，必须自觉守法，不得借公共权力去牟取私利。第三，公民和社会组织在各种活动中，必须用法律来规范自己的行为，自觉地依照法律规定的条件、方式、程序去保护和实现自己的利益，并履行法定义务。

（2）法律遵守是法律实现的必然要求。法律实现要求人民遵循法律规范设定的行为模式，并将各种法律规范转化为现实，使权利得到享有，义务得到履行，禁令得到遵守，其意义在于鼓励合法行为，制裁和矫正违法行为，使各种合法利益得到保护。

（3）法律遵守是社会正常有序的必然要求。社会有序主要通过道德和法律来加以调整，现代社会法律是使社会进入和保持有序状态的最重要的手段和调节机制。

（4）法律遵守是实现公民权利的保障。对整个社会来说，如果不守法，那么任何人的权利都难以实现。公民权利的实现离不开义务人依法履行义务，离不开国家机关的保障。

二、守法的要素

（一）守法的主体

1. 一切国家组织和武装力量。包括国家权力机关、司法机关、军事机关和武装力量。

2. 非国家组织。包括各政党、各社会团体、企事业单位。

3. 公民。这里的公民指的是个体意义上的公民个人，上至国家主席，下至普通老百姓。

4. 在我国领域内的外国组织、外国人和无国籍人，也是我国的守法主体。

（二）守法的内容

法律是以规定权利义务为核心的行为规范，守法就是准确履行法律所规定的权利和义务。所以说，法律遵守的内容实际上就是遵守法律所规定的权利和义务。

（三）守法的范围

1. 守法的范围，指的是守法主体应该遵守的究竟是哪些法律。

2. 当代中国法律遵守主要是遵守由特定的国家机关制定的规范性法律文件，包括宪法、法律、行政法规、军事法规、地方性法规、自治法规、经济特区法规、特别行政区法规以及我国参加或同外国缔结的国际条约、协定和我国所承认的国家惯例。此外，执法和司法机关所制定的非规范性法律文件，对有关组织和个人也具有法律效力，遵守这类法律文件也视为守法。

三、守法义务的理论根据

公民为什么应当守法？对于这一问题的回答，在法理学上主要有三种学说：承诺论、公平论和功利论。

（一）承诺论

这一学说最早是由古典自然法学家针对"君权神授论"提出来的。其基本思想是：由于每个公民都是社会契约的当事人，所以都有守法的道德义务；这种守法义务是从公民已经参加了社会契约的客观事实中必然派生出来的。

（二）公平论

在一个基本公正的社会里，当其他成员都守法的情况下，一个社会成员可能从中获得极大的好处。这时，如果该社会成员违法，就必然会使守法者遭受损失，而这种结果显然是不公平的。

（三）功利论

公民之所以有遵守法律的道德义务，是因为稳定的法律秩序的存在，能够带来最大多数人的最大幸福；守法的道德基础就是由守法与不守法的比较结果来决定的，即是由能否对最大多数人产生最大幸福来决定的。

第三节　法律执行

一、法律执行释义

（一）法律执行的概念

法律执行简称执法，有广义和狭义两种理解。广义的执法建立在法律的制定和执行的逻辑两分的基础之上，仅与立法相对应，指国家行政机关、司法机关和法律授权或委托的其他机关及其公职人员，依照法定的职权和程序，贯彻实施法的活动，既包括行政机关执行法律的活动，也包括司法机关适用法律的活动。狭义的执法则建立在近代国家权力的立法、执法和司法三分的基础上，是仅指国家行政机关和法律委托的组织及其公职人员依照法定职权和程序行使行政管理权，贯彻实施国家权力机关（即立法机关）所制定的法律的活动。

本书在狭义上使用执法这一概念，即仅指行政执法，不包括法的适用即司法活动。本章也采用形式意义上的行政观，形式意义上的行政是从组织的角度对行政进行界定，把所有的、凡由行政机关进行的活动都称为行政执法活动。而实质意义上的行政则是从行为的性质进行区分，将行政立法和行政司法排除在外。

（二）执法与行政

1. 行政的含义是指实施政策，管理国家事务和社会公共事务。

2. 执法是指为了实现法律规定的目标，行政主体行使行政权力，按照法律规定的程序和方式，作出的对行政相对人产生法律效果的行为。

（三）执法的特征

1. 执法主体的特定性和国家代表性。一国能够享有执法权的主体只限于该国的国家行政机关和法律委托的组织及其公职人员。各国还实行行政执法人员资格制度，没有取得执法资格的人员不得从事执法工作。

2. 执法具有主动性和单方意志性。行政机关的执法活动一般都是依职权主动进行的，行政机关就是法律关系的一方当事人，行政法律关系的产生无需以行政相对人相应的意思表示为前提。

3. 执法具有极大的自由裁量性。并非指行政主体有完全的行为自由，而是指行政主体获得立法给予的较大的裁量权，在无法律明确规定的情况下，行政执法主体可以依照法律的精神进行管理活动。

二、执法的功能

（一）实施法律
（二）实现政府管理职能
（三）保障公民权利

三、执法的基本原则

（一）合法性原则

合法性原则也称依法行政原则，是指行政机关实施行政管理，应当依照法律的规定进行；未经法律许可，行政机关不得作出影响公民、法人和其他组织合法权益或者增加公民、法人和其他组织义务的决定。

合法性原则主要包括：（1）执法主体的设立和执法职权的存在要合法；（2）行政执法行为合法，这要求行政执法活动既要符合行政实体法的规定，也要符合行政程序法的规定。

（二）合理性原则

合理性原则是指行政主体在行使自由裁量权进行行政管理时，应当遵循公平、公正的原则，做到客观、必要、适当、合理。

执法的合理性原则是对合法性原则的补充，是针对行政自由裁量权而确定的基本原则。行政管理范围的广泛性、内容的复杂性决定了自由裁量性必然成为行政执法一个极为显著的特点。但是，由于自由裁量权缺乏明确的规范指引，存在着被滥用的可能，因此，为了对行政自由裁量权进行控制，就产生了合理性原则，为行政自由裁量权的行使设定了一般要求。

（三）正当程序原则

正当程序原则的目的是对行使行政权进行程序控制，以防止行政权的滥用，通过行政程序公正实现行政实体公正。

执法的程序正当性标准主要有三个：第一，行政主体严格按照法定程序行使权力、履行职责；第二，要保证相对人的听证权、辩论权、回避权、知情权等程序性权利在行政活动中受到承认和保护；第三，行政程序公开。除涉及国家秘密、商业秘密或者个人隐私的事项依法不公开外，执法行为应当公开。

（四）效率原则

执法的效率原则包括两方面的含义：

1. 该原则要求行政机关进行执法时，在对不同社会主体之间的利益、个人利益与公共利益进行权衡和取舍时，要考虑社会的总成本与总投入之间的关系，要尽可能地以最小的社会成本获得最大的社会经济效益。

2. 行政机关进行执法活动时，也要考虑自身的执法成本与执法效益的比值问题，以最小的成本获得最大的收益。行政执法的效率原则要求是由行政活动本身的性质决定的。

（五）诚实守信原则

诚实守信原则是指行政机关进行执法活动时要讲诚实，守信用。

（六）责任原则

责任原则是指行政主体必须对自己的行政行为承担责任。行政责任的发生存在三种情形：一是违反法律的行政行为；二是行政不当损害相对人利益；三是行政行为事实上造成相对人权益损害。

※真题再现（2010年真题多项选择题）执法和司法的区别有（　　　）。

    A. 司法具有被动性，执法具有主动性

    B. 执法具有较大的自由裁量权，司法不具有自由裁量权

    C. 执法具有单方意志性，司法具有中立性

    D. 司法权具有终局性，执法不具有终局性

    E. 司法需要实现司法平等，而执法不需要实现平等性

【答案】ACD

（解析见2010年真题多项选择题第7题）

第四节　法律适用

一、法律适用释义

（一）法律适用的广义和狭义

1. 从广义上讲，法律适用指行政机关和司法机关执行法律的活动；从狭义上讲，它专指国家司法机关运用法律处理案件的活动，也即"司法"。

2. 法律适用的概念，通常是在狭义上来使用的，即指国家司法机关依据法定职权和法定程序，具体运用法律处理案件的专门活动。

（二）司法的特征

1. 主体的特殊性。司法是国家特定的专门机关及其公职人员按照法定权限实施法律的专门活动。我国的司法权一般包括审判权和检察权，法院和检察院是我国的司法机关，是我国法律适用的主体。

2. 专业性。要求司法机关公职人员必须具备丰富的专门知识，受过严格的训练。

3. 国家强制性。法律适用以国家强制力为保证力量，所有人都必须服从。

4. 程序法定性。程序法定意味着司法机关及其工作人员必须按照预先规定的法律程序进行司法行为，以保证当事人合法的诉讼权利。

5. 裁决权威性。司法机关所作出的裁决是具有法律效力的裁决，任何组织和个人都必须执行，不得擅自修改和违抗。

（三）司法权

1. 司法权是国家权力的重要组成部分，是国家特定的专门机关依法所享有的将法律适用于具体案件，并对案件作出裁判的权力，是根据法律进行社会矫正和社会救济的权力。

2. 司法权的特征：

（1）司法权具有终局性。一是指在与立法权、行政权比较中，只有司法权作出的判断是最终意义上的；二是指"司法的既判力"和"一事不再理原则"。

（2）司法权具有中立性。指在解决纠纷、平抑社会矛盾的过程中，行使司法权的法官既不能倒向争讼的任何一方，也不倒向所谓的"公共利益"，而只是"唯法律是从"。

（3）司法权具有独立性。第一，司法权的专属性，即司法权只能由特定国家机关及其组成人员行使。第二，司法权的非服从性，即司法权的运作过程不服从任何没有法律根据的力量左右和影响。第三，司法权的被动性、程序性。司法权的被动性是指司法权非应当事人请求不启动运作的属性。这也是司法权与行政权的重要区别点。司法权的程序性是指司法权的整个运作过程是依照一套预定的、明确的、正当的程序展开的。

二、司法的基本原则

（一）司法公正

1. 公正是司法工作的灵魂、生命和永恒主题，是保障公民权利、维护社会正义的最后一道屏障和安全网，也是建设法治国家的一项必备条件。司法公正指司法机关在行使司法权的过程中严格依法独立地、不偏不倚地进行司法活动。司法公正既包括实体公正也包括程序公正，其中程序公正尤其重要。

2. 坚持立体的司法公正观，主要包括以下内涵：

（1）实体公正与程序公正相统一。任何以实体公正为由抗排斥程序公正的做法，必须予以坚决纠正；任何以程序公正为由掩盖实体不公的裁判现象，必须予以有效地遏制。

（2）形式公正与实质公正相统一。形式公正解决的是司法活动的合法性问题，而实质公正解决的是司法活动正当性、合理性问题。

（3）客观公正与主观公正相统一。主观公正是人们对某一司法活动的主观认识、主观评价或主观感觉，客观公正是某一司法活动在客观上或事实上是公正的。

（4）司法公正与社会公正相统一。社会公正是人们追求的永恒目标和首要价值，司法公正必须体现社会公正，并为实现社会公正提供保障。

（5）个案公正与普遍公正相统一。为了实现个案的公正，要在坚持普遍公正的前提下，从案件的具体情况入手，区分对待。

3. 维护和实现司法公正的途径：

（1）维护和实现司法公正，需要不断增强司法能力，提高司法水平。

（2）维护和实现司法公正，需要进一步推进司法体制改革。

（3）维护和实现司法公正，需要进一步切实维护司法权威，不断提高和加强司法工作人员的道德修养、法律修养和业务素质。

（4）维护和实现司法公正，要求司法机关树立科学的司法理念，坚持实体公正与程序公正的统一，坚决抵制和克服人情、金钱等因素的干扰。

（二）以事实为根据，以法律为准绳

1. "以事实为根据"，是指适用法律时必须从案件的实际情况出发，把案件的审理和案件的判决建立在尊重客观事实的基础上，以此作为适用法律的前提，要求司法机关重证据、重调查研究，不能以任何主观想象、主观分析和判断作为处理案件的依据。

2. "以法律为准绳"，是指处理民事、刑事、行政诉讼案件都必须严格依照法律规定办事，以法律规定作为审理案件的唯一尺度。

（三）司法平等原则

在我国，司法平等原则的主要含义包括三个方面：

1. 司法机关依法行使司法权，法律统一适用于全体公民，而不以公民在民族、种族、性别、职业、社会出身、宗教信仰、财产状况等方面的任何差异而有所区别。

2. 司法的目标是实现公民依法享有的同等权利和承担同等的义务。

3. 司法过程中，公民的诉讼权利平等。

需要注意的是：司法平等原则在实践上并不排除在法律规定的范围内的区别对待。"公民在法律面前一律平等"，仅指实施法律上的平等，而不指制定法律上的平等。

（四）司法独立原则

1. 司法独立原则的含义：

（1）国家的司法权只能由国家的司法机关统一行使，其他任何组织和个人无权行使此项权力。

（2）司法机关依法独立行使职权，不受其他行政机关、团体和个人的干涉。

（3）司法机关处理案件，必须依照法律规定，准确地适用法律。

2. 坚持司法独立原则的意义：

（1）这是由司法活动的特殊规律所决定的，有利于维护国家法制的统一。

（2）严格执法和公正审判需要司法机关保持独立。

（3）坚持司法机关依法独立行使职权原则，可以防止特权，排除外来的非法干扰，可以使一切公民在相同情况下，受到法律的同等对待。

3. 人民法院的上下级之间是监督与被监督的关系，人民检察院的上级与下级是领导与被领导的关系。

4. 我国法院独立行使审判权，是指法院独立，不是指审判员独立，是机关独立而不是个人独立。

（五）司法责任原则

所谓司法责任原则，一般又叫有错必纠原则，是指司法机关和司法人员在行使司法权的过程中侵犯了公民、法人和其他社会组织的合法权益，造成了严重后果而应承担责任的一种原则。

※真题再现（2011年真题多项选择题）关于司法机关依法独立行使职权这一原则，正确的是（　　）。

　　A. 司法权只能由国家司法机关统一行使，其他任何组织和个人无权行使此项权力

　　B. 司法机关行使司法权时，不受任何其他行政机关、团体和个人的干涉

　　C. 司法机关独立行使职权原则与西方国家的司法独立原则没有区别

　　D. 司法机关处理案件必须依照法律规定，准确地适用法律

【答案】ABD

（解析见2011年真题多项选择题第9题）

三、中国特色社会主义司法制度

社会主义法治理念对于司法的具体要求：

1. 切实维护司法公正。

2. 不断提高司法效率。

3. 努力树立司法权威。

4. 充分发扬司法民主。

※真题再现（2004 年真题概念比较题）执法与司法。

（解析见 2004 年真题概念比较题第 2 题）

※真题再现（2008 年真题不定项选择题）司法具有的特点有（　　　）。

    A. 终局性   B. 中立性

    C. 主动性   D. 独立性

【答案】ABD

（解析见 2008 年真题不定项选择题第 7 题）

第十六章　法律监督

本章引言

　　本章属于必须掌握的内容。对于法律监督的概念、构成和制度模式属于最基本的内容；对于建立法律监督制度的依据以及中国当代法律监督制度体系是必须要理解和把握的内容；在学习时，要熟知建立完备法律监督的意义。

第一节　法律监督概述

一、法律监督释义

　　1. 广义上的法律监督，指的是国家机关、各政党、社会团体、公民，对于法律运行和操作过程，包括立法、执法、司法活动的程序及其结果是否合法所实施的评价和督导。

　　2. 狭义上的法律监督，专指有关国家机关依照法定职权和法定程序，对立法、执法和司法活动的合法性进行的监察和督促。

　　3. 法律监督是一种法律活动，其目的在于预防、制止、消除法律运行过程中出现的越轨和冲突，保证一切法律关系主体行为的合法性。也就是说，法律监督的最终目的是保证法律实现。

二、法律监督的构成

　　法律监督的构成要素有四个，即法律监督的主体、客体、内容和方式。

　　1. 法律监督的主体，就是法律监督行为的实施者，即依法享有法律监督权的国家机关、社会组织和个人。

　　2. 法律监督的客体就是法律监督的对象，即监督谁的问题，也就是法律监督主体行使职权的范围。在当代中国，所有的组织和公民都要接受监督。但重点是对国家机关及其公职人员各种公务活动的监督。

　　3. 法律监督的内容包括法律的制定、适用和遵守，即贯穿于法律运行的各个环节和整个过程。其中，国家机关及其公职人员的各种职务活动及其行为的合法性是法律监督的主要内容。

　　4. 法律监督的方式，即监督权的运行方式、方法、程序等。

三、法律监督制度模式

　　1. 自循环监督与交互监督

　　（1）自循环监督又称系统内监督，指的是在某个确定的系统内实行纵向的、自上而下、或自下而上的自我监督，监督的主体和客体一般都存在于同一系统内。

（2）交互监督，又称系统间监督，是指不同的子系统相互之间进行的交叉监督。

2. 社会监督和国家监督

（1）社会监督是一种非国家性质的监督，指国家机关以外的各种社会力量对国家机关所实施的监督。其特点在于监督的主体是社会，监督的客体是国家机关及其工作人员的法律活动，监督的方式是多样和灵活的。监督主体的行为只代表本组织或者个人而不代表国家。

（2）国家监督又称法定监督，是由国家机关或者国家机关授权的团体组织实施的，具有特定的监督对象、内容和范围，使用法定的监督方式，并产生必然的监督后果的法律监督形式。它包括立法监督、检察监督、审判监督和行政监督。国家监督是国家依靠强制力而进行的监督，监督的主体和对象都是国家机关。

第二节　法律监督的依据

一、建立完善的法律监督制度是现代民主政治的需要

1. 国家权力存在着被滥用的危险性。
2. 国家权力具有权威性。
3. 国家权力具有强制性。

真正的民主制度，需要具备两个方面的内容：（1）需要具备完备的、能真正地实现民主的选举制度；（2）还必须使通过民意选举出来的人在行使权力的时候能够真正按照民意办事，并不得滥用人民赋予的权力和侵犯公民的合法权益。

二、法律监督制度是现代国家管理和社会管理的需要

要使现代社会庞大而复杂的国家机关能够正常高效地运转，各种矛盾能够得到协调，社会稳定健康地发展，只能通过法律的监督机制对社会保持有效的控制。

三、法律监督是维护国家法制统一和实现法律价值的重要保障

1. 法律监督在法律制定阶段，起着维护国家法制统一协调的作用。
2. 法律监督保证法律准确有效地实施，使各种法律关系的建立、各种法律问题的处理都符合法律规范的要求。
3. 法律监督保证各法律关系主体的权利和义务都能够得到实现。
4. 法律监督有利于实现法律信息的反馈。

第三节　国家法律监督

一、国家权力机关的监督

国家权力机关的监督，指的是国家权力机关依法对行政机关、检察机关、审判机关、军事机关进行监察和督导的活动。

（一）立法监督

立法监督是国家权力机关对制定规范性法律文件的权力的行使进行监察和督导的一种专门活动。

1. 对国务院制定的行政法规、决定和命令进行监督，凡同宪法和法律相抵触者予以撤销。

2. 对同外国缔结的条约和协定进行监督。

3. 对省、直辖市国家机关制定的地方性法规的监督。

4. 对民族自治地方的人民代表大会制定的自治条例和单行条例的监督。

5. 对授权立法的监督。对授权立法的监督表现在：一是对授权国务院制定的暂行规定和条例的监督；二是对授权制定的经济特区的各项单行经济法规的监督。

（二）监督宪法和法律的实施

监督的主要形式有：

1. 听取和审议一府两院实施法律情况的报告，并对其执法、守法行为提出质询和询问。

2. 组织视察和检查，特别是经常检查单行法律、法规的贯彻执行情况。

3. 受理人民群众的申诉、控告，包括对具体案件的申诉控告。

4. 听取代表队一府两院工作的意见和建议，及时纠正违宪和违法行为。

二、国家行政机关的监督

行政监督是监督主体对国家行政机关及其公职人员行使行政权力的活动实施监察和督促。一般有广义和狭义之分。广义的行政监督指的是行政机关系统内的自循环监督或者行政机关与非行政机关的交互监督，以及行政机关对公民和法人的专业性行政监督。狭义的行政监督，仅指行政机关的自循环监督。包括上级行政机关对下级行政机关执行公务的监督和专门的行政监察机关对行政机关及其公职人员的监督。我们在这里就是从狭义上来理解行政监督，主要包括行政复议和行政监察两种类型。

三、国家检察机关的监督

1. 我国宪法和法律明文规定：人民检察院是国家法律监督机关，其主要职能是法律监督。

2. 目前我国检察机关的法律监督主要包括：

（1）对审判机关活动的监督。

（2）对侦查机关及其活动的监督。

（3）对刑罚执行机关及司法行政活动的监督。

（4）对其他行政活动的监督。如对贪污罪、侵犯公民民主权利罪、渎职罪等的立案侦查、决定起诉等。

（5）对自身的监督。上级检察机关对下级检察机关的指挥监督，纠正下级检察机关的违法行为 。

四、国家审判机关的监督

1. 所谓审判监督，指审判机关对法律的适用过程进行的监督。

2. 审判机关对行政机关进行的监督，主要表现为通过行政诉讼的审判活动，对行政机关的法律适用过程进行监督。

3. 审判机关对自身审判活动的监督，现行的二审终审制、审判监督制、死刑复核制等都属于此种监督类型。

4. 审判机关对检察机关的监督，人民法院对人民检察院的活动也可以进行监督。如对"主要事实不清，证据不足"的案件，退回检察机关补充侦查。

第四节　社会法律监督

一、公民监督

公民通过对国家机关和工作人员在工作中的缺点和错误提出批评意见，通过对违法失职的国家机关和工作人员的检举揭发，行使民主监督权利。公民监督作为一种社会监督，不具有法律效力，但它可以通过法定渠道传输到国家机关的法律监督中去，并通过后者产生法律效力。国家机关和社会组织设立的人民来访接待站、信访组、监督电话等，也是公民行使监督权的途径。

二、社会舆论监督

舆论监督速度快、范围广、影响大，特别是在当今信息时代，更具有特殊的威力。因此，有的学者甚至称，社会舆论是独立于立法权、行政权和司法权之外的"第四种权力"。

三、社会组织监督

在我国，人民政协、民主党派、工会、共青团、妇联以及许多行业自治组织，通过提出批评、建议、协商对话等形式监督法律的实施。

四、执政党的监督

1. 党组织通过行使政治领导权，督促国家机关、社会团体、企事业单位自觉守法，依法办事。

2. 通过党的纪律检察机关（各级纪律检查委员会）对自己的党员和党组织，特别是法律工作者与法律机关的活动实行全面监督，促使他们模范地执法和守法。

※真题再现（2003年真题不定项选择题）法律的社会监督包括（　　）。

A. 司法机关的监督　　　　　　B. 政党的监督

C. 人民政协的监督　　　　　　D. 新闻舆论的监督

【答案】BCD（解析见2003年真题不定项选择题第13题）

※真题再现（2004年真题不定项选择题）在当代西方社会，新闻舆论监督被称为继传统的立法权、行政权和司法权之后的"第四种权力"，监督功能非常强大。在我国的情况是（　　）。

A. 新闻舆论媒体也是国家法律监督体系中的一种监督力量

B. 监督中涉及模糊的法律规定时，新闻舆论媒体可以作出自己的法律解释

C. 中央新闻媒体的新闻监督具有直接的法律效力

D. 新闻舆论监督具有相当大的道义影响和震撼力

【答案】AD

（解析见2004年真题不定项选择题第10题）

※真题再现（2011年真题多项选择题）在我国，属于社会法律监督的有（　　）。

A. 中国共产党的监督　　　　　B. 人民政府的监督

C. 社会舆论的监督　　　　　　D. 工会的监督

【答案】ACD

（解析见2011年真题多项选择题第7题）

第十七章　法律职业

本章引言

　　本章首先介绍了法律职业、法律职业化、法律职业共同体等基本概念的含义，在学习时，要重点掌握法律职业、法律职业化、法律职业共同体的基本概念，对法律职业思维和法律职业伦理问题可以作一般地了解。

第一节　法律职业概述

一、法律职业释义

　　1. 法律职业概念来自西方。法律职业一词有两种含义：一是广义的、传统文化层面的，在这里，法律职业被等同于人们所从事的与法律相关的各种工作；二是狭义的、现代层面的，是指只有受过专门的法律训练，具有娴熟的法律技能和高尚法律职业伦理的人才能从事的工作。

　　2. 在西方，从事法律职业的人被称为法律人。从事法律职业的人一般分为三类：应用类、学术类、法律辅助技术类。

　　3. 法律职业形成的标志也即其特征是：

　　(1) 规范的法律教育机制的建立。

　　(2) 法律职业人具有相当大的独立自主性。

　　(3) 具有统一的职业伦理以维系这一共同体成员及共同体的社会地位和声誉。

　　(4) 法律职业具有严格的准入标准和完善的考核和准入制度。

二、法律职业化的意义

　　1. 法律职业化是实现法律形式合理性的条件。

　　2. 法律职业化是维护法律的自治性、实现法律正义的前提。

　　3. 法律职业化是民主法治实现的推进力量和保障。

　　4. 法律的权威是法治社会的根本标志，职业法律人的威信是法律权威的真正基础。

第二节　法律职业素养

一、法律职业思维

　　1. 独立性。

2. 保守性。

3. 崇法性。

就法律职业思维的内容而言, 法律人的思维具有以下特点:

1. 注重理性。

2. 注重程序的价值。

3. 以追求法律的"真"为终极目标。

二、法律职业技能

1. 普通技能。

普通技能是从事包括法律职业在内的各类现代社会职业普遍需要掌握的基础性技能, 包括运用本国语言、外国语言进行表达及交流的能力; 计算机操作能力; 社会交往、社会适应及协作的能力; 自我提高及创新的能力; 组织管理能力; 信息处理能力等。

2. 专业技能。

专业技能包括法律识别技能; 法律解释技能; 法律推理技能; 证据操作技能; 法律程序技能; 法律文本制作技能; 驾驭运用法律资源的技能等。

三、法律职业伦理

1. 普适性的法律职业伦理的基本要求主要包括以下几个方面:

(1) 实现社会公正。

(2) 忠于法律。

(3) 维护法律职业共同体的团结和声誉。

2. 特定法律职业的伦理要求:

(1) 法官必须保持中立。

(2) 检察官必须忠于国家和政府的利益。

(3) 律师职业伦理的核心是最大限度地维护其当事人的合法权益。

第三节 构建中国法律职业共同体

一、当代中国法律职业化的实现途径

1. 法律职业化的实现必须依赖于法律制度改革, 并继而推动制度改革。

2. 法律职业化要求法律职业的独立与垄断。

3. 通过建立统一的职业道德规范和法律职业者相互间的监督制约机制, 形成良好的法律职业伦理。

4. 坚定不移地走法律人的精英之路, 即法律职业者应当少而精, 在少而精的基础上, 努力提高和强化其政治、经济等各个方面的待遇和保障制度, 为法律公正地实现建立物质基础。

　　※真题在线（2009 年真题不定项选择题）下列关于法律职业伦理的说法正确的是（　　）。

　　A. 中立是法官职业伦理的核心

　　B. 忠实于国家和政府的利益，是检察官职业伦理的基本要求

　　C. 律师是国家的法律工作者，其基本职业伦理是忠实于国家和人民的利益

　　D. 最大限度地维护当事人的合法权益是律师职业伦理的核心

【答案】ABD

（解析见 2009 年真题不定项选择题第 11 题）

第四编　西政考研法理学进阶基础知识点梳理

本编引言

　　法理学进阶的知识是法理学初阶知识的进一步深化，法理学进阶主要包含的四大板块的内容：法律本体论、法律价值论、法律方法论和法律社会论。法理学进阶的知识在考试中占的比重越来越大，需要考生予以重点关注。

导论

本章引言

本章属于导读与导引性章节，主要从总体上对法律本体论、法律价值论、法律方法论、法律社会论进行阐释，在学习时，要掌握法律本体论、法律价值论着重揭示法内之理，法律社会论的使命是揭示法外之理，而法律方法论则是沟通法内之理和法外之理的桥梁。

一、法律本体论

1. 所谓法律本体论，是指对法律之为法律的原理性探讨。进一步讲，即探讨与法律相关的一些最根本的要素，以此确定法律本身。

2. 法律产生的关键在于国家的建立，没有国家就不可能有法律。

3. 权利与义务这一对基本的范畴，乃是法律的基本内容。

4. 法理学初阶第一编法律本体论包括四章：法律与意志、权利与义务、法律与利益、法律功能。

二、法律价值论

1. 所谓法律价值论，就是指作为客体的法律与作为主体的人的关系中，法律对一定主体需要的满足状况以及由此产生的人对法律性状、属性和作用的评价。

2. 正义、人权、幸福和秩序构成现代社会法律的基本价值。

三、法律方法论

1. 所谓法律方法论，就是关于法律方法的一种系统化理论。

2. 在整个法律理论体系中，法律方法论处于由抽象的法律理论过渡到法律实践的中间环节。

3. 法律方法对于法律发展至关重要，它还对于抽象的法律理论能够起到很好的补充作用。

4. 法律方法论是现代法律理论必不可少的一部分。

5. 法律方法论对于法律职业人养成良好的法律思维习惯、提高法学专业学生的法律思维有很重要的作用。

四、法律社会论

1. 法律社会论探讨了法律与社会的基本关系，指出法律必须以社会为基础。

2. 法律社会论从法律与经济、法律与政治、法律与文化以及法律与科技的角度探究了法律在社会中的作用。

3. 法律社会论探讨了法律与全球化的关系。

第一章 法律与意志

本章引言

本章主要从法律与意志的关系的角度探讨了法律本质问题；本章要求重点掌握的内容是：马克思主义经典作家论法律与意志；难点是在于通过理解近代自然法的论证逻辑而认识现代法律的意志基础，同时还要重点掌握卢梭的公益理论。

第一节 现代法律的意志基础

一、现代法律思想的起源：近代自然法

近代自然法认为，从本质上来说，个人先于国家而存在，个人最初并不生活于社会之中。先于国家而存在的个人生活在自然法之中。

二、现代法律思想的意志基础

就与法律相关的意志而言，我们可以将其分为两种：个人意志与共同意志。共同意志是所有人具有的意志，它是共同体或国家的基础，它是所有个别意志的综合。

第二节 马克思主义经典作家论法律与意志

一、马克思主义经典作家对近代自然法的批判

1. 自由，就是从事一切对别人没有害处的活动的权利。
2. 财产，这项权利是自由在现实中的实际应用。
3. 平等，就是将每个人都看成那种独立自在的原子。
4. 安全，就是社会为了保护自己每个成员的人身、权利和财产而给予他的保障。

二、法律是统治阶级意志的体现

物质生活是第一性的、基础的，而国家与法律是第二性的、派生性的，因而，法律的制定及其存续都应该是以物质生活关系为基础的。

三、从实践出发理解法律与意志的关系

理解法律与意志的关系，要从实践出发。当下，我们最大的实践是我们已经建立了社会主义制度，并将长期处于社会主义初级阶段。

第二章 权利与义务

本章引言

本章主要介绍了法律权利、法律义务的含义以及二者的关系，在学习时，要重点理解权利的构成要素、法律权利的含义、法律义务的含义、法律权利与法律义务的区别以及法律权利与法律义务的关系。本章的难点是关于法律本位论的探讨，要注意权利本体论、义务重心论、权利义务并重论的基本观点以及各自的价值侧重。

第一节 法律权利

一、权利的存在形态

1. 应有权利，是权利的最初形态，它是特定社会的人们基于一定的物质生活条件而产生出来的权利需要，是主体认为或被承认应当享有的权利。也称为道德权利、自然权利。

2. 习惯权利，是人们在长期的社会生活过程中形成的或从先前社会传承下来的，表现为群体性、重复性自由行动的一种权利。也称为法外权利。

3. 法律权利，是通过法律明确规定或通过立法纲领、法律原则加以公布的、以规范或观念形态存在的权利。

4. 现实权利，即主体实际享有或行使的权利，也称为实有权利。

二、法律权利概述

概括起来，西方国家关于法律权利意义或本质学说主要有：权利即自由；权利即利益；权利即资格；权利即主张；权利即选择自由；权利即可能性；权利是法律上的一种力；权利即行为尺度；权利即权能；权利即意志自由。

法律权利是指社会主体享有的法律确认和保障，以某种正当利益为追求的行为自由。法律权利具有如下特征：

1. 法律权利的法律性。

（1）法律权利并不等于社会权利，它只是社会权利的一部分。

（2）表现在法律对权利的保障上。

（3）法律权利的法律性还表现在法律为权利的实现提供必要的法定程序。

（4）法律权利的法律性也表现在权利的产生、变更或消灭必须有一定的法律根据，国家或社会组织不能随性所欲地变更、消灭某项权利。

2. 法律权利的自主性。

法律权利不仅是国家许可和保障的行为，而且是可以按照权利主体自由的愿望来决定是否实施的行为。当主体选择实施某项行为时，作为权利，他不受他人阻碍、干扰。

3. 法律权利的可为性。

法律权利作为法律认可和保障的行为自由，它不是抽象的，而是具体可行的。法律权利有两种存在形态：一是已经转化为现实的权利；二是未能转化为现实的权利。

4. 法律权利的求利性。

权利本身并不等于利益，权利活动的结果也不完全表现为利益。但是任何法律权利的行使都与一定的利益密切相关，它都以追求或维护某种利益为目的。

三、法律权利的结构

法律权利的结构是指法律权利是由哪些因素构成的，以及这些因素是如何有机联系在一起的。任何一项法律权利必须具备以下三种要素：

1. 利益。利益是法律结构中必不可少的因素。任何一项权利背后都隐藏着权利主体的利益追求，人们往往在追求某种权利，其实本质上是在追求某种权利背后的利益。法律权利包含的利益必须是正当的、合法的。

2. 权能。权能是权利主体行使权利的资格和能力。要想行使某项权利，必须具备享有某种权利的资格。除了法律资格以外，还必须具有行使某种权利的行为能力。

3. 自由行为。自由行为是权利主体根据法律规定自由地选择自己的行为。

构成法律权利的三要素是紧密联系、不可分割的。利益作为权利的追求，它是权利的目标和方向，也是权利行使的动力源泉。权能是权利的基础，它是权利行使和实现的基本条件。自由行为是权利的外在表现，是权利实现的关键，是法律权利的核心。利益和权能都必须通过权利主体的自由行为来实现。

四、权利与权力

权力是指特定主体（包括个人、组织和国家）因某种优势而拥有的对社会或他人的强制力量和支配力量。

（一）二者联系

法律权利与权力存在密切的关系，一方面，权力以法律权利为基础，以实现法律权利为目的，法律权利制约着权力。另一方面，某些权利的实现依赖一定的权力。二者有一定的一致性，如法律权利与权力都以追求一定的利益为目的；都有相应的法律规定和限制；都有相应的法律保障；它们的正确行使都会对社会产生良好的效果。

（二）二者区别

1. 二者来源不同。法律权利是法律对既有权利确认的结果；而权力往往根据法律来配置或由一定政治组织赋予而产生。

2. 二者要求不同。法律权利的实现并不要求权利相对人以服从为条件，也不体现权利人对他人的支配，它所要求的仅仅是义务人所必须履行的法律义务。而权力の実現必须以服从为条件，体现为支配他人。

3. 二者追求的利益重点不同。法律权利追求的可能是政治利益、经济利益或者是其他利益，而权力追求的利益主要是政治利益。

4. 二者的限制程度不同。法律权利没有严格的限制，既可以依法行使，也可以转让和放弃；而权力只能依法行使，既不能随意转让也不能放弃；转让和放弃权利具有合法性，而转让和放弃权力则是违法的。

5. 二者的实现方式不同。法律权利的实现以国家强制力保障作为后盾，而权力的实现往往直接伴随着国家强制力的实施。

6. 二者的范围不同。从内容来看，法律权利的范围非常广泛，它一般是根据法律的认定来确定。而权力的范围非常有限，它主要是根据权力主体的职责范围来确定。从主体来看，法律权利主体的范围具有普遍性，而权力主体只能是特定主体拥有。

※真题再现 1.（2003年真题概念比较题）权利能力与行为能力。
（解析见2003年真题概念比较题第3题）
2.（2003年真题简答题）法律权利与权力的区别是什么。
（解析见2003年真题简答题第3题）

第二节 法律义务

一、法律义务概述

法律义务是指社会主体根据法律的规定必须作为或不作为。法律义务的特征如下：

1. 法律义务的法定性。

没有法律的明确规定，某项义务不可以成为法定义务。

法定义务的法定性还表现在法律义务的形成方式上：（1）由法律直接为社会主体创设一项某一义务；（2）由法律认定其他社会义务。

法律义务不同于法律权利，法律义务一般限于法律明确规定，不得扩大推定。

2. 法律义务的国家强制性。

任何义务都具有强制性。但是法律义务与其他义务的强制性区别如下：一方面是它强调强制的来源不同。法律义务的强制来源于国家，是一种外在强制，而其他义务的强制可能来源于社会或某一组织。道德义务还受制于内心。另一方面是强制的力量不同。法律义务的强制性是国家强制力。

3. 法律义务的从属性。

法律义务从属于法律权利而存在。（1）义务人履行义务的内容由权利人的权利内容决定；（2）义务人履行义务的方式和程度是由与它相对应的权利所决定的。

4. 法律义务的必为性。

法律义务意味着主体必须从事某种行为或不从事某种行为。

二、法律义务的种类

1. 作为。作为的义务是指义务人必须采取一定的积极行为来履行义务。特点如下：（1）有明确的义务对象；（2）履行义务的性质往往具有给付的性质；（3）履行义务的内容不仅是有某种行为，而且还包括行为的质量和方式。

2. 不作为。不作为的义务是指义务主体不做任何可能侵犯权利主体行为自由和合法利益之事的义务。

第三节 法律权利与法律义务的关系

一、法律关系中的对应关系

法律权利与法律义务的对应关系是指法律权利一般有相对的法律义务存在。二者共同处于法律关系的统一体中。

二、社会生活中的对等关系

1. 社会生活中的权利总量与义务总量基本是对等的。
2. 在有的具体法律关系中，权利与义务也是对等的。

三、功能发挥中的互动关系

1. 法律义务的履行促进法律权利的实现。
2. 法律权利的享有也有助于法律义务的履行；因为法律权利的享有有助于增强义务主体的责任感；有助于促进义务主体与权利主体的相互尊重。
3. 法律权利与法律义务的互动关系还表现在某些特定的权利、义务的相互转化。

四、价值选择中的权利与义务

1. 权利本位论。
（1）法律应当以权利为起点、重点和轴心。
（2）它概括地表述了权利为重心的现代法律制度的特征。
（3）它表现了权利与义务的特殊关系。
（4）它代表了一种平等、横向的利益关系。
（5）它反映了法律从义务本位向权利本位的历史演进。
2. 义务重心论。
义务重心论是指法律作为社会控制、规范手段，主要通过义务性规范来实现自己试图达到的目的。从国家对社会的控制上来看，法律对社会关系的调整主要是通过对违反义务者的行为矫正来实现。理由如下：
（1）禁忌、义务的出现和发展，是人类有序化的标志。

（2）人类最初的法律规则主要是由义务性规范构成的。

（3）在权利与义务的关系中，义务是第一性的。

3. 权利义务并重论。

在中国现实状况下，权利本位更容易被接受。原因如下：

（1）市场经济模式的建立。因为市场经济对法律的要求，主要是设定权利和保障权利。

（2）人权受到国家、社会的普遍关注。法律权利就是人权在法律中的表现。

（3）对中国传统法律文化中权利地位的考虑，从当代中国社会的现实和发展目标要求来看，权利本位是值得倡导的。

第三章　法律与利益

本章引言

本章首先揭示了利益的内涵、然后论述了法律作为社会调控机制对利益的三种作用，最后重点探讨了法律对利益关系的处理，在学习时，要重点掌握法律对利益的调控机制。

第一节　利益与法律概说

一、对利益的阐释

1. 所谓利益，就是受客观规律制约的，为了满足生存和发展而产生的人们对于一定对象的各种客观需求。

2. 古希腊亚里士多德认为法律是最优良的统治者，法律的任务就是为自由公民的共同利益服务。

3. 古罗马乌尔比安关于公私法的划分标准即是按照利益为标准。

4. 荷兰的格劳修斯在《战争与和平法》中从利益角度定义国际法。

5. 法国爱尔维修系统性地提出并论述了利益规律理论。

二、法律与利益关系学说

1. 边沁认为法律一般的和最终的目的，不过是整个社会的最大利益而已。

2. 耶林认为权利就是法律上保护的利益。

3. 赫克提出法律不仅是一个逻辑机构，而且还是各种利益的平衡。

4. 庞德认为法律的功能在于调节、调和与调解各种错综和冲突的利益。他把利益分为三种：个人利益、公共利益和社会利益。

第二节　法律的利益调控机制

法律对社会的控制离不开对利益的调整，而法律对利益的调整机制主要又是通过将利益要求转化为一定权利（权利主张、自由、特权、权力），并把它们及相对应的义务归于法律主体，以及通过设置权利和义务的补救办法——惩罚、赔偿等来实现的。

一、表达利益要求

法律并不发明或创造利益，而只是对社会生活中的利益关系加以选择，对特定的利益予以承认或拒绝。法律表达利益的过程，同时也是对利益选择的过程。

二、平衡利益冲突

1. 所谓利益冲突，就是指利益主体基于利益差别和利益矛盾而产生的利益纠纷和利益争夺。

2. 法律的利益平衡功能表现为对各种利益重要性作出估价或衡量以及协调利益冲突提供标准。

3. 法律对利益关系的协调和对利益冲突的平衡一般是通过某些基本原则规定和制度设计体现的。

三、重整利益格局

1. 人类历史上，革命或改革其实都是对利益格局的调整或重新安排。

2. 权力斗争的实质是利益斗争，权力斗争的结果导致利益格局的重整，此时，法律便担任着重整利益格局的功能。

第三节　法律对利益关系的处理

一、私人利益和公共利益的关系

私人利益即个别化的个体利益或每个社会成员利益。公共利益包括普遍性个体利益与公民共同体的利益即集体利益，其表现为社会利益、国家利益。

法律对私人利益与公共利益的保护必须在两者之间寻找最佳的结合点。人民的利益是最高的法律。

二、短期利益和长远利益的关系

1. 不能为了所谓的长远利益而无条件地牺牲眼前的短期利益；更不能为了短期利益而损害长远利益。

2. 为了处理好短期利益与长远利益的关系，要求立法主体具有长远的眼光，高瞻远瞩，不仅有能力评估和比较共时性的诸种利益，并且能够分析和判断历史性的利益，从而根据社会生活中各种利益的现状和发展趋向，审时度势，立足当前、着眼未来，选择最佳的利益格局，确定最佳的利益方案，求得最佳的法律效果。

三、物质利益和精神利益的关系

1. 物质利益和精神利益为人们并行不悖的追求，法律对于两者最好应予以兼顾。精神利益是一种内在的激励，然而，如果没有其他方法的配合，就会逐渐失去其应有的功能。

2. 精神利益和物质利益往往可以相互转化，因而有时可以对精神损害进行物质赔偿。

四、整体利益和局部利益的关系

1. 整体和局部的关系是相对而言的，在保证整体利益的前提下，必须保护局部利益。

2. 既要保证整体利益，又要调动局部地方的积极性。

第四章　法律功能

本章引言

法律功能是法律本体论的一个核心范畴，本章集中探讨了法律功能的基本理论问题，包括法律功能的概念、法律功能与法律作用的区别。在学习时，要重点掌握法律功能的基本理论，熟知和理解法律功能与法律作用的区别和联系。

第一节　法律功能的概念

一、法律功能的含义

法律作用、法律任务、法律目的以及法律效果，同法律功能是相近的概念，但仍有区别。

二、法律功能及相关概念辨异

法律功能，是指法律作为一个体系或部分，在一定的立法目的的指引下，基于其内在结构属性而与社会单位所发生的，能够通过自己的活动（运行）造成一定客观后果，并有利于实现法律价值，从而体现其在社会中的实际特殊地位的关系。

1. 法律功能体现一种法律—社会关系，但不能笼统地讲是一种法律与社会的关系。

2. 法律功能不同于法律目的。

3. 法律功能指向法律价值，但同法律价值终究是程度不等的两个范畴。

4. 法律功能是基于法律结构属性而与社会发生关系的状态，表明了法律对社会的一种适应性。

第二节　法律功能的分类

一、法律的整体功能和部分功能

法律作为整体或部分具有不同的功能；作为整体或部分的法律对于社会的整体或部分的不同功能。

二、法律的基本功能和辅助功能

法律的基本功能是指法律直接满足一定的主要目标要求的功能；法律的辅助功

能是保证实现法律的基本功能所附加的功能。

三、法律的显性功能和隐性功能

法律的显性功能，是指法律客观后果合乎立法者的本来意图，或者说是由立法者有意安排出来的；法律的隐性功能是指法律对社会的影响后果是看不见的或是出乎立法者预料而产生的，即这种后果超出了立法者的本来意图。

四、法律的正功能、反功能和非功能

1. 法律的正功能或叫法律的积极功能，是指该法律能够激发社会成员的积极性，法律实现有助于社会体系的良性运作，促进社会关系的协调、稳定，从而适应社会的需求。

3. 法律的反功能或称法律的消极功能，是指法律实现将引发社会内部的关系紧张，分割社会体系内部的协调、稳定的局面，降低社会系统的活力。

4. 法律的非功能，即该法律存在对于社会既无积极影响，也无消极后果，处于一种"具文"状态，因而社会成员对其无动于衷。

第三节　法律功能的实现

一、法律的生命在于实现

"实现"一词，是指观念性的应然要求转化为现实性的实然存在。因此，法律功能的实现，是指法律规范的要求在社会实际生活中的体现和贯彻。

二、法律功能实现的基本形式

法律功能的实现，要求人们遵循法律规范设定的行为模式。人们在自己的意志的支配下，按照行为模式的要求，作出合法行为，正确地行使权利、履行义务，将行为模式中规定的权利与义务转化为现实生活中的权利和义务，法律的功能才得以实现。

三、法律功能的实现形式

1. 权利的行使。
2. 义务的履行。

第五章　法律价值

本章引言

本章主要介绍了价值与法律价值的概念、法律价值体系、法律价值的冲突以及法律价值冲突的解决。在学习时，要重点把握法律价值的意义；难点在于理解法律价值体系、法律价值冲突的产生原因以及法律价值冲突的解决原则。

第一节　法律与法律价值

一、价值释义

价值具有社会性或主体性；价值是绝对性与相对性的统一；价值是客观性与主观性的统一。所以，任何一种事物的价值，从广义上说应该包含两个相互联系的方面：一是事物的存在对人的作用或意义；二是人对事物有用性的评价。

二、法律价值

所谓法律价值，就是指在作为客体的法律与作为主体的人的关系中，法律对一定主体需要的满足状况以及由此所产生的人对法律性状、属性和作用的评价。

第二节　法律价值体系与法律价值冲突

一、法律价值体系

1. 从社会主体——人的角度观察，法律价值有群体价值和个体价值之分。
2. 从法律价值关系中的价值的客体承担者来看，法律价值可以分为法律的规范价值和法律的社会价值。
3. 从法律价值之间的关系来看，可以分为法律的工具价值和法律的目的价值。
4. 从法律的不同类别出发，法律价值还可以分为国际法价值、国内法价值和其他法律价值。

二、法律价值冲突的原因及其解决

1. 导致法律价值冲突的原因是多方面的：

（1）社会生活的广泛性与复杂性，社会条件的多重性，是导致法律冲突的主要原因。一方面，人要生存必须具备一定的物质与精神条件，而社会所能给予每个人以及不同社会群体的物质与精神条件都是不完全相同的。也就是说，人们的生存境遇和发展条件不可能完全一样，这可能导致人们在法律价值上一定程度的冲突与对立。另一方面，在同一社会中一个人或不同的人在不同情况下会形成不同层次的社会需要，从而形成对法律价值的认识与理解、愿望与要求等的不同。不同的群体、个人，在法律实践上和理论上一旦具有不同的法律价值观念，同一法律价值的内部矛盾和不同法律价值观念的相互矛盾就会反映为法律价值冲突。

（2）法律价值主体的多元性和多样性是法律价值冲突的主观原因。

2. 法律价值冲突的解决原则：利害原则、苦乐原则、价值位阶原则、个案平衡原则和比例原则。

※真题再现（2004 年真题判断分析题）法的价值是法的实施的需求。

（解析见 2004 年真题判断分析题第 1 题）

第六章　法律与正义

本章引言

正义是法律的最高价值，所以本章是必须重点掌握的内容。本章首先介绍了正义的基本内涵、正义的分类以及通过法律如何实现正义的问题。在学习时，要重点掌握法律与正义的关系，理解法律对于实现社会正义的重要意义。

第一节　正义释义

一、正义与正义论

正义是对一定社会现存经济关系的观念化的反映，是一种有着客观基础的、关于某种特定事物如思想、行为、规范、制度乃至事业等的理想状态及模式的主观评价尺度和价值判断标准。

二、正义的划分

（一）分配正义与矫正正义

分配正义是指根据每个人的实际活动来分配权利和荣誉。矫正正义不考虑当事人的地位，只要一个人对另一个人造成了损害，就必须弥补该损害，不管好人犯法还是坏人犯法，都应该受到惩罚。

（二）个人正义和制度正义

个人正义即在制度本身正义及个人已接受这一制度所安排的利益时，个人应尽的责任；制度正义即社会基本结构的正义，制度正义是首要的正义。

（三）实体正义和程序正义

实体正义通过对实体权利与义务的安排，为社会提供一种秩序，使人们都能发挥自己的才能，享有自由、平等与安全。而程序正义实际是一种以程序解决社会冲突的正义，它要求坚持公正标准促进纠纷的解决。

※真题再现（2003 年真题不定项选择题）西方现代法律正义论包括（　　）。

A. 相对正义论　　　　　　　　　B. 社会正义论

C. 形式正义论　　　　　　　　　D. 程序正义论

【答案】ABCD（解析见 2003 年真题不定项选择题第 10 题）

第二节　关于正义与法律关系的学说

一、法律为正义奠定了原则基础，提供了正义的标准与尺度。

二、正义为法律奠定了原则和基础，是衡量法律好坏的标准。

三、法律与正义无关，至少没有必然的联系。

第三节　作为法律价值的正义

一、正义表现为一种法律的价值目标

正义所蕴含的公平、公道、平等权利等价值内涵，是政治社会中所有价值体系所追求的最高目标。法律作为一种最具权威性的价值体系和规范体系，自然也应该把正义作为自己的最终理想目标。

二、正义是衡量法律优劣的尺度和标准

一定的正义观不仅是评价人们行为公正与否、善良与否的标准，而且也是评价现实中的法律的重要标准。

三、正义是法律进化和法律革新的推定力

正义作为法律的最高目的，作为区别良法与恶法的标准，始终是法律进化的精神动力。

第四节　通过法律实现正义

一、通过立法分配权利以确立正义

二、通过惩罚非正义行为以维护正义

三、通过公正地补偿损失以恢复正义

法律要切实地保障正义，必须使因违法犯罪而蒙受的损失得以补偿，从而使得正义得到修复。为此，首先，必须有一套公开解决纠纷的规则和程序，必须这些规则和程序必须具有普遍的意义和公正的内容；其次，适用这些规则时，应公正无私、不偏不倚。

※真题再现（2009 年真题不定项选择题）法律的正义价值体现在（　　　　）。

A. 追求正义的实现是法律的首要的和最高的理想

B. 正义是一种现实的可操作的法律原则

C. 正义是衡量法律优劣的标准和尺度

D. 正义是法律进化的精神动力

【答案】ABCD

（解析见 2009 年真题不定项选择题第 15 题）

第七章　法律与人权

本章引言

本章首先探讨了人权的发展阶段以及人权的基本含义，然后论述了人权的两个方面：自由和平等的基本含义以及他们二者的关系，最后进一步论述了人权和法律之间的关系，在复习时，应当重点掌握人权与自由、平等这些概念的基本含义以及它们之间的内在关系，尤其要紧密联系社会现实，分析讨论人权保障对于法律发展的根本意义。

第一节　人权释义

一、人权概念的发展

现代意义上的人权发展大致可以分为三个阶段：第一个阶段产生于 1789 年法国大革命。第一代人权主要是个人基本权利和公民政治权利，其特点是强调人权的自由性、消极性，即保护公民自由免遭国家专横行为之害，因此，人权的实现途径在于国家权力的限制。第二个阶段产生于 1917 年俄国十月革命之后。第二代人权的内容是经济、社会和文化权利，其特点是强调人权的平等性、积极性，要求国家采取积极的行动保障公民平等地享受经济社会和文化权利。第三个阶段是随着 20 世纪五六十年代殖民地和被压迫人民的解放运动而产生出来的，其内容主要包括民族自决权、发展权、各国对其自然资源享有的充分主权等。

二、人权释义

所谓人权，就是指基于人的本性，并在一定历史条件下，个人或群体按其本质和尊严享有或应该享有的基本权利。这些基本权利包括自由权（自由权、生命权、财产权）、政治权（个人的各种政治权利以及国家主权、民族自决权）、社会权（经济、社会和文化权利）、发展权、和平权等。对人权的理解，注意以下三个方面：

（1）人权的主体包括人的个体（自然人）和群体（包括团体、集体等范畴）。

（2）自由是人权的内容要素，平等是人权的形式要素。

（3）人权在本质上是超历时性和历时性、普遍性与特殊性的统一。

三、人权的三种形态（按照人权的基本存在形态划分）

1. 应有权利。人权是一种道德权利，属于应有权利的范畴，即基于人的本性和本质所应该享有的权利。

2. 法定权利。没有法律的确认，人权就没有保障。人权就其实质而言，是国内法管辖的问题，因此，人权是一种法律权利。

3. 实有权利。人权作为一种道德权利与法律权利，仅仅为人权的实现提供了一种理论可能性和制度可能性，这显然是不够的。因此，人权还必须是一种实有权利，一种实实在在的现实权利。

※真题再现（2004 年真题不定项选择题）人权与法的关系可以理解为（   ）。

    A. 权利与法的关系

    B. 一个社会和国家经济、政治与法律之间的关系

    C. 体现人权精神的法律，一般情况都是体现社会进步的法律

    D. 人权是法的体现和保障

【答案】AC

（解析见 2004 年真题不定项选择题第 3 题）

※真题再现（2007 年真题命题分析题）权利的一般形式即人权。（马克思、恩格斯）

（解析见 2007 年真题命题分析第 3 题）

※真题再现（2009 年真题不定项选择题）人权的存在形态有（   ）。

    A. 应有权利   B. 法律权利

    C. 实有权利   D. 自然权利

【答案】ABC

（解析见 2009 年真题不定项选择题第 14 题）

※真题再现（2011 年真题辨析题）自然权利是指人本身所固有的权利。

（解析见 2011 年真题辨析题第 3 题）

第二节　法律的自由价值

一、自由与法律自由

（一）自由释义

自由是现代价值观的核心。就政治自由的角度而言，自由即可理解为保护个人权利的消极自由，亦可理解为参与国家政治的积极自由。两者并不是相互矛盾的，而是并行不悖的。同时，无论是消极自由，还是共和主义的积极自由，都一致赞成自由是法治之下的自由，自由和法治密不可分。

（二）法律自由

所谓法律自由，就是指一定国家的公民或社会团体在国家权力所允许的范围内进行活动的能力，是受到法律约束并得到法律保障的，按照自己意志进行活动的权利。法律自由主要包含以下几种含义：

1. 法律自由受到国家宪法和法律的保障。

2. 法律对自由的规定是通过公民权利的形式进行的。

3. 法律自由是相对的，而不是绝对的。

自由作为一种价值理想，是法律的灵魂。法律应当奠定在自由的基础之上，必须确认、体现和保障更多人的更多自由。否则，就是不正义的法律，就应当受到谴责。同时，法律也要限制自由，甚至在特定的情况下取消自由。

二、法律的自由价值

自由对于法具有决定性的意义，这意味着自由是法律的进化基础和基本构成要素，是法律必须和必然追求的基本目标。总之，法是对社会主体需求的记载和满足，自由是法律的最高价值之一。

所谓法律的自由价值，就是说法律应当是自由的法，是自由的准则、依据和保证，法律只能为了确认和保障自由而制定，法律权利和义务也是为了实现自由而设定，法律实施的出发点和归宿都是为了自由。简而言之，法律以自由为前提和目的，同时必须通过法律实现自由。

1. 通过法律实现自由

（1）法律将自由意志转化为自由权利。

（2）法律确定各种自由权利的范围。

（3）法律提供选择的机会，增加自由选择的效能。

（4）法律保障自由免受侵犯，并不被滥用。

2. 法律对自由的限制

我国法学界所提出的对自由的法律限制原则主要有以下四项。一般认为，超出了这四项基本原则，就是不合理的限制。

（1）法律基于社会生活条件的制约而限制自由。

法律以社会为基础，法律的产生、存在与发展在根本上取决于一定的社会物质生活条件。自由同样不能不受社会物质生活条件，即生产方式、地理环境、人口状况等的限制。此外，自由也受到社会经济生活条件、道德意识、风俗习惯的限制。

（2）法律为了社会及他人的利益而限制自由。

禁止伤害社会和他人，是所有国家的法律限制自由的内容。人类自由既依赖一定的社会秩序，秩序就意味着约束与限制。允许个人有绝对的自由，必然会侵害到他人的自由权利。

（3）法律为了行为人自身利益而限制自由。

法律限制由有时是为了促进被强制者的自我利益的实现。

（4）法律为了各项自由的协调而限制自由。

世界上不可能有绝对的自由，任何个人都必须为了某些自由而放弃另一些自由。法律所规定的公民的各项自由权利乃是一个统一整体，不能加以肢解。

总之，自由从来不可能是绝对的、不受限制的。如果认为自由便是为所欲为，甚至是胡作非为，那实在是对自由莫大的误解。

※真题再现（2008年真题单项选择题）《道路交通安全法》第五十一条规定："机动车行驶时，驾驶人、乘坐人员应当按规定使用安全带，摩托车驾驶人员及乘

坐人员应当按规定戴安全头盔。"该规定对自由的限制体现的是（　　　）。

    A. 伤害原则　　　　　　　　　　B. 父爱原则

    C. 法律道德主义　　　　　　　　D. 冒犯原则

【答案】B

（解析见 2008 年真题单项选择题第 7 题）

※真题再现（2008 年真题判断分析题）自由的每一种形式都制约着另一种形式，正像身体的这一部分制约着另一部分一样。只要某一种自由成了问题，那么整个自由都成问题。

（解析见 2008 年真题判断分析题第 2 题）

※真题再现（2008 年真题论述题）试论"人生而自由，却又无往而不在枷锁之中。"

（解析见 2008 年真题论述题第 1 题）

※真题再现（2009 年真题论述题）试论法律对自由的合理限制。

（解析见 2009 年真题论述题第 2 题）

※真题再现（2010 年真题判断分析题）法律上的自由等同于哲学上的自由。

（解析见 2010 年真题判断分析题第 2 题）

第三节　法律的平等价值

一、平等与法律平等

大致来说，现代意义上的平等大致可以从以下三个方面来理解：（1）道德平等；（2）机会平等；（3）福利平等。

对平等的理解要注意以下几点：

（1）平等不是平均。

（2）平等和特权相对立。

（3）平等和歧视相对立。

（4）平等不反对适当的区别对待。

法律的平等要求对相同的和不同的情形予以有差异的并且合乎其本质的对待。

二、法律的平等价值

法律所具有的平等价值主要体现在以下几个方面：

第一，法律使平等的理念权利化、法律化。

第二，法律对平等权利予以具体规定，为平等的实现提供统一的标准。

第三，法律是实现平等的切实可行的和最重要的手段。

第四节　法律的人权价值

一、人权与法律的一般关系

人权与法律存在着不可分割的关系，两者相互作用，相互影响。

（一）人权对法律的作用

1. 人权是法律的源泉。

2. 人权是判断法律善恶的标准。

人权既是现代民主政治的目的，也是现代进步文明的法律的目的，它构成了法律的人道主义基础。人们可以根据人权的精神来判断法律的善与恶。

总之，人权对法律的作用体现在：它指出了立法和执法所应坚持的最低人道主义标准和要求；它可以诊断现实社会生活中法律侵权的症结，从而提出相应的法律救济的标准和途径；它有利于实现法律的有效性，促进法律的自我完善。

（二）法律对人权的作用

人权的实现要依靠法律的确认和保护，没有法律对人权的确认、宣布和保护，人权要么停留在道德权利的应有状态，要么经常面临侵害的危险而无法救济。人权的法律保护是人权实现的最直接的保障手段。

1. 对人权的国内法保护。

（1）立法保护。立法保护是一种重要形式的宣言保护，即在宪法或其他有关的法律文件中强调对人权的尊重，要求公民和国家机关公职人员严格遵守关于个人的基本权利的规定。

（2）司法保护。人权的司法保护就是指通过司法机关的专门活动对人权所进行的保障。

（3）个人保护。人权的个人保护主要是指公民个人对自己的权利实现所采取的保护措施。这种保护措施应当依法进行，即当公民的个人基本权利受到侵害时可以诉诸法律，通过法律的救济来恢复自己的权利。

2. 对人权的国际法保护。

人权的实现归根结底应该建立在世界各国平等合作、和睦共处的基础上。因此，人权的国际标准要通过国际条约规定和体现；国际人权的实现，不能离开国际法的支持和保障。

三、中国对人权的认识与保护

※真题再现（2007年真题简述题）平等与正义。

（解析见2007年真题简述题第2题）

※真题再现（2009年真题简述题）简述人权与法律的关系。

（解析见2009年真题简述题第2题）

第八章　法律与幸福

本章引言

　　本章重点介绍了幸福的含义以及法律与幸福的关系，同时对于如何通过法律实现幸福进行了探讨。在复习时，一般只要掌握了基本的概念即可，不需要进行特别记忆，出题的可能性不大。

第一节　幸福释义

一、幸福的多向度

　　幸福是一种人类普遍追求的理想价值。现代人的幸福视野逐渐从注重物的发展转向注重人的发展，幸福的内涵日益朝着更加广泛的方向发展。

二、法学探讨幸福问题的必要性

　　由于人们的最终目标是幸福，权利与财富不过是追求幸福的一种手段。在人权与法律的发展道路上，以权利、财富的多寡等简单标准不足以衡量幸福的质量，这些标准往往仅会一味地强调财富的数量和经济效率等忽视人们的主观感受。

第二节　作为法律价值的幸福

一、幸福与传统法律价值的区别

　　传统三大法律价值：正义、人权、秩序。法律价值具有鲜明的时代性。

　　1. 与正义强调规则的一致性不同的是，幸福强调某种行为或结果展开的全过程的愉悦性与自己相对他人的优越性。

　　2. 权利越多，幸福越少。

二、幸福指数：评价权利与法律制度的新标准

　　幸福指数不仅可以通过经济数据来计算，从心理学角度来研究，还更应该用立法、执法、司法等多个环节的具体指标来衡量。幸福指数至少应该包括民主的程度、人权的状况、民众道德意识、公共参与、政府责任、审判的方式与公开程度、判决书的质量与学理性等多种维度，甚至还有学者从人均的法官、律师或法律服务人员的数量、错案的比例、恶性犯罪的多少等众多数据指标来评价幸福指数。

第九章　法律与秩序

本章引言

本章阐释法律最基本的价值——秩序，内容主要有秩序和法律秩序的基本含义及其分类，法律秩序的含义、基本特征以及法律的秩序价值。本章的关键问题是要理解现代社会社会秩序其实是一种法律秩序以及所包含的法律秩序价值。本章的难点是法律秩序的含义以及法律在维护社会的秩序时所体现出来的价值。

第一节　秩序与社会秩序

一、秩序

1. 从广义上来讲，秩序与混乱、无序相对，指的是在自然和社会现象及其发展变化中的规则性、条理性。

2. 秩序一词的含义可以进一步从静态和动态两方面来把握。从静态来看，秩序指的是人或物处于一定的位置，有条理、有规则、不紊乱，从而表现出结构的恒定性和一致性。就动态而言，秩序是指事物在发展变化的过程中表现出来的连续性、反复性和可预测性。

二、社会秩序

秩序可以分为自然秩序和社会秩序。自然秩序就是表现在各种自然现象之中的规律。而社会秩序则是体现在社会生活领域的秩序。一般而言，社会秩序具有以下特征：

（1）社会性，即反映人与人或人与自然的关系，离不开人的行为。

（2）稳定性，即意味着某种状态的持续存在。

（3）可预测性，即人们能够事先预知到或者估计到自己和他人行为的发展变化。

（4）功能性，即社会秩序是社会生活得以存在和发展的基础和前提。

第二节　法律秩序

一、法律秩序的含义

法律秩序，并不仅仅是对于公共和私人领域的权利和义务的抽象的法律条文和规范，也不仅仅是其在现实生活中的实现，而是以上两种观点的内在统一。完善的法律体系和法律制度，是良好社会秩序的根本前提；因而对于法律秩序来说，法律规范及其实现两个方面缺一不可。

二、法律秩序之下法律的主要特征

（一）实在性

实在性是法律得以与道德、宗教区分开来的一个重要特征。与道德规则和宗教戒律相比较，法律规则在形式上有一个非常重要的差别，即一般而言，法律是由国家政府机关制定、公布的成文规则。

（二）强制性

法律不仅是政府机构制定的，而且还是由国家的权威强制施行的。强制性是法律秩序的又一重要特征，也是法律秩序最为独特的地方。

（三）普遍性

普遍性是法律秩序的又一重要特征，甚至可以说是法律秩序的最为本质的特征。法律秩序的普遍性包含了立法的普遍性和判决的一致性两个方面。对于一个具有良好法律秩序的国家来说，这两个方面缺一不可，否则法律秩序的普遍性就不可能实现。

（四）自治性

法律秩序的自治性和普遍性一道构成了法律秩序与官僚法的本质区别。法律秩序的自治性包含四个方面：

（1）实体内容的自治性。

（2）法律机构的自治性。

（3）法律方法的自治性。

（4）法律职业的自治性。

第三节　法律的秩序价值

一、和平

法律的主要目的是以和平的方式避免和解决可怕的暴力冲突，为此法律必须包含和平解决纠纷的手段。无论是公法还是私法，其首要的目的均以和平的方式解决各类法律主体之间无论是私人领域还是公共领域的纷争，以免社会陷入动荡不安的无政府状态。

二、安全

为了保证人民的安全感，就必须采用法律的手段反对和遏制政府权力的滥用。

※真题再现（2010 年真题论述题）论法律的秩序价值。

（解析见 2010 年真题论述题第 2 题）

第十章　法律方法

本章引言

　　法律方法是法律人在法律适用过程中用以解决法律问题、具有独特性的方法和技巧的总称。本章首先概括介绍了法律方法的含义、内容和特征，然后论述法律方法的地位和作用。在复习时，应当重点掌握法律方法的含义和特征，深刻体会法律方法在实现司法公正、保障法律自治过程中的重要作用。本章的难点在于比较法律方法和法学方法的异同。

第一节　法律方法释义

一、法律方法的含义

（一）法律方法的含义。对于法律方法的含义观点如下：

1. 法律人解决法律问题的独特方法就是法律方法。

2. 法律方法是指法律职业者从事其职业活动所使用的方法。

3. 法律方法是应用法律的方法，它不仅着力于实现既有的、正确的法律，还效命于正确地发现法律。

4. 法律方法是法律人员思考、分析和解决法律问题的方式、技术、方法的统称。

5. 法律方法是法律人在法律运用过程中处理法律问题的手段、技能、规则等的总和。

6. 法律方法是指对法律进行系统化的理论思考方法。通过总结，大致有三种观点：

（1）绝大部分学者将法律方法看成是法律人在法律适用过程中，分析和解决法律问题所采取的方法和技术的总称。

（2）有少数学者将法律方法指称法律职业者从事其职业活动所使用的方法。

（3）第三种观点大致认为法律方法相当于法学方法。

　　所谓法律方法，指的是法律人在法律适用过程中用以解决法律问题的、具有独特性的方法和技巧的总称。

（二）法律方法与法学方法之间的区别

1. 适用领域不同。法律方法着力于法律应用，法学方法着力于法学研究。

2. 研究对象不同。一般而言，法学方法指的是法学家们用以研究法律现象的工具的总称，其研究对象为法律，法学方法是关于法律的一种元理论研究。法律方法则只是法律适用的技术手段，即法律生成与适用的方法，也就是一个具体的法律制度如何通过技术性的手段而得以成立，以及在实践中面对具体的个案如何适用法律的问题。

3. 解决的任务和实现的目的不同。法律方法的主要任务是解决法律上的争端，为法官解决手头的疑难案件提供一种工具，其最终的目标是通过纠纷的解决实现法律所体现的社会公正。同时，法律方法的存在还起到了维系法律职业共同体存在的作用，它能促进一定的法律传统和共同的法律价值观的形成。

而法学方法的主要任务是对法律进行梳理，使法学成为一个知识系统。它关心的是从何种角度、使用何种工具来分析法律理论，厘清法律概念。

4. 包含的方法种类不同。法律方法大致可以分为八大类：法律渊源识别方法、判例识别方法、法律注释方法、法律解释方法、利益衡量方法、法律推理方法、法律漏洞补充方法、法律说理方法。

法学方法大致包含如下三类：价值分析方法、实证分析方法、社会分析方法。

（三）法律方法的主要内容

从系统的观点看，法律方法体系主要包括三个方面的内容：一是法律推理方法，二是法律解释方法，三是法律论证方法。

二、法律方法的特性

1. 法律方法具有法律性的特点。
2. 法律方法带有程序性和规范性的特点。
3. 法律方法具有鲜明的实践性的特点。
4. 法律方法具有共性与个性相统一的特点。一方面，法律方法具有一定的客观性和普适性；另一方面，法律方法又有一定的主观性和特殊性。

第二节　法律方法的地位与作用

一、法律方法的地位

1. 在整个法律理论体系中，法律方法论处于由抽象的法律理论过渡到法律实践的中间环节，它将法律理论和实践联系起来，其大致作用相当于人的关节。
2. 法律方法对于法律的发展至关重要，它还对于抽象的法律理论起到很好的补充作用。
3. 法律方法论是现代法律理论必不可少的一部分。
4. 法律方法论对于法律职业人养成良好的法律思维习惯，提高法学职业专业学生的法律思维水平有很重要的作用。
5. 由于法律方法是正确适用方法、实现法治的重要手段，因此，法律方法的重要作用自不待言。

二、法律方法的作用

1. 法律方法是实现司法公正的重要手段。

2. 法律方法是保障法律自治的重要手段。

3. 法律方法是发展法律理论的重要动力。

4. 法律方法还是实现法治的重要保障，是传承法律文化的重要手段。

总之，法律方法的发展推动了法律理论的发展，法律方法的先进性程度是衡量一个社会法律文明发达程度的重要标尺。

第十一章 　法律解释

本章引言

法律解释是法律适用的关键环节。本章首先介绍了法律解释的含义、必然性以及发展过程，然后介绍了法律解释的目标原则，最后介绍了各种常见的法律解释方法以及位阶问题。本章的难点在于掌握各种法律解释方法的特征和运用，难点在于理解法律解释的目标。

第一节 　法律解释概述

一、法律解释的含义

法律解释是指特定的人或组织对法律文本的内容和意义的理解和说明。根据解释主体和解释效力的不同，法律解释有广义解释和狭义解释。

1. 广义的法律解释是指贯穿于立法、司法、执法和守法等法律运行的各个领域，其解释主体非常广泛，不仅包括有权解释主体也包括无权解释主体。也就是说，广义的法律解释主体没有限制，任何国家机关、组织和个人都可以作为法律解释的主体，但其解释却不一定有法律效力。

2. 狭义的法律解释主要指以下两类，一是特定国家机关的解释，即有权解释的国家机关对法律文本所作的具有普遍效力的解释，这类解释制度是由我国特有的法律解释制度所决定的；二是法官解释，即法官在审理案件过程中对法律文本所作的仅对具体案件具有效力的解释。

二、法律解释的必要性

1. 法律文本的语言特性。作为法律解释对象的法律文本总是以一定的语言形式表现出来，而语言虽然具有确定性的一面，但同时又具有不确定性、模糊性或歧义性一面。面对这种情况，只有通过法律解释，才能克服法律文本含义的不确定性、歧义性或模糊性。

2. 立法者认识能力的局限性。从法律规范的形成过程来看，它是对过去发生的行为或事实共同特征的概括、抽象的结果，体现了立法者的价值取向。很显然，这是基于过去的经验和当时的价值观对未来的一种规定，这种由过去推知未来的方法，无疑运用的是不完全归纳方法，而不完全归纳方法其结论具有或然性而不具有必然性。这一事实决定了由此形成的法律规范并不能涵盖以后的所有情况，必然具有滞后性。社会生活每时每刻都处于不断地流动和变化之中，立法者无法预料新的法律现象随时都会发生，这必然使得法律永远不可能具有完备性，法律适用中规范与事实之间的错位在所难免，法律漏洞的显现也不是偶然。只有通过解释，才能使现行的法律规范适用于新的事实，也可以适应那些随着社会发展而为人们普遍承认的新的价值观。

3. 法律文本中的法律规范和法律概念所具有的抽象性和概括性。法律规范或法律概念不是针对某个特定的人或事，而是针对一般的人或事而设定的，所调整的行为或事实是经过抽象而获得的典型性情形，然而，现实中的行为或事实的性质却是丰富多样的，当抽象的法律规范适用于特定案件的时候，必然使得规范与事实之间存在不同程度的缝隙，而弥合这个缝隙的手段或通过就是法律解释，解释的过程是结合个案事实将抽象的法律规范进行具体化的过程。

4. 法律文本中的法律规范和法律概念背后总是隐藏着或预设着某种价值判断。从深层次看，任何法律规范以及其中包含的法律概念都承载和储存着立法者的价值观，总是体现了立法者对调整对象、事实及其利益关系的价值评价和价值选择。

第二节　法律解释的目标与原则

一、法律解释的目标

法律解释的目标，指的是法律解释所要得到的目的或结果，具体说，就是指解释者通过对法律文本或立法文献及其附随情况的探究，以达到理解和阐明法律意旨的目的。

1. 主观说。主观说又称为立法者意图说，这种观点认为，法律解释的目标在于探求立法者制定法律规范时的主观意图。理由如下：第一，立法者是有意思行为的立法主体，立法主体通过法律表达自己的立法意图。第二，探求立法者的立法意图，可以增强法律的稳定性和安全性。第三，在法律适用时，立法意图就具有决定性的作用。

2. 客观说。客观说又称为读者意图说，与主观说相比，客观说认为，法律解释的目标在于探求法律文本本身所蕴含的法律意旨。理由如下：第一，不存在一个有意思能力的立法者，法律是众人合力而制定。第二，法律与立法者意旨并非一致。第三，受法律规范约束的一般人所信赖的是法律文本中客观而合理的意思，而不是立法者心中的意思。第四，根据客观说立场去实践，最能达成补充或创造法律的功能。

3. 折衷说。折衷说是试图克服主观说和客观说的缺陷并汲取两者的合理之处而产生的观点，其目的是使得法律解释在法律稳定性与灵活性、合法性与合理性之间达致统一。折衷说认为，解释者首先应当进行历史解释，以此明确立法者的意图、目的和价值评价，而当立法者的意图、目的和价值评价无法确认的情况下，则应考虑在文本可能的文义范围内，探究可能的理由，以确认合乎现在法律适用目的的意义。

二、法律解释的原则

（一）合法性原则

所谓合法性原则是指法律解释应当符合法律规定、法律原则和法律的基本精神。

1. 主体合法。即法律解释主体必须具有法律解释权。

2. 程序合法。即法律解释主体在法律解释过程中，必须在法定权限范围内依照法律程序进行，不得越权解释。

3. 内容合法。第一，当被解释的法律条文或词语相对于个案事实其含义是明确的，除非该含义与立法目的、法律原则发生严重冲突，应当遵从明确的文义。第二，应将被解释的条文或语词等纳入相应法律文件整体中进行理解和阐释，被解释的条文或语词无论是否有歧义或模糊，其解释的理由和由此获得的结论都应符合所属法律法规中的基本原则、价值取向保持一致。第三，所有关于法律、法规和规章的解释必须与宪法所确立的基本原则、基本精神保持一致。

（二）合理性原则

所谓合理性原则是指对法律文本的解释应当合乎常理、公理和道理。

它包括以下几层含义：

1. 解释应合乎社会普遍承认和接受社会价值观，包括人类共同生活的基本准则和公理，体现公平正义的社会道德标准等。

2. 解释应合乎人们在长期的社会生活中形成的公序良俗。

3. 解释应合乎自然规律、科学基本原理和公理。

4. 解释应合乎最基本的社会常识。

（三）历史与现实相结合原则

历史与现实相结合原则是指在进行法律解释时，要把制定法律文本的历史背景和立法意图同当下的社会实际状况结合起来。要求如下：

1. 要求解释者通过立法时的社会历史背景去准确把握和理解立法意图。

2. 考虑与当下待决案件及其相关的社会现实状况，在保持法律稳定性的同时兼顾已经发展变化的现实，并将两者统一于现实的需要，使得过去制定的法律适应已经变化了的现实，从而为解决当下待决案件提供公正、合理的最佳方案。

第三节　法律解释方法

一、文义解释

1. 文义解释，又称为法意解释、文理解释、字面解释和平义解释等，是指按照法律条文的字面含义以及通常使用的方式以阐释该法律条文的内容和意义的解释方法。

2. 文义解释是法律解释的出发点和基石，在各种法律解释方法中具有优先性地位。

3. 文义解释的局限性，主要表现在：它将解释的重点和视角主要限制在字面含义，不考虑法律条文字义以外的因素，特别是不考虑对法律条文具有决定意义的法律意图，因而容易忽视法律条文的目的和价值取向等深层次含义，导致解释的机械性，甚至造成人们对法律条文的误解。

二、论理解释

（一）体系解释

体系解释又称为系统解释、语境解释，是指从被解释的法律条文在法律文本中所处的具体位置出发，联系相关上下文即其他相关条文对该条进行解释的方法。

这种解释方法的特点是解释者将被解释的条文放置于一定法律体系、语境之中进行的解释。

体系解释的积极作用表现在以下两个方面：

第一，有助于全面、整体理解和把握法律条文的意思，而不是孤立、片面理解，特别当法律条文的理解存在疑义或出现歧义时，也就是当法律条文的解释出现多解时，运用体系解释有助于探求该条文的真意，并澄清其含义，从而消除这种歧义、疑义和模糊。

第二，有助于克服法律条文间的相互不协调、矛盾和冲突。

体系解释的局限性表现在实际应用中，其如果不与其他解释方法结合，容易导致拘泥于形式而忽视法律的实质目的。换句话说就是当我们运用体系解释时，如果仅仅考虑到法条之间的意思上的联系，而不考虑法律的实质目的，就可能出现对法律条文的解释结果与法律目的不相符。

（二）法意解释

1. 法意解释，又称为历史解释、立法解释、沿革解释，是指解释者通过对立法者在制定法律时的价值追求和欲实现的目的的探求，来推知立法意图，并在此基础上确立法律文本含义的解释方法。

2. 法意解释存在的理由：法律文本是用语言表达的，其内容一方面表现为字面的含义；另一方面是制约字面意义的立法意图，而对法律文本立法意图的理解，就应当理解立法时的立法背景。法意解释正是通过对隐藏于字面含义背后的、立法者制定法律时的价值追求和欲实现的目的，去推知立法意图。

3. 法意解释的主要作用：

（1）准确的法意解释所给出的解释结果有较大的可靠性，因为，只有从探究立法史的方式才能对立法意图有清晰的理解。

（2）它可以作为限制解释和法律续造的工具。

4. 运用法意解释的注意事项：

（1）所依据的立法背景和立法文献的分析必须具有真实性和全面性。

（2）法意解释的价值与社会发展的程度有关，历史立法资料越久参考资料价值越低；越新越有参考价值。

（3）法意解释的结论的可靠性与立法制度有关。

（三）扩张解释

扩张解释又称为扩充解释、扩大解释，是指法律条文的含义过于狭窄，不足以表示立法者愿意，就遂扩大其含义覆盖范围，以求正确地阐明法律条文内容和意义的解释方法。

扩张解释存在理由：扩张解释是由于立法者在认识能力上的局限性所致。有时，立法者在作出某项规定时，按照其本意或原意应将某项事项包含其中，但是由于立法者认识能力的局限性却未能将其包含在法律条文的文义中，导致其含义相对于立法者的本意或原意失之过窄，此时，从立法者的原意出发，将该事项纳入法律条文的覆盖范围，就形成所谓的扩张解释方法。

注意事项：扩张解释虽然对法律条文的文义进行了扩张，但是这种扩张是在法律条文的可能文义范围之内，如果超出了这种可能的文义范围，就不再是这里所称的扩张解释。

扩张解释的局限性：

1. 立法者的原意有时难以确定。

2. 扩张解释的范围，即文义可能范围有时界限不清。

3. 与类推解释方法在实践中难以区分，其标准也难以把握。

（四）限缩解释

限缩解释又称为限制解释，是指法律条文的含义过于宽泛，不足以表示立法者原意，遂缩小其含义覆盖范围，使其局限于文义核心，以求正确地阐明法律条文内容和意义的解释方法。

注意：限制解释与扩张解释是两种思维过程或思维方向刚好相反的解释方法。限制解释将法律条文的含义缩小，而扩大解释则是将其扩大，但都是相对于法律原意而言的，其目的都是使法律条文的含义与立法者原意相符。

（五）当然解释

所谓当然解释，是指法律虽无明文规定，但依照法律规范的目的、事理上或情理上以及逻辑上的关联，将该事项解释为包括在该规定的使用范围之内。

当然解释的缺陷，主要表现在解释依据的不确定性，尤其当依据事理上、情理上的当然之理进行解释时，容易被解释者用来曲解法律规范；同时，被解释的规范与解释的结果之间在逻辑上的关联在许多情况下并不具有必然性，也就是仅具有或然性联系。

（六）目的解释

所谓目的解释，就是指法律的解释者根据法律的目的，以确定法律文本的内容的一种解释方法。

目的解释存在的依据：任何法律都是人类意志的表现，其背后都存在着立法者欲实现的目的，而要解释任何一个法律文本，只有把握其法律目的，并以此作为法律依据进行解释，才能真正理解和阐明法律文本的内容和意义。

目的解释的作用：

1. 对法律文本中的明显错误进行修正。

2. 消除法律文本中出现的歧义与模糊。

目的解释的局限性：

1. 一般说来，只有当文义解释的结果达到与立法目的严重相悖，或出现了严重谬误，方可采用目的解释。这说明，目的解释是文义解释的一种辅助方法。

2. 当社会现实相对于立法时的法律目的而言发生了巨大变化时，立法时的法律目的和现今的法律目的就可能冲突，此时如果机械地以立法时的目的进行解释，可能会使得解释的结果与社会发展的现状严重不符。

（七）合宪性解释

1. 所谓合宪性解释，指以宪法与位阶较高的法律规范解释位阶较低的法律规范的一种法律解释方法。

2. 合宪性解释的存在根据：从应然讲，现代法治国家的法律体系是一个犹如金字塔结构的不同位阶的法律组成的整体，其内部具有一致性和无矛盾性的特征，位阶较低的法律必须服从位阶较高的法律，所有的法律必须服从最高位阶的法即宪法，这是现代法治的一个基本原则。

3. 合宪性解释的功能主要体现在：

（1）一方面具有参与法律解释内容之决定的功能。

（2）另一方面，具有控制法律解释之结果的功能，亦即确保法律解释的结果，不溢出宪法所宣示之基本价值决定的范围之外。

4. 合宪性解释与目的解释、法意解释的区别：合宪性解释是以位阶较高的法律规范，阐释位阶较低的法律规范的含义；目的解释是以某一规范的目的或整个法律目的阐释该规范的含义；法意解释则从立法资料及立法史中探求各法律规范的立法意旨以阐释个别法律规范的含义。三者层次不同，解释方法各异。

（八）比较法解释

1. 比较法解释，是指援引、借鉴或参考外国立法例及判例学说以阐释本国法律规范的意义和内容的一种解释方法。

2. 比较法解释运用形式的两种基本形式：一是直接援引外国法，这是一种直观和明确的方式；另一种是吸收、借鉴或参考外国的法理，这是一种隐蔽或默示的方式。

3. 比较法解释的局限性：

（1）外国的法律或判例学说，是根植于其所在国的法律体系或法律制度之中，运用比较法解释的前提是对外国法律包括与此相关的外国政治、经济、文化和价值理念等内容的理解应当是全面具体的。而且，被援引或借鉴的法律对于本国的法律体系而言具有内在合理性，然而这些都是非常不容易做到的。所以，比较法解释容易造成断章取义，并作出不符合本国实际的解释。正因为如此，一般来说只有当其他解释方式不能解决问题时才能采用比较解释。

（2）从比较法解释的运用范围来看，它主要应用于民法解释，刑法领域难以适用。

4. 比较法解释注意事项：

（1）不得局限于法律条文之解释，应扩及于判例学说及交易惯例，尽可能对于外国法之真意及现实作用有充分了解，并将所引资料及参考理由说明。

（2）比较法解释系将外国立法例及判例学说引为解释资料，不可因外国立法例较佳，即径为援引采用，以取代本国法律规定。

（3）外国立法例虽有重大参考价值，但是否可以援引以解释本国法律规定或补充法律漏洞，应以不违反法律的整体精神和社会情况为度。

（4）应经由解释途径，将立法所继受之外国法例，纳入本国立法体系，使之融为一体。

三、社会学解释

1. 所谓社会学解释，是指将社会学方法运用于法律解释，通过社会效果预测和社会目的衡量，在法律条文可能的文义范围内，阐释法律条文具体内容的一种法律解释方法。

2. 社会学解释的一般步骤是：（1）对其中每一种解释结果可能产生的社会效果进行预测；（2）以社会目的对各种社会效果进行对比、评价和衡量；（3）确定何种解释结果所产生的社会效果更佳，更符合社会目的。

3. 社会学解释方法的局限性：

（1）由于社会学解释将视角从法律内扩大到法律外，即扩大至整个社会，并以符合社会目的作为解释的标准，这就使得解释的空间更为广泛，解释者的自由度也就相应地扩大。

（2）由于社会目的存在多样性，又使得解释者面对各种社会目的发生冲突的时候必然要进行依据法律外的理由作出选择，这些情况都使得社会学解释的结果具有较大的不确定性。

（3）运用社会学解释必须收集大量社会事实作为证据，并对这些事实的真实性和可靠性进行证明，所以，社会学解释一般说来成本较高。

四、关于法律解释方法的位阶关系问题

1. 法律解释方法的位阶问题，是指在对法律文本作出解释时不同解释方法之间的先后顺序问题。

2. 法律解释方法的运用，大致遵守如下解释规则：

（1）文义优先原则。即对任何法律条文进行解释，都必须首先从文义解释入手，如文义解释得到的结果是单一的，则一般无须进行论理解释；只有当运用文理解释有多个结果时，才继之以论理解释。

（2）在作论理解释时，应首先运用体系解释和法意解释以探求法律意旨，进而运用扩充解释或限缩解释或当然解释以判明法律的意义内容。如仍不能探清法律语义的疑义，则进一步作目的解释以探求立法目的，或者在依上述方法初步确定法律意义内容后，以目的解释进行核实。最后作合宪性解释看是否符合宪法的基本价值判断。

（3）如经论理解释各种方法，仍不能确定解释结论，可进一步作比较法解释或社会学解释。

（4）论理解释、比较法解释或社会学解释的结果不得超出法条文义可能的范

围，如论理解释、比较法解释或社会学解释的结果与文义解释相抵触时，在不超过法条文义可能的范围时，应以论理解释、比较法解释或社会学解释的结果为准。

（5）经解释最终仍存在相互抵触的结果，且各种解释结果均言之有理，持之有据时，则应进行利益衡量或价值判断，从中选出具有社会妥当性的解释结果作为结论。

第十二章　法律推理

本章引言

法律推理是现代西方法理学的核心问题之一，它是抽象的法律理论与法律规定走向具体的法律应用的中介环节。本章首先概述了法律推理的一些基本问题，如含义、特征和种类等；同时介绍了法律推理的静态形式即三种基本的法律推理方法：演绎推理、归纳推理与类比推理；最后分析了法律推理的动态运行过程。本章的难点在于掌握三种基本的法律推理方法，难点在于理解法律推理的动态运行过程。

第一节　法律推理概述

一、法律推理的含义

所谓法律推理就是指法律适用者在法律适用过程中，运用证据确认案件事实，选择、分析法律规范，从而将确认的案件事实归属于相应的法律规范并援引相关的法律条款而导出判决结论的思维活动。简而言之，法律推理就是以确认的案件事实和一般法律条款为已知前提，为法律上的判处结论提供理由的思维过程。

二、法律推理的特征

法律推理是一种法律适用的推理，它除了具有推理的一般逻辑特征以外，还具有一些独有的特征。

（一）法律推理是一种论辩性推理

由于社会环境纷繁复杂，法律上的争议往往极具复杂性，如果单凭有限的规则或逻辑推导，法官是无法应付众多的纷争的；特别是两个或两个以上的可能存在的前提或基本原则间进行选择时，各方就必须通过对话、辩论、批判性探究等方法来发现最佳的答案。

（二）法律推理是一种寻求正当性证明的推理

法律推理的核心主要是为行为规范或人的行为是否正确或妥当提供正当理由，它所要回答的问题主要是该规则的正确含义是什么？该规则的法律效力是否正当？行为是否合法或是否正当？当事人是否拥有权利，是否应有义务？是否负法律责任等。

（三）法律推理是一种实践推理

实践推理指的是人们用以在实际的伦理选择或价值选择时所采用的推理，它包括一定行为正当性的论证和相对于一定目的的最佳手段的确定。

与逻辑推理相比，实践推理比较重视推理的内容上的联系，而逻辑推理主要考察的是形式结构的关系。由于法律推理是为了探寻解决法律问题的最佳方法，其承载了推理者的一定价值观和对社会现实的关注，因此，法律推理带有强烈的实践性特点。

（四）法律推理要受现行法律的约束

法律推理的兴起就是为了制约人的独断与肆意妄为，因此，人们进行法律推理的重要依据包括两个方面的内容：一是法律事实；二是法律规范。也就是说，人们进行法律推理时，要受到这两个方面因素的制约。其中，现行法律是法律推理的前提和制约法律推理的条件。法律的正式渊源都可以成为法律推理中的理由，成为行为的正当性根据。

三、法律推理的分类

（一）形式法律推理和实质法律推理

1. 形式法律推理和实质法律推理的含义。

（1）所谓形式法律推理，就是在法律适用过程中，根据确认的案件事实，直接援引相关的法律条款，并严格按照确定的法律条款的形式结构所进行的推理。这主要表现为根据一般性的法律规范判断，推导出具体的案件裁决、判处结论的思维活动过程。

（2）所谓实质法律推理，就是在法律适用过程中，根据对法律或案件事实的实质内容的分析、评价，以一定的价值理由为依据而进行的法律推理。

（3）形式法律推理的主要形式是演绎推理，而归纳推理和类比推理都应当属于实质法律推理；因为应用归纳推理和类比推理得出的结论都或明或暗地包含有价值理由。

2. 形式法律推理和实质法律推理的关系

形式法律推理和实质法律推理的联系如下：

（1）二者追求的最终目的相同。

法律推理的过程实际上是综合运用两种推理方式的过程，二者都是为法律适用服务的，它们的最终目的都是要调节和指导人们的行为，解决争议或纠纷，调整法律关系。

（2）二者的适用步骤相同。

适用法律有三个必经的环节：一是弄清案件事实；二是确定适用的法律条文；三是根据法律规定推理出对案件的判决结论。人们在实际生活中使用形式和实质法律推理一般都要经历上述三个环节才能得出最终的结论，只不过实质法律推理所运用的法律依据是概括、抽象的法律原则、公理或原理等。

（3）二者的使用主体大体相同。

法律推理并非法官的专利，公民、律师和法学家们都可以使用这两种法律推理方式来解决法律问题，无论是形式法律推理，还是实质法律推理，两者的使用主体都是相同的。

形式法律推理和实质法律推理的区别如下：

（1）二者所体现的价值观念不同。

形式法律推理主要指演绎推理。就演绎推理而言，它要求严格依照法律规范来进行推理，基本上保持了法律的原汁原味，形式法律推理追求的是法的稳定性、确定性的价值。

实质法律推理的形式多种多样，其所追求的价值理念是合理。它是以立法目的和立法的基本价值取向为依据而进行的推理，往往是在没有明确的法律规定或法律规定明显不能适用的情况下所进行的，大多适用于疑难案件的处理。

（2）二者的适用范围不同。

形式法律推理主要适用于有明确法律规范的场合，实质法律推理主要适用于疑难案件的处理。

（3）二者所采用的推理方法不同。

形式法律推理主要采用演绎逻辑的推理方法，而实质法律推理采用的是辨证推理的方法。

（4）价值判断在两种推理中所起的作用不同。

价值判断在形式法律推理中的作用极为有限，但在实质法律推理中却起着中心作用。

（二）简单法律推理和复杂法律推理

按照法律推理前提的复杂和难易程度不同，可以将法律推理分为简单法律推理和复杂法律推理。

1. 所谓简单法律推理，就是指根据确定的、明确的、一致的法律规定和简易、清楚的案件事实，推导出待决案件判决、判处结论的推理。

2. 所谓复杂法律推理，就是指在疑难案件的法律适用过程中所运用的法律推理。所谓疑难案件指的是案件情况复杂、或者案件事实复杂难以认定、或者法律规定不明确的案件。

（三）法律规范推理和个案适用推理

根据法律推理是否涉及具体案件的事实问题，可以把法律推理分为法律规范推理和个案适用法律推理。

1. 所谓法律规范推理，又叫做法律规范判断之间的推理，指的是由一个一般性的法律规范判断（制定法规范）推导出另一个一般性的法律规范判断（裁判规范）的推理。这种推理实际上是由规范到规范的推理。

2. 所谓个案适用法律推理，就是根据一般性法律规范判断和已经确认的某个具体案件事实而推导出待决案件的判处结论的推理。

四、法律推理的功能与作用

（一）法律推理的功能

1. 法律推理的证成功能。

法律推理具有证成功能，主要表现在法律推理的首要功能是为结论提供正当理由。

2. 法律推理的解决争端和社会控制功能。

在法律社会里，人们主要依靠法律来解决社会争端，依靠法律推理来为自己的主张提供理由。法律推理通过解决争执、审判违法犯罪等措施，发挥着对社会资源按照正义、利益和人权进行重新分配的作用。

3. 法律推理的预测功能。

法律推理过程是一个探求法律的过程，因此，具有一定的预测性。法律推理的参与者、法律适用者之外的观察者都可以通过对各种可能的情况的分析推理，预测法律在何种情况下可能会做出何种判决。

（二）法律推理的作用

1. 法律推理对于实现司法公正具有重要作用。

司法公正既包括实质公正，也包括形式公正。形式公正，是指对法律和制度的严格、一贯和不偏不倚地执行。实质公正，是指法律与制度实行的后果符合人们对实质正义的通常理解。

法律推理与司法公正有着内在的联系，这表现在：

（1）法律推理的规则与司法公正的要求是一致的。法律推理的规则要求，推理的过程应具有逻辑上的一致性和不矛盾性，同样案件应当同样处理，这实际上也是形式公正的要求。

（2）法律推理的目标与司法公正的目标也是一致的。法律推理与司法公正的关系是一种形式与内容的关系，法律推理的过程也是追求公正的过程，这是因为法律推理是一个正当性证明的推理，它的目标是为法律规范以及人们的行为提供理由。

2. 法律推理有助于法治国家的建立

由于为法律制定与法律适用提供正当理由，所以，法律推理是实现法治社会中法律制定与实施的合理性的必由之路。

第二节　法律推理基本方法

一、演绎推理方法

（一）演绎推理的一般理论

1. 所谓演绎推理，指的是一种从一般性的前提推导出特殊性结论的必然性推理。

2. 演绎推理的两个重要特征：

（1）从推理的方向看，演绎推理是一种从一般到特殊的推理，即演绎推理的前提大多包含了一个一般性命题，有些是带有公理性质的命题；其结论是包含在这一一般命题之中的、关于特殊对象的断定。

（2）从结论的可靠性程度看，演绎推理是一种必然性推理。

3. 演绎推理的方法主要有：三段论推理、假言推理、选言推理与联言推理。这里主要介绍三段论推理和假言推理。

（1）三段论推理：三段论推理是由两个直言命题作为前提，得出一个直言命题作为结论的一种推理。这一推理形式由三部分形成：大前提、小前提与结论，给人有三段的感觉。例如：

大前提：犯罪者都会受到法律制裁。

小前提：张三是犯罪者。

结论：张三会受到法律制裁。

（2）假言推理：假言推理是指以假言命题为前提，并依据假言命题前后之间的制约关系而进行的推理。例如：

如果犯罪嫌疑人年龄不满18周岁，则应从宽处罚。

本案犯罪嫌疑人年龄不满18周岁；所以，本案犯罪嫌疑人应从宽处罚。

（二）演绎推理在法律中的应用

1. 演绎推理模式：

大前提：法律规范。

小前提：案件事实。

结论：判处结论。

2. 演绎推理适用的主要场合是所谓的简单案件，亦即案件事实比较清楚、适用的法律比较明确、且其中的法律概念不存在含糊之处的案件，在这种情况下，我们一般可以直接采用演绎推理得出结论。

3. 人们喜爱、重视演绎推理的原因如下：

（1）演绎推理满足了人们追求法律稳定性、确定性的心理需要。

稳定性和确定性一直是人们苦苦追求的适用法律的目标，一些学者甚至将稳定性和确定性看成是法治的重要体现。

（2）演绎推理满足了人们对法律推理客观性的要求。

借助演绎推理，法律推理过程变成了一种纯客观的操作过程，演绎推理好比一个加工机，它完全是客观的加工，不掺有加工人的个人色彩，推理的结论不会因人而异，因事而异。如果法律推理的过程是一个追求真理的过程的话，则演绎推理就是达到真理性认识的重要手段。

（3）演绎推理满足了人们对形式正义的需要。

实现形式正式的首要条件就是法律必须具有一致性、可预见性和可计算性，而演绎推理正好可以付诸此目的。

4. 演绎推理的局限性：由于演绎推理是前提蕴涵结论的推理，亦即演绎推理的结论已经包含在前提之中，因此，演绎推理不能给人们带来新知。演绎推理的这一不足体现在法律推理之中，体现为法律推理中的演绎方法具有保守性的特点，不能适应社会生活变化的需要。此外，使用演绎推理的基本要求是：案件事实清楚，法律规定明确。这种要求在法律实践中有时很难完全具备，因此，演绎推理方法在法律适用活动中并不能解决所有问题，尚需要其他法律方法作为补充，从而构成法律方法系统。

二、归纳推理方法

（一）归纳推理的一般理论

1. 归纳推理是根据一类事物包含的许多对象的共同情况，推导出该类事物的一般性结论的推理。即归纳推理是由若干普遍性程度较低的命题推导出普遍性程度较高的命题的推理；是一种从特殊到普遍的推理，是自上而下的推理，从这点来看，归纳推理与演绎推理的方向正好相反。

2. 归纳推理的两个重要特征：

（1）归纳推理的主要思维方向是从特殊过渡到普遍。

（2）归纳推理的结论超出了前提的范围，因此前提的真实性并不能完全保障结论的真实性。这说明归纳推理的结论不具有必然性，而是具有或然性，可能真实也可能虚假。

3. 具体来说，归纳推理又可以分为完全归纳推理与不完全归纳推理。不完全归纳推理又可以分为简单枚举归纳推理和科学归纳推理。

（二）归纳推理在法律中的运用

1. 归纳推理较好地实现了法律推理稳定性和灵活性的统一。一方面，由于归纳推理要考察一系列案例，再从这些案例中总结出一个法律原则适用于待决的案件，由于考察的案例较类比推理多，因此，其结论的可靠性程度较类比推理高；另一方面，归纳推理是一种开放性结构，这保证了法律推理的灵活性，可以克服演绎推理保守性的特点，在这一方面它又较演绎推理优越。

2. 归纳推理有利于法官提高自己的司法技巧。由于归纳推理的过程是一个不断积累经验、修正错误的过程，因此，法官可以在这一过程中不断地修正自己的错误。

3. 归纳推理有利于避免严重的司法不公。由于人们在归纳推理过程中考察了大量的案例，而不是一个案例，因此，可以从这大量的案例中总结出一些规律性的东西，并由此避免人们的肆意妄为。

4. 归纳推理比较符合人们思维的一般习惯，易于为人们所接受。人们的思维过程一般习惯是从具体逐渐上升到抽象，而人们运用归纳推理，就是从经验性事实中归纳出一些规律性的东西，并最终上升到抽象的结论的过程。

在法律推理过程中，人们运用归纳推理，意图达到的目的是：为了寻找确定可资应用的法律推理的大前提。归纳推理运用还有另外一个要求，即排除相反的情形，从反面证明自己结论的可靠性。

综上所述，在法律推理中，人们使用归纳推理主要是为了确立法律推理的大前提。并且，要提高归纳推理结论的可靠性，必须从两个方面努力：一是考察尽可能多的案例；二是要考察手头能够找到的、有限的判例中有无相反情形出现。

三、类比推理方法

（一）类比推理的一般理论

1. 类比推理是根据两个或两类对象的某些属性相同或相似。从而推知它们的另一个属性也相同或相似的推理。两个或两类对象某些属性相同或相似，是运用类比推理得出结论的依据；确认另一个未知的属性也相同或相似，是在类比推理基础上通过推理得出的结论。

类比推理的公式是：

A 具有 a、b、c、d 属性。

B 具有 a、b、c 属性。

所以，B 也具有 d 属性。

2. 与演绎、归纳两种推理形式相比，类比推理是一种由特殊到特殊的推理，即类比物与被类比物都是特殊的事物，因此，得出的结论也是关于特殊事物的结论。由于类比推理通过某两个事物在某些偶然属性上相同，进而推知两者在另外的属性上也相同，这带有高度的不确定性，因此，它是一种高度或然性的推理，即其结论不具有必然性。人们通过以下几个方面来提高类比推理的可靠性：

（1）要求用类比的属性与推出的属性之间应当是相关的、有联系的。

（2）要求用以类比的两个（类）事物之间有更多的相同属性。

（3）应尽可能的寻找到用以类比的两个事物的本质属性或深层属性，并将这两者进行类比。

（二）类比推理在法律中的运用

1. 类比推理体现了相同案件相同处理这一重要的法律原则。

2. 类比推理是对法官如何断案比较接近的描述。

3. 类比推理有着四个非常突出的优点，它吸引了法律人的注意。

（1）对于时间和空间非常有限的人来说，类比推理是现存最好的得出判处结论的方法和途径。

（2）对于那些不能按照一般性原则解决的问题，用类比推理可以使之得到特殊的结果。

（3）类比推理是一种开放性推理，易于接受新的事实和观点，从而使得人们在分歧和不确定问题上易于达成共识。

（4）法律中的类比推理是利用比较固定的先例运行的，这一先例限定了合理争议的范围，从而引入了一定程度的稳定性和可预见性。

4. 类比推理的局限性：

（1）类比推理缺乏一个足够科学的、客观的理论基础，过度地依赖直觉。

（2）人们无法对作为类比推理关键的相似性问题做出一个可靠的说明。

（3）如果过度地强调类比推理的作用，会导致司法权对立法权的僭越。

第三节　法律推理运行进程

一、法律事实的确定

（一）法律事实的概念和特点

1. 通常，人们总是从法律关系的角度来理解和定义法律事实。所谓法律事实就是指能够引起法律关系产生、变更或消灭的各种事实的总称。

2. 法律事实的特点如下：

（1）法律事实是一种规范性事实。这意味着法律事实不同于一般的自然事实。

法律事实是法律规范的产物，如果没有相关的法律规范，就不会有法律事实。

（2）法律事实是一种能够用证据证明的事实。这意味着法律事实不仅是客观事实，而且还应该是能够用证据证明的事实。

（3）法律事实是一种具有法律意义的事实。如果某一事实没有对法律产生任何影响就不能称为法律事实。

（二）法律事实判断的形成

通俗地说，法律事实判断的形成过程大致经历了这样几个步骤：

1. 对自然事实的梳理与认定，亦即判断到底发生了哪些自然事实。

2. 由自然事实出发，进行想象，力图发现这一自然事实与某些法律规范之间的联系。

3. 对某些法律规范所规定的事实构成进行分析。

4. 将法律规范所规定的事实构成与自然事实进行比较，看这些自然事实能否涵射到这一法律规范之下。

5. 从自然事实中排除那些不具有法律意义的事实，总结出法律事实，形成有关法律事实的判断。

※真题再现（2004年真题不定项选择题）某甲因为自杀导致与妻子的婚姻法律关系终结，该原因属于（　　　）。

A. 法律行为　　　　　　　　　　B. 法律事件

C. 法律事实　　　　　　　　　　D. 法律规定

【答案】BC

（解析见2004年真题不定项选择题第9题）

二、法律判断的形成

1. 法官在法律事实已经确定的基础上，形成自己的法律判断。所谓法律判断指的是法律适用过程中，法官基于自己的职业素养以及对法律事实的认定而形成的、关于哪一个法律规范将被适用以及这一法律规范的内涵如何的一种断定。简而言之，法律判断是一种归类活动，是一种将特定的法律事实归之于某一规范的活动。

2. 卡尔·拉伦茨认为，法律判断的形成途径有五种：

（1）以感知为基础的判断。

（2）以对人类行为的解释为基础之判断。

（3）其他借社会经验而取得的判断。

（4）价值判断。

（5）留给法官的判断余地。

第十三章　法律论证

本章引言

本章首先概述了有关法律论证的理论渊源、基本概念、特征等；然后对前面章节的法律解释、法律推理等相关概念进行了比较，进而提出了关于法律论证的两种思维模式，三种论证效力标准及其论证的具体过程。本章重点掌握法律论证三大标准，难点在于司法过程中的共识证成过程。

第一节　法律论证概述

一、法律论证的渊源

当代法律论证理论具有以下特点：

1. 法律论证理论是实在法的实践问题。法律论证理论的存在就是为了更好地面对和解决实在法在实践中所遇到的问题。法律论证理论使法学研究的视角从法律形而上学转向对实在法的问题尤其是司法判决问题的研究。法律论证理论的核心问题就是一个法律决定（包括法官的判决）何时可以被看做是合乎法律及合乎理性的。

2. 法律论证理论属于司法定向的法学理论。

3. 法律论证理论强调法律论证并不是一种独白式的证明。

4. 法律论证具有效力的判断标准。

二、法律论证的含义

1. 法律论证是法律方法与法律思维的主要问题之一。一方面，它对法律判决的形成进行着指引；另一方面，它还要对判决的正当性、合理性和可接受性提供必要的理由。

2. 一个论证同时也是一个运用逻辑方法从理性上进行的证明，它包括三个部分：论题、论据和论证方式。论题解决"是什么的问题"，在一个论证中论题指的是论证者的观点和主张；论据，也就是论证的理由、根据，主要用来说明论题的真实性，它的核心是"用什么来证明"；论证是论题与论据之间的联系方式，也就是论证者在用论据支持论题时使用什么样的推理方式。

3. 法律论证是对法律命题的证立过程，是一个说服听众、讲法说理的过程。

三、法律论证的特征

法律论证是一个由经验与逻辑、直觉与理性交互作用而形成的复杂系统。其主要特征包括：

1. 法律论证具有目的性。追求法律活动的正当性、合理性及可接受性是法律论证的出发点，法律论证过程就是围绕这一目的展开论证和说理的过程，并最终证明自己主张的正确性和决定的合理性。

2. 法律论证具有交涉性。法律论证活动一般被表述为论辩、对话或商谈，它强调活动中主体之间的交互作用过程。

3. 法律论证具有合理性。法律论证的合理性是人们在对法律认识理性化的过程中，引发的关于法律的确定性、正当性和可预测性的问题。论证当中，法律主体依据逻辑规则和法律规则进行的说理及证明，不仅具有逻辑上的说服力，而且也具有法律上的正当性。

4. 法律论证具有实践性。在经验层面，法律论证活动渗透于一切法律活动当中，并通过行为者的行为过程和行为方式展现出来。

5. 法律论证具有拘束性。法律论证的拘束性是指它可以多维度形成对司法者任意司法或者主观擅断的方法上的约束。一方面，法律论证的形式化要求，使法官自觉或不自觉的养成了一种保守的思维习惯，惯于墨守成规，因循先例。这种思维习惯以及思维方式对于法的稳定性的保持，无疑具有积极的意义；另一方面，法官在进行法律论证时，既要受制于法律规则的外在约束，又要受制于形式逻辑的内在制约，其进行为自己立场或主张说理或证明的论证行为，既要为现行法律规则所允许，又要符合逻辑规则的要求，这就有效地防止了司法过程中的法官恣意，保证了法治的统一性。

四、法律解释、法律推理与法律论证

（一）法律解释与法律论证

法律解释与法律论证之间的密切关系，体现在这两种方法的具体运用上。在具体裁判中，法律解释与法律论证方法彼此相互配合，共同致力于合理法律判断或法律决定的形成。从本质上，法律解释跟论证活动是无法同时也不允许截然分开，分别处置。法律解释只有在论证的框架内才得以理解。可以说，是法律论证使得法律及其解释有了可证立性，从而最终实现其有效性和合理性。法律论证使得法律及其解释更有力量。

（二）法律推理与法律论证

1. 人们对法律推理的界定往往与法律论证、论辩相关联。法律推理和法律论证或法律论辩往往在同一意义上使用。这个概念包括四个方面的要素：即法律理由、推导与论证、权威性及证成方法。

2. 二者区别如下：

（1）从思维活动的进程来看，推理一般是由已有的观点推出新的判断，即从前提推出结论，而论证则是先有论题，然后围绕论题寻找根据，以确立论题真实性、正当性。

（2）从复杂性方面看，推理有固定的逻辑形式，确定的行动方向和严密的步骤；而论证往往是各种推理的综合运用，且证明的路径没有固定不变的方向。

（3）论证是有明确目的性的，是为了一定的解释目的或者说服目的而进行的活

动；而推理则是没有确定的目的指引下所进行的思维活动。

（4）论证往往发生在交往活动中，常常被表述为对话、商谈或论辩，而推理则更多地体现个人的思考或头脑内部的推想，并不必然地发生于交往和论辩的场合，也不必然地与他人发生交互行为。

（三）法律解释、法律推理与法律论证的关系

法律解释作为法律推理过程的一个环节，本质上是以正当理由解释法律理由的过程。在这里，问题的关键不在于对所适用的法律提出某种解释，而在于使用的法律制度和法律传统中被确认为正当的方式作出对法律的解释。无论是法律解释还是法律推理，均是在整个法律论证框架（包括内部证立与外部证立）中进行的。于是，按照图尔敏提出的论证模式，法律解释与法律推理在论证的基本结构中各司其职。

第二节　法律论证基本方法

一、法律论证方法的理论基础

（一）生成性哲学思维

生成性哲学思维的特征如下：

1. 重视过程而非本质。

2. 重视关系而非实体。

（二）商谈性法理思维

法律商谈理论是以交往行为理论和商谈伦理学为基础建立起来的，也可以说是商谈伦理学的基本原则在法律领域的运用。

二、法律论证方法的路径

（一）逻辑学方法

按照在任何论辩中不得自相矛盾的基本规则，运用逻辑学方法进行法律论证主要通过三段论法律逻辑进行。

（二）修辞学方法

与逻辑的方法强调法律论证的形式方面相对应，修辞的方法注重的是法律论证的内容及其可接受性。

（三）对话（论辩）方法

运用对话方法进行法律论证，意味着法律论述被视为关于某一法律观点是否可被接受的问题。

三、法律论证方法的要素

（一）前提

如果没有这种对立的命题或结论，那就没有真正意义上的法律论证。因此，是

否真正具有对立性，这是判定论题质量的实质标准，也是判定法律论证真与假的试金石。

（二）主体

1. 论者，也称为言说者，是指提出某个意见或主张并试图说服他人的人。

2. 听众，泛指言说者在论证过程中企图影响的人。一般包括：（1）所有的人，即普遍听众；（2）参与争论的人，即特殊听众；（3）言说者自己。

（三）共识

共识被分为实在性共识和好恶性共识两大类。前者主要包括事实、真理与推定；后者主要包括价值判断及层级观念等。总之，共识是论者与听众共有的一致性认识。

（四）规则

1. 论题明确性规则。任何一方不得使用不够明确的或者模棱两可的表达方式，并且要尽量仔细、准确地解释对方的表达方式。

2. 不矛盾规则。任何一个言说者不得自相矛盾。

3. 同一性规则。不同的言说者不许用不同的意义来做相同的表述。

4. 平等、自由、论辩规则。任何一个能够言说者均可以参加言说；任何人均可以对任何主张提出质疑；任何人均可以在言说中提出任何主张，均可以表达其态度、愿望与需求；任何言说者在行使上述权利时均不受言说内外的任何强制。

5. 证立义务规则。任何一个言说者，必须应他人的请求就其所主张的内容加以证立，除非他能举出理由证明自己有权拒绝给出证立。

6. 相关性论辩规则。攻击某个论点必须与对方实际已经提出的论点相关；一方只有提出与论点相关的论证，才能对其论点进行辩护。

7. 普遍性规则。任何一个言说者，当他将谓词 A 应用于对象 a 时，也必须能够将 A 应用于相关点与 a 相同的任何一个对象上；任何提出规范性陈述的人，必须假设当其置身于当事人之处境时，也能够接受此命题预设规则所造成的利益变动的结果（换位思考规则）；任何规则造成的对他人利益变动的结果必须能为所有人接受。

（五）责任

论证责任，亦叫论证负担，是指论者对听众所应承担的论证及说服责任。这意味着，如果论者不能就该问题进行有效论证与成功说服，那么将承担该主张不能被证立的效果。

（六）结果

法律论证追求的是特定背景下对法律问题决断的可接受性。这种可接受性就是法律论证的结果。应当强调指出，这种可接受性，并非绝对意义上的真理，它只是一种相对合理性。法律论证之所以具有相对合理性，受制于以下因素：

1. 历史因素，即任何一种法律论证的合理性都只是特定历史时代的合理性，不可能是被任何一个时代接受的、具有永久合理性的法律论证。

2. 文化因素，即任何法律论证都是在特定文化环境中进行的，文化之间的差异性，使得人们在以彼文化的眼光来打量此文化中法律论证的合理性时，往往发现其合理性是有限的，甚至其合理性干脆就是不合理。

3. 个体因素，即法律论证是由一个个活生生的不同个体带着各自不同的意见进行的，不仅每个个体的认识能力非常有限，而且其知识观念也在不断发生着。因此，所有的法律论证不能不带有暂时性的特征，亦不可能是一种最终的证立。

4. 法律自身因素，即法律自身并非像人们长期以来所预想的那样具有稳定性，事实上其运行中具有诸多不确定性因素。因而，法律具有不确定性，这种不确定性必然导致法律论证的相对合理性。

第十四章　法律与社会

·

本章引言

　　本章是法律社会论的引论，属于必须掌握的内容。本章首先概述了社会的基本内涵，然后阐明了法律必须以社会为基础的缘由，最后讨论了法律对于社会的控制功能。在复习时，要重点理解法律控制是现代社会的主导控制模式，但并非唯一的控制模式。

第一节　社会释义

　　对社会的解释，概括起来主要有两大派别：一派叫做社会唯实派或实体派，认为社会不仅仅是个人的集合，而是一个客观存在的东西，是真实存在的实体。另一派叫做社会唯名派，认为社会是代表具有同样特征的许多人的名称，是一个空名，而非实体，真实存在的只是个人。

　　人的本质是一切社会关系的总和，社会是由人们交互作用的产物。社会确实是由一群人所组成的，但这群人存在着一种相互关系，即社会关系。社会关系乃是由各种社会活动所形成的，没有社会活动，没有人们之间的交往，便没有社会。

第二节　法律以社会为基础

　　社会是由各种相互联系、相互作用的因素所构成的集合体，包括经济、政治、文化等社会领域以及法律、道德、宗教等社会规范。

　　法律是社会的产物，是社会的一种制度。社会性质决定法律性质，社会物质生活条件在最终意义上决定着法律的本质。不同的社会有不同的法律。即使是同一性质的社会，在其不同的发展阶段上，法律的内容、特点和表现形式往往也不尽相同。

　　但是，法律也如上层建筑的其他组成部分一样，并不仅仅是消极地反映社会，而是对社会起着强大的反作用，或者对社会的发展起着促进作用，或者对社会发展起着阻碍作用。法律的使命即在于协调各种社会关系，其社会功能主要表现为对经济、政治、文化等社会领域的功能。

　　总之，法律以社会为基础，不仅指法律的性质与功能决定于社会，而且还指法律变迁与社会发展的进程基本一致。

　　※真题再现（2009 年真题命题分析题）"法律的生命在于经验而不在于逻辑"。（解析见 2009 年真题命题分析题第 3 题）

※真题再现（2011年真题辨析题）社会不是以法律为基础的。

（解析见2011年真题辨析题第2题）

第三节　通过法律控制社会

1. 所谓社会控制，在广义上指使人们接受社会价值、原则或规范的全部过程，包括使人们社会化的所有措施；狭义上的社会控制则总是与异常行为相联系，指人们如何确定异常行为并对异常行为作出反应。

2. 实行社会控制的手段有三种：法律、道德与宗教。通过法律社会控制的主要表现包括：

（1）通过法律行使国家的职能。法律有赖于强制力，没有强制力就实现不了社会控制的职能，法律把强制力的行使加以组织化、系统化。因此，所有的其他社会控制手段的行使只能从属于法律，并在法律确定的范围内行使。当然，法律作为社会控制的主要手段，仍然需要其他社会控制手段的配合。

（2）法律控制社会，还表现为通过法律对社会机体的疾病进行治疗。实行依法治国，要求国家的各项事业都逐步走上法治化的轨道，实现国家政治生活、经济生活和社会生活的法治化与规范化，使广大人民能够依照宪法和法律的规定，通过各种途径和形式参与管理国家事务、经济事业、文化事业，管理各种社会公共事务。

3. 法律的局限性表现（法律万能论）

（1）有些领域，法律不宜介入；有些情况，法律无力介入。对于这些领域和情况，法律的控制不是唯一的手段，或者说不是最佳的手段。如果一定要以法律进行控制，就可能导致社会成本过大，得不偿失，甚至造成法律的暴政。

（2）法律的局限性还表现在每一个社会个体身上。即使法律再完备，如果社会公众对于法律无动于衷，则法律仍游离于社会有机体之外，难以发挥作用。

（3）影响法律局限性的因素，除了公众对法律的认知及其使用能力之外，尚有其他。如法律应有的功能因其所处的人事或环境之变迁而有所差异或失效，故而功能无法如预期的那样被实现。

（4）除了法律之外，社会还存在着其他社会规范，即其他资源分配系统，诸如宗教、道德、政策等。为了有效地通过法律控制社会，就必须使法律与这些其他资源分配系统进行配合。

总之，法律渗透于现代社会的各个角落，联结者社会的方方面面，传承文明、沟通未来。正是通过与经济、政治和文化等社会领域，以及政策、道德、宗教等社会规范的互动，法律才能改造世界，维护人权，由此直接影响国家的发展进程，从而实现全方位的社会控制。

※真题再现（2008年真题判断分析题）法律的作用是有局限性的。

（解析见2008年真题判断分析题第1题）

※真题再现（2010年真题判断分析题）学习法律，从法律本身来理解法律是很难的，就法律来理解法律，结果是理解不了法律的。

（解析见 2010 年判断分析题第 3 题）

※真题再现（2010 年真题判断分析题）社会不是以法律为基础的，那是法学家们的幻想。相反，法律应该以社会为基础。

（解析见 2010 年判断分析题第 4 题）

※真题再现（2011 年真题多项选择题）法律作用的局限性表现在（　　）。

　　A. 法律调整范围有限

　　B. 法律不可避免地存在漏洞

　　C. 表达法律规范的语言完全没有确定性

　　D. 相对于现实社会生活，法律具有滞后性和僵化性

【答案】ABCD

（解析见 2011 年真题多项选择题第 6 题）

第十五章   法律与经济

本章引言

本章主要解释经济的含义、阐述一般意义上的经济与法律之间的关系，厘清法律与市场经济的关系。学习重点是理解法律与中国市场经济的关系，难点是理解如何通过法律应对全球性经济危机。

第一节   经济释义

在这里，我们主要从生产力与生产关系的意义上运用经济概念，但是也不排斥其他的经济因素。经济或称经济状况，指的是整个社会的物质资料的生产和再生产；经济活动即社会物质的生产、分配、交换和消费活动的总称。

第二节   经济与法律的关系

一、经济基础决定法律

法律是随着经济发展的需要而产生的。在经济发展到一定阶段，产生出对法律的需要时，作为一种特殊的社会规范的法律便应运而生。一定生产关系的性质以及生产力的发展水平，决定着以该生产关系为基础的法律的本质和特征。法律只能是在经济上占统治地位，并在政治上也占统治地位的掌握国家政权的社会集团共同意志的反映。有什么样的经济基础，就有什么样的法律。

社会经济基础的不断发展变化必然反映到上层建筑，要求上层建筑与之相适应并为其服务。同样，经济基础的不断发展变化，也必然引起法律的发展变化。这种发展变化不仅表现在法律随着经济基础的根本变革而发生本质的变化，还表现在，当经济基础发生局部变化时，也会引起法律的相应变化。

二、法律对经济的作用

法律对经济的作用主要表现在以下几方面：

1. 确认经济关系。法律确认经济关系，是指法律创建新的生产关系及改造旧的生产关系。这种确认功能使社会基本经济关系以制度形式得以合法存在。

2. 规范经济行为。法律对经济调整主要是通过民商法、经济法、行政法和程序法等加以间接宏观调控，对经济行为加以规范，从而使经济在一定的法律秩序中运行。

3. 维护经济秩序。法律对经济关系不仅加以确认、调整，而且加以维护和保障，保证其正常的发展秩序不受侵扰，这样才能体现法律经济功能的目的性及其本质。

4. 服务经济活动。法律的经济功能不仅通过直接规定经济关系内容的法律规范体现，而且还通过服务于经济活动的各种法律制度来体现。

（1）降低交易费用的制度。

（2）用于影响生产要素的所有者之间配置风险的制度。

（3）用于提供职能组织与个人收入的联系的制度。

（4）用于确立公共产品和服务的生产与分配的框架的制度。

第三节　当代中国法律与市场经济

一、法律对市场经济发挥作用的必然性

1. 市场经济是法治化经济，即以法律为规范的经济。市场经济越发展，越需要完备的法治。市场经济体制下，资源配置在很大程度上是通过法律实现的，法律设定出资源配置的制度框架，并由此决定资源的流向和利用方式。总之，在市场经济条件下，资源合理配置的前提是合理和完善的法律的形成。此外，市场经济下经济交往的平等性、市场运行的稳定背景、市场交易的规模效益需求都决定了法律具有更高程度的运用价值。

2. 市场经济体制的建立，还需要其他方面改革的协同进行，从而达到公有制与市场经济的兼容协调，包括所有制行使、分配制度、宏观调控、民主政治、社会保障制度的改革等。这些同样需要法律功能的发挥。

二、我国法律对市场经济建设的作用

1. 确立市场经济的基本走向和基本原则。宪法和有关基本法律的经济功能主要在于：确认和维护国家的社会主义经济制度，规定各种经济成分的不同法律地位，明确经济建设的方针和原则，使市场经济建设具有合法性、合理性，从而推进市场经济的健康发展。

2. 确认和维护各种市场主体的法律地位，规范市场主体微观经济行为。市场经济是主体多元、决策分散性经济，必须承认不同利益主体的法律地位，揭示市场主体的不同形态。市场经济要求法律对各种所有制经济和公私财产给予平等的保护。

3. 通过法律培育市场体系，维护市场秩序。社会主义市场经济绝不是自由放任经济，不能将政府干预与调节同市场经济对立起来。市场自发运行固然有其优越性，但同时又存在着各种各样的问题，使市场经济不能实现资源的最佳分配。解决问题的最佳方式和手段就是法律。

4. 运用法律解决社会保障问题。在建设市场经济的过程中，必须做好社会保障工作。要建设市场经济，就应当在认真总结经验的基础上，不断加强社会保障的法

制建设，把我国在社会保障方面长期积累的成功经验，用法律的形式固定下来。

5. 运用法律对市场经济进行宏观调控。市场经济存在着自发性、盲目性和滞后性。必须由国家通过法律杠杆进行调控。总之，法律是国家实行宏观调控，矫正市场经济弊端，引导市场经济良性运行的有效且极其必要的手段。国家对经济的调控行为通过法律来实现，从隐性功能看，也有利于政府机关的经济管理行为规范化，从而适应法治经济的要求。

第四节　法律与全球性经济危机

一、如何通过法律应对全球性经济危机

1. 各国应该通过法律制度给公民提供较为充分的社会保障，以保证公民能够放心地将收入投入消费，拉动需求。

2. 各国应该制定更加严格的法律来规范金融市场，尤其是金融衍生产品。

3. 各国应该制定经济危机中中小企业保护法，帮助中小企业渡过危机。

4. 各国应该摒弃贸易保护主义，不要通过法律渠道人为构筑实质性的贸易壁垒。

第十六章　法律与政治

本章引言

本章是法学与政治学交叉研究的内容。首先，主要阐明政治的基本内涵与法律的基本关系，然后，分析了国家与法律的关系，最后，通过对法律与执政党政策的比较，讨论了协调法律与政策关系的基本准则。重点要求确认认识法律对政治的功能，理解法律在现代中国政治进程中的意义。

第一节　法律与政治的基本关系

一、政治与政治文明

概而言之，政治就是为了维护或反对现行国家政权而进行的，处理阶级关系、政党关系、民族关系、国家关系以及其他有关社会关系的活动。

所谓政治文明，泛指人类改造社会所获得的政治成果的总和，是一个社会健康的政治秩序的体现，是政治生活的进步状态。

二、法律与政治的关系

1. 一方面，法律是国家意志的体现，是由国家强制力保证其实施。离开了国家政权，法律就失去了存在的依托。在这个意义上，法律与政治联系十分紧密，法律的制定、适用、遵守和监督，都是政治活动或政治活动的结果。法律直接受政治的制约，有什么样的政治制度、政治现实，就有什么样的法律；法律随着政治制度和政治现实的变化而变化，因此，政治优先于法律，对法律起引导作用。法律需要政治权力作为基础，特别是它的推行有赖于政治强力的支持。通常法律要服务于政治，政治占主导地位。

2. 另一方面，法律毕竟有其相对的独立性，法律对于政治的功能仍是不容抹杀的。

三、法律对政治的功能

（一）协调政治关系

1. 政治关系是人们在社会生活中，基于特定利益要求而形成的，以政治强制和权利分配为特征的社会关系。政治关系的基础是政治利益，法律通过分配政治利益来协调政治关系。

2. 依据我国有关的法律规定，政治权利包括：

（1）选举权与被选举权。

（2）言论、出版、集会、结社、游行、示威自由的权利。

（3）担任国家机关职务的权利。

（4）担任国有企业、公司、事业单位和人民团体领导职务的权利。

（二）规范政治行为

1. 政治行为是人们在特定利益的基础上，围绕着政治权力的获得和运用、政治权利的获得和实现而展开的社会活动。从一定意义上说，法律是政治斗争的产物，又是政治斗争的手段。政治斗争的类型反映着法律的历史类型，体现着法律的本质。反过来，法律的本质规定着政治斗争的程度和方式。

2. 进行政治统治，离不开法律的运用，尤其是在一个民主社会，政治统治就是法律统治，即形成一种法治秩序。此外，法律为公民进行政治参与提供必要的途径，使普通公民通过合法活动实现对政府的相应控制。

（三）促进政治发展

1. 政治发展是指对政治关系的变更和调整，表现为政治革命和政治改革。

2. 革命往往不是通过法律进行，而是直接通过暴力进行。一旦革命成功，胜利者又要以法律巩固自己的成果，法律乃革命成果的记录。

3. 作为一种有计划的政治变革，往往都伴随着法律变革。法律使政治措施既具有合理性，又具有现实性；法律能够为政治变革指明方向，为政治改革创造良好的环境，保障政治改革的顺利进行并巩固政治改革的成果，从而防止和清除政治弊端，推动政治不断前进。

（四）解决政治问题

1. 政治的核心问题是政权问题。有的政治问题要靠暴力甚至是战争来解决，但是同时也有很多政治问题可以通过法律手段来解决。

2. 在诸多政治问题中，一个国家的民族团结居于突出的地位，而法律恰恰能够增强民众的凝聚力。

※真题再现（2008年真题不定项选择题）有关法律与政治关系的正确表述是（　　）。

　　A. 法律对于政治具有相对的独立性

　　B. 政治权力需要受到法律的约束

　　C. 法律可以促进政治的发展

　　D. 政治问题也可能通过法律来解决

【答案】ABCD

（解析见2008年真题不定项选择题第8题）

※真题再现（2010年真题论述题）试论法律与政治的关系。

（解析见2010年真题论述题第1题）

第二节 法律与国家的基本关系

一、国家的概念

（一）国家观概览

现代社会，流行的国家观主要有以下几种：

1. 国家是达到某种目的的工具。

2. 国家是一种政治制度。

3. 国家是一种有机体。

4. 国家是政治上组织起来的人民。

5. 国家是一种工团的联系，国家至上。

6. 国家是表示社会文化特征的地区单位和行政单位。

（二）国家释义

1. 在讨论近现代国际关系时，国家一词往往指由政府、人民和领土组成的并拥有主权的政治实体。在国内法意义上，国家一词则是指在法律上代表公共利益的具有法人资格的特殊权利主体。

2. 在研究法律与国家的关系时，我们主要把国家的概念理解为一种政治制度，一种具有合法管理权力的、特殊的政治组织。

二、法律与国家的关系

（一）法律离不开国家

1. 法律是国家意志的体现，依靠的是国家的力量，法律的立、改、废离不开国家行为。任何历史类型的法律的产生、存在和发展都以一定国家的存在和发展为前提，没有国家就没有法律。

2. 法律形式受国家形式影响。国家形式分为国家管理形式和国家结构形式。国家结构形式即政体，是国家的政权组织形式，对法律形式和法律制度有直接的影响。

3. 国家是法律规则和原则的直接的、实际的渊源。

总之，法律离不开国家，从属于国家，国家是法律存在与发展的政治基础。

（二）国家不能无法而治

1. 国家通过法律建构起对社会的管理性权力体系。法律是反映国家本质的一种重要形式，是国家权力的一种经常的系统表现。

2. 国家通过法律实现其职能。法律制度和法律体系是国家的构成要素之一，法律是实现国家职能的工具。

3. 法律是组建国家机构的有效工具。要实现国家职能，就必须建立各种各样的国家机关，使国家成为有效运行的国家机器，这样，就需要用法律规定国家机关的组织形式和体系，确立国家机关的组织和活动原则以及各机关的职责权限和相互关系等，从而使整个庞大而复杂的国家机器能有效地运行。

4. 国家通过法律确立其对社会统治的权威和效力。法律能增强国家机关行使权力的权威性。

5. 国家通过法律建构和完善相关国家制度，推进社会变革和发展。法律对完善国家制度有重要作用。

※真题再现（2007 年真题简述题）国家不能无法而治。

（解析见 2007 年真题简述题第 3 题）

第三节　执政党政策与国家法律

一、政党政策的层次性

1. 所谓政党政策，就是指一定的政党在一定的历史时期，为调整特定的社会关系和实现特定的任务而规定的路线、方针、规范和措施等行动准则的统称。

2. 政策的内容结构可以分为三个层次：

（1）执政党的总政策，就是指规定执政党在某一个历史时期根本性的、全局性的总路线，它决定着执政党的各项基本政策和具体政策，在国家生活中起主导作用。

（2）执政党的基本政策，是指执政党在某一领域或某一方面，为实现总任务、总政策所规定的重大决策和基本原则。

（3）执政党的具体政策，主要指在总政策和基本政策的指导下，执政党为了解决某一类或某一个具体问题，或者为了完成某一项具体工作所规定的具体行动准则。

二、执政党政策与国家法律的差异

执政党政策与国家法律，二者都赖以建立的经济基础、指导思想、基本精神和历史使命等方面，都是相同的。然而，二者毕竟是社会上层建筑中两种不同的现象：各有其自身的特殊性。

（一）所体现意志的属性不同

在我国，国家法律和执政党的政策都是工人阶级领导的广大人民意志的体现。但是，法律是由国家制定或认可的，通过国家机构所反映的人民的意志，具有国家意志的属性；而执政党的政策本身仅仅是党的主张，不具有国家意志的属性。

（二）表现的形式不同

党的政策作为党的文件，是以纲领、宣言、声明、指示、建议等形式出现的，它的内容相对来说规定得比较有号召性和指导性。

法律则以条文形式公开颁布施行，有自己特定的表现形式。它作为国家规范性文件，以宪法、法律、行政法规、地方性法规等形式出现。

（三）实施的方式不同

国家法律是由国家强制力保证实施的。法律一经公布，任何组织和个人必须遵守，任何人的违法行为都要负法律责任，都要受到国家的制裁。执政党的政策的贯彻执行，不是依靠国家强制力。党的性质决定了党的政策的贯彻执行要靠宣传教育和深入细致的思想工作，以党员干部和广大党员的带头作用，特别是党的领导干部的模范作用来保证的。

（四）调整社会关系的范围不完全相同

由于党对国家、对社会的领导主要依靠政策来实现，因此，党的政策不断地渗透到社会生活的各个领域中发挥作用。国家法律一般是调整那些对社会整体状况有直接和重大影响的社会关系。

三、执政党政策与国家法律的相互作用

（一）执政党的政策对国家法律的作用

执政党的政策对法律的指导作用主要体现在：

1. 执政党的政策，特别是党的总政策和基本政策是制定国家法律的依据。

（1）把党的政策上升为法律，是指把经过实践检验证明的、行之有效的、符合人民利益和客观规律，需要较长时期贯彻实行的政策，通过国家用法律的形式固定下来，使之定型化、条文化、规范化。

（2）在制定法律时要贯彻党的政策精神，并不是原封不动地照搬党的政策。

2. 在实施法律中也不能脱离党的政策的指导，党的政策特别是具体政策，有助于法的执行和适用与形势相适应，促使法律的实施合乎逻辑。

3. 在没有法律明文规定的情况下，可以按照执政党政策办事。

（二）国家法律对执政党政策的作用

法律的特征也决定了它是实现执政党政策的最有效的手段。

1. 国家法律以国家意志的属性保证执政党政策的实现。

2. 国家法律以国家强制的属性保证执政党政策的实现。

3. 国家法律以国家规范的属性保证执政党政策的实现。

（三）解决执政党的政策和国家现行法律矛盾的原则

1. 执政党领导人民制定了宪法和法律，党必须在宪法和法律的范围内活动，必须坚持依法执政。

从理论原则上说，当政策与法律出现矛盾时，应当按照法律办事，不能只强调政策对法律的指导作用，而忽视法律对政策的指导作用。

2. 在具体问题的处理上，从实际出发，区别对待。

如果实践证明，是执政党政策失误或不当，就必须及时修改政策；如果是某项法律或某个法律条文确实已经过时，不能适应形势发展的需要，则应该及时地通过法定程序对法律加以修改补充或另立新法。

但是，在应该修改的法律尚未修改之前，原来的法律并未失去效力，因而不能简单地以政策取代法律。在这种情况下，一方面，必须遵循依法办事的原则；另一方面，又要根据新的政策精神来恰当地适用法律，使二者很好地结合起来，实事求是地处理好二者的关系。

※真题再现（2008年真题论述题）试论执政党的政策和国家法律之间的关系。（解析见2008年真题论述题第2题）

第十七章　法律与文化

本章引言

法律是一种重要的文化现象。本章一方面从法律、道德、宗教同作为文化现象入手，阐明彼此之间的区别和联系，进行文化的比较研究；另一方面对法律文化进行了动态的研究。在复习时，应该重点掌握法律与道德的关系；难点在于理解法律与宗教的关系。

第一节　文化与法律文化

一、文化释义

我国学术界关于文化的概念大概可以分为三类：

1. 广义的文化观，将文化视为人类创造的物质财富和精神财富的总和，它存在于社会生活的各个领域，从某种意义上来说，文化就是社会。

2. 中义的文化观，将文化定义为精神财富。

3. 狭义的文化观，将文化定义为意识形态以及与之相适应的制度和组织机构。

本书观点：所谓文化就是与自然现象不同的人类社会劳动的全部成果，包括人类所创造的一切物质的成果和非物质的成果。

二、法律文化释义

1. 法律文化是指一个共同体在长期的共同生活过程中所认同的、相对稳定的、与法和法律现象有关的制度、意识和传统学说以及由此产生的与法律活动相关的器物的全部内容。

2. 一般认为，法律文化具有独特的民族性和普适性；鲜明的时代性与历时性；相对的独立性与相关性；相互的兼容性与排斥性。

第二节　法律与道德

一、道德释义

我们将道德理解为一种社会意识形态，是一定社会中调整人与人之间和人与社会之间关系的行为规范的总和。

二、法律和道德关系的存在状态

道德规范和法律规范都在人们的社会生活中对社会重大的、带全局性的关系进行规范调整，它们在这方面的作用是一致的。我们可以这样概括法律与道德的一般关系：

1. 道德所禁止或许可的，也为法律所禁止或许可。
2. 道德上不许可，但是法律上是许可的。
3. 道德许可的，但法律上是不许可的。

三、道德与法律的区别

1. 道德和法律产生的背景不同。道德是在原始规范的基础上产生的，最早表现为禁忌、风俗、礼仪。当生产力进一步发展，社会关系进一步复杂时，社会对规范的要求就不限定在原有的基础之上，它将关系到社会重大的、带全局性的内容分离出来，由另一种规范予以调整，道德由此产生。法律是在道德作为一种规范已经存在的基础上，是社会矛盾尖锐化，而道德已无力对现实的社会关系进行规范调整的情况下产生的结果。道德产生于社会观念中并存在于人们的信念里，是自发的。法律却是由国家制定或认可的，并以特定的形式表现出来。

2. 道德和法律的表现形式不同。道德往往不以文字或条文的形式表现出来，也不需要专门的机构和人员制定和颁布。它存在于人们的社会意识中，存在于社会流动的观念和人们的信念中。法律则不同，它必须有专门的形式和制定的程序。需要说明的是，道德和法律的表现形式并不简单区分为是否形成文字或典章，而在于体系化和制度化。

3. 道德和法律所规范的内容不完全相同。道德和法律虽然在调整社会重大的、带全局性的关系方面是一致的，但是内容是不完全相同的。在没有法律之前，社会重大的带全局性关系的规范调整，主要是由道德完成的。法律出现后，将道德的一部分内容分离出来，改由法律来规范调整。同时还要注意到，道德在规范人们行为时更多地强调义务和禁令；而法律在规范人们行为时不但强调义务，同时还要强调权利。

4. 道德和法律的实施方式不同。道德的实施主要靠人们地自觉遵守，其次靠舆论的强制，内心信念的约束等。而法律的实施，虽也需要人们的自觉遵守，但法律却具有道德所不具有的强制实施力量——国家强制力。

5. 违反道德和法律所产生的后果不同。违反道德所引起的两种后果，一是惩罚；二是自我良心的谴责和社会舆论的压力。道德规范的外在要求一定要经良心的转换才起作用。法律则不同，由于法律的确定性和以国家的强制力作为后盾，当违法行为出现时，法律决不考虑违法主体的承受能力，法律确定行为违法与否的准则是法律本身。依法律指引办事，将获得肯定性后果，反之则承担否定性后果。

※真题再现（2006年真题简述题）法律和道德的区别是什么？

（解析见2006年真题简述题第3题）

第三节　法律与宗教

一、宗教释义

宗教是支配着人们日常生活的外部力量在人们头脑中的虚幻的反映，在这种反映中，人间的力量采取了超人间力量的形式。宗教的真正形成是人们对于苦难不可知的感受。

二、法律与宗教教规的区别

1. 法律与宗教教规产生的方式不同。法律是社会规范系统化、制度化的产物，是国家意志的表现，具有国家意义。法律是人们在对自己的认识的过程中产生出来的具有普遍约束力的社会规范，是人们自我认识自觉规范的结果，是一种行为规范；宗教教规则不同，它是社会规范的一种特殊的表现形式，是人们对自己认识的异化结果。

2. 法律与宗教教规适用的范围不同。宗教具有属人的性质，哪怕是不在同一国家的某一教派教徒，其宗教教规规范同样有效。而法律则不同，法律是主要属地的，在该国领域内的主体都是法律适用的对象。

3. 法律与宗教教规的内容不同。法律是一定社会物质生活条件的反映，法律的内容是基于一定的社会物质生活条件所建立起来的特定的权利义务关系，起着规范社会关系、维持社会秩序的作用；宗教从最终意义上仍受制于社会物质生活条件，但相对于法律而言，则是远离社会物质生活条件，具有较大的相对独立性。作为一种社会规范，宗教教规对社会关系和社会秩序的调节与维护，是通过人对神的义务的中介来实现的，具有间接性。

4. 法律与宗教教规的实施保障不同。法律是以国家强制力来保障实施的。一般说来，宗教教规不具有国家意志的属性，它的产生通常是由某一创业人以业已形成的某种信仰为基础提炼而形成的。宗教教规的实施一般是依靠存在于教徒内心的对超常力量的敬畏信念，但有时也依靠某种外在的力量来保障。

三、宗教与法律的相互影响

（一）宗教对法律的影响

1. 从观念上讲，宗教对法律的最大影响是人人平等的思想。

2. 宗教对法律的影响，同样存在于司法程序中。

3. 宗教对法律其他方面的影响，还在于法律的汇编方式、法律术语概念的界定和完善等方面。

（二）法律对宗教的影响

1. 关于法律对宗教的影响，在观念上，权利概念被引进了宗教教规，并大量运用，使之与宗教形成一个整体。

2. 在体系上，法律对宗教的影响表现在宗教法典的系统化、规范化，形成一套严格、完整的法典体系。

3. 在概念和术语上，法律也对宗教产生了巨大影响。自然人、法人、无行为能力人、成年人、未成年人等概念被大量运用。

※真题再现（2004年真题不定项选择题）法律与宗教虽然有着十分密切的关系，但两者毕竟是不同的意识形态和行为规范，因而，各自又具有自己的特征。一般说来，法律与宗教的区别表现为（　　　）。

　　A. 法律的产生远早于宗教

　　B. 法律的基础是人的理性的自觉力量，而宗教则不是

　　C. 法律规范人的外部行为，宗教规范则相反

　　D. 法律对权利和义务的规定明确，宗教规范则相反

【答案】BC

（解析见2004年真题不定项选择题第8题）

第十八章　法律与科技

本章引言

本章要求领会科学技术的定义，重点掌握科学技术与法律之间的相互促进与相互制约的关系。学习的难点在于科学技术发展对法律未来的可能影响和作用。

第一节　科学技术释义

一、什么是科学

本书指的科学仅仅特指研究自然现象及其规律的自然科学。

二、什么是技术

技术则只是泛指根据自然科学原理和生产实践经验，为某一实际目的而协同组成的各种工具、设备、技术和工艺体系，不包括与社会科学相应的技术内容。

三、科学与技术的关系

科学和技术是辨证统一体，技术提出课题，科学则完成课题。科学是发现，是技术的理论指导；技术是发明，是科学的实际运用。

四、新科技革命

这场以高技术为核心内容的新科技革命的特征是：

1. 科学技术正以惊人的加速度向前发展，步步逼近自然界的种种极限。

2. 科学与技术之间的关系更加密切，出现了科学技术化和技术科学化的状态。

3. 科技正日益迅速地转化为生产力。从新知识的产生到应用于产品和工艺之间的时间，正在迅速缩短。

4. 科技和社会科学日益紧密地结合起来，互相渗透交叉，出现了人们称为软科学的学科。

第二节　科学技术对法律的影响

一、科学技术对立法的影响

1. 随着科技的发展，出现了大量新的立法领域。

2. 科学技术的发展，对一些传统法律领域提出了新挑战。

3. 科技知识及其研究成果被大量运用到立法过程中，法律规范的内容得以日趋科学化。

二、科学技术对司法的影响

1. 在事实认定方面，越来越多的高科技产品被用于查明案件事实领域，收效明显。

2. 在法律适用主体方面，传统的单一法官判案受到某种挑战。

3. 在司法方法方面，一方面，司法的过程不断吸收新的科学技术方法，将之纳入案件事实认定和裁判中。另一方面，以新技术发展为依托，司法方法自身不断实现自我创新。

三、科学技术对公民法律思想的影响

1. 就对立法起着指导作用的法律意识而言，常常受到科技发展的影响和启迪。

2. 同时，科技发展促进了人们法律观念的更新，一些新的法律思想、法学理论出现了。

第三节　法律对科学技术的作用

一、通过法律管理科技活动

1. 法律可以确认科技发展在一个国家社会生活中的战略地位。

2. 法律可以对科学技术的国际竞争进行促进和保障。

3. 法律可以对科技活动起到组织、管理、协调作用。

二、法律对于科技经济一体化、科技成果商品化的促进作用

1. 国家可以规定各级政府部门在科技成果转化和推广中的地位和作用，明确其职责范围。

2. 法律可以有力地保护知识产权，规范无形资产的评估价值。

3. 法律规定技术交易规则，可以使科技成果的商品性质和交换关系规范化。

三、在知识经济时代，法律对科技活动和科技发展所引发的各种社会问题的抑制和预防

科学技术为人们提供便利的同时，也带来了严格的社会问题，通过法律可以实现对此类社会问题的管理。

※真题再现（2003 年真题论述题）试举出实例论述科技与法律的相互关系。

（解析见 2003 年真题论述题第 1 题）

※真题再现（2004 年真题不定项选择题）当今，科学技术在全世界范围内的

影响越来越广泛，科技进步不仅强劲地推动着经济的转型，也对法律系统提出了一系列挑战。科技对法律的影响主要表现在科技的发展（　　）。

    A. 扩大了法律调整的社会关系的范围

    B. 对立法产生了巨大的影响

    C. 对法律实施提供了全新的手段

    D. 提高了法律实施的效率

【答案】ABCD

（解析见 2004 年真题不定项选择题第 6 题）

※真题再现（2011 年真题论述题）科学技术对司法的影响。

（解析见 2011 年真题论述题第 1 题）

第十九章　法律与全球化

本章引言

本章主要介绍全球化的含义，法律全球化的基本知识以及法律全球化与法律本土化之间的关系。本章重点是法律全球化的含义。

第一节　全球化与法律全球化

一、全球化的概念

全球化是指人们之间的空间距离随着相互连接之时间的缩短而缩短，世界各地的政治、经济与文化由此交互影响并逐渐走向一体化的过程。

二、法律全球化的概念

1. 法律全球化指全世界在一个共同的法律规则下生活的程度。

2. 法律全球化的内容：第一是法律超越国家的限制、形成全球的共同法。具体的方式有政府间国际组织、超国家组织与非政府组织创造或发展与国家法不同的新规则与秩序；第二是国内法的趋同，也就是各国的国内法在原则、制度等方面的一致。

三、法律全球化时代的立法主体

1. 民族国家在立法上仍然处于主要地位。

2. 随着全球化的推进，各种次国家层次和超国家层次的力量在世界舞台上迅速崛起，成为同民族国家分享世界治理权的行为主体。其中对国家的权威构成强有力挑战的三类行为主体是：政府间国际组织、超国家组织和非政府间国际组织。

四、法律全球化的表现

（一）公法的全球化

公法全球化最突出的表现是人权保障的全球化。

公法全球化的另一重要例证是世界贸易组织条约群及各成员国与其相一致的法律规范体系。

（二）私法的全球化

目前存在着形成相对统一的全球私法的运动。一方面，商人通过自己的机构创设或统一了大量的商事规则；另一方面，各国通过国内立法使商事法律规范趋向统一。

第二节　法律本土化与法律全球化

一、法律本土化的前提与概念

1. 法律本土化是指将国外法律制度与本地区或者本国的实际情况相结合，使其既体现法律之精髓又具有实际效果的过程。

2. 良性法律本土化需要的条件：国内的和平环境；相对制衡的权力配置体系。

二、法律本土化与法律全球化之间的关系

法律本土化意在使移植来的法律经过结合本地特色而成为实际有效的规则体系，其字面取向是强调法律的地方性，而法律全球化则是指在全球范围内建立共同的法律制度之程度，其指向的是法律的普适性。二者在立意的层面却有对立性。然而，在法律的发展层面，法律本土化并不是要否定法律的普适性，而是要将普遍的法律结合到本土中来，其重点在于保证法律的有效性而非保持法律的特殊性，在此过程中，法律移植是法律本土化的前提，而法律全球化正是借助法律移植逐步完成的。因此，法律本土化可以看做是法律全球化的一个阶段，它是一种暂时的状态。

第五编　西政考研法理学核心考点总结

本编引言

　　本部分主要包含法理学初阶和法理学进阶中所涵盖的核心考点和重点，编者根据西南政法大学法理学考研真题中出现的知识点频率，总结出现次数高的知识点，帮助考生快速把握重点和核心考点。

第一章　法学基本知识

本章引言

在法学基本知识中的核心考点主要围绕法学相关的知识点进行总结，主要包含法学的定义、法学的历史，重点把握西方法学的历史。

一、法学与法理学的含义

1. 法学的含义

法学，又称法律学或法律科学，是研究法律现象及其发展规律的一门社会科学。古罗马法学家乌尔比安给法学所下的经典性的定义是："法学是关于神和人的事务的知识，是关于正义和非正义的科学。"

2. 法理学的含义

法理学是以作为整体的法律的共同性问题和一般性问题为研究对象的理论法学，着重揭示法律的基本原理。在法学界，其研究方向涉及有关法哲学、法律社会学、法律经济学、立法学、比较法学、法律解释学和行为法学等基本理论或总论性问题。

二、中国春秋战国时期的四大法学流派及其代表思想

1. 儒家的法律思想。代表人物有孔丘、孟轲和荀况。儒家法学观最重要的特点体现在礼治。礼为国家的主要统治手段，希望在此基础上建立起以尊卑等级和宗法伦理为基础的社会秩序。礼的基本原则是尊尊、亲亲。引礼入法，礼法合一，儒家的礼治思想被正式确定为中国封建社会政治法律思想的基础，并由此发展出了独具中国特色的礼法制度和礼法文化。

2. 道家的法律思想。代表人物是老聃和庄周。道法自然，法自然的思想，区别于西方的自然法思想。强调顺应自然、顺应客观现实的无为而治。

3. 墨家的法律思想。代表人物是墨翟，主要代表社会中有知识的中下层民众的政治和法律概念。主张兼相爱、交相利，主张壹同天下之义。

4. 法家的法律思想。代表人物是商鞅和韩非。"法治"是法家法律思想的核心。法家的法治思想主要包括：法是国家的规矩、准绳，是一种普遍遵守的行为规则；国家制定的法律应该以特定形式向社会大众公开，"法者，编著之图籍，设之于官府，而布之于百姓也"，并借助于国家的暴力工具保障其实施。

三、古希腊法学家亚里士多德的法学思想

古希腊法律思想的成就主要体现在亚里士多德的理论中，代表作是《政治学》。亚里士多德在《政治学》中指出，达到美好生活乃是政治组织的主要目标，而要实现这一目标唯一可行的手段就是建立起以法律为基础的国家（城邦）。他把法律定

义为不受欲望影响的智慧，明确提出法治优于一人之治，这里的法治包含两层含义：已制定的法律获得普遍的服从；所服从的法律本身又应该是制定良好的法律。亚里士多德给法治确定了三个要素：（1）法治指向公共利益，它不同于为了单一阶级或个人利益的宗派统治或暴君专制；（2）在依据普遍规则而不是依靠专断命令进行统治的意义上，法治意味着守法的统治；（3）法治意味着治理心甘情愿的臣民，它不同于仅仅依靠暴力支持的专制统治，也即法律得以真正贯彻的文化心理保障在于臣民对于法律的基本信念。

四、西方近代自然法思想的代表人物及其思想

1. 荷兰法学家格劳修斯的《战争与和平法》是近代国际法的先驱；英国的霍布斯的《利维坦》表达了强烈反对天主教会和建立世俗主权国家的要求。

2. 英国的洛克最有名的政治学著作是《政府论》，在上篇中洛克批驳了君权神授论和王位世袭论，下篇提出了一套自由主义法哲学，并主张政府通过分权以确保公民的自然权利。

3. 法国孟德斯鸠的代表作《论法的精神》在通过对众多不同类型的政治法律制度进行研究的基础上探讨了法与社会的关系，并继承了洛克的分权理论以确保政府对公民权利的保障。

4. 法国的卢梭是古典自然法学派的集大成者，主要著作是《论人类不平等的起源》、《社会契约论》。卢梭的法律政治思想最突出的特征就是激进的民主主义，强调社会契约是公意的表现，任何人不得违反公意，服从公意就是服从自己的意志，卢梭的学说后来成为法国大革命直接的思想来源。

五、中国特色社会主义法治理论的内容

中国特色的社会主义理论体系的法治思想，即中国特色社会主义法治理论，主要由以下五个方面构成：

1. 坚持党的领导、人民当家作主和依法治国的有机统一，这是中国特色社会主义法治的核心和精髓。

2. 坚持党的事业至上、人民利益至上和宪法法律至上，这是中国特色社会主义法治的基本原则。

3. 坚持依法治国、执法为民、公平正义、服务大局和党的领导，这是中国特色社会主义法治的基本理念。

4. 坚持人民代表大会制度，这是中国特色社会主义法治的政治基础。

5. 建设公正高效权威的社会主义司法制度，这是中国特色社会主义法治的重要保障。

六、法学体系的含义及其特征

1. 法学体系含义

法学体系又可称为法律科学体系，它是由法学的各个分支学科组成的相互联系、相互制约的有机整体。

2. 法学体系的特征

（1）系统性。组成法学体系的各法学分支学科组成了法学体系这一个整体，法学体系的性质和功能并不体现在各分支学科的简单相加，而是法学各分支学科的相互配合和相互支撑构成了法学体系的整体性质和功能。

（2）层次性。法学体系的一层一层的结构，显示出法学研究范围的明晰化和专深化。

（3）现实性。法律现象是适应社会现实的产物，建立在法律现象之上的法学体系也就只能是社会现实的产物。

（4）开放性。法学体系的开放性首先体现在法律现象的开放性，同时还体现在法学体系针对其他学科体系的开放性。

七、法学教育的特点

1. 法学教育以传授法律知识和培养法律技能为主要内容。

2. 法学教育注重法律理念、法律意识和法律职业道德的培养。

3. 法学教育是综合性教育。

4. 法学教育注重培养学生的实践能力，是知识教育和职业训练的统一，教学实习在法学教育中占有极其重要的地位。

第二章　法律基本知识

本章引言

在法律的基本知识中，法理学的核心考点占了很大一部分，需要考生引起足够大的重视，本部分一直是法理学考试的重点领域，每一年出题的数量大、并且分布广，需要考生系统、全面地学习和把握。

一、汉语中"法"和"律"的词源

1. 汉语言中，"法"字的古体是"灋"。其含义是："灋，刑也。平之如水。从水；廌所以触不直者去之，从去。"

2. 主要内容是刑。

二、西方"法"与"法律"的词源

1. 西方的"法"除有"法"的含义外，还兼有"权利"、"公平"、"正义"或"规律"、"法则"之意，因此它们常被人们理解为"客观法"，或"理想法"、"应然法"。

2. 西方的"法律"则主要被理解为人们依主观意志和认识而制定的法律，即"主观法"或"现实法"、"实然法"。

3. 西方法文化传统中，人们凭借自然法概念将"法"与"法律"明确地区分开来。自然法理论认为，法律在本质上是规范性的，"恶法非法"，因为存在着一种规制政治权力和法律权力，并为人们的行为制定道德标准的自然法体系。

三、法律本质的三个层面

从法的狭义出发，即从人定法（国家制定法）的角度出发，我们认为，所谓法律，就是指归根结底由社会物质生活条件所决定的，主要反映掌握国家政权的社会阶层的共同意志和根本利益，由国家制定或认可并由国家强制力保证实施的，通过规定权利、义务，设定权力、职责以维护社会秩序的一种特殊的行为规范。

1. 法律是国家意志的一种表现形式。

2. 法律体现为掌握国家政权的社会集团的意志，同时也保障社会公共利益。

3. 法律所体现的意志归根结底根源于社会物质生活条件。

四、法律作为一种社会规范的一般特征

1. 法律的规范性

法律的规范性是指法律作为一种调整人们行为的社会规范而具有的，规定人们可以做什么，应该做什么或不应该做什么，从而，为人们的行为提供一个模式标准

或方向的属性。

2. 法律的概括性

法律的概括性是指法律的对象是一般的或抽象的某一类人和事，而不是具体的、特定的个人和事；法律在同样的条件下可以反复使用，而不是仅仅可以适用一次。

五、法律区别于其他社会规范的基本特征

1. 法律具有国家意志性，由国家制定或认可。
2. 法律以权利、义务、权力、职责为主要内容。
3. 法律具有国家强制性，由国家强制力保证实施。

六、法律的规范作用

1. 法律的指引作用

指引作用是指法律对人们的行为起到的普遍指导作用。法律的指引是一种一般指引，而不是个别指引。

2. 法律的评价作用

法律的评价作用是指法律作为一种评价尺度，能够对人的行为的法律意义进行评价。法律的评价作用的客体是人的行为。评价的标准包括行为的合法或不合法、违法或不违法。

3. 法律的预测作用

法律的预测作用是指人们可以根据法律规范预测人们相互之间将会怎样行为以及行为的法律后果。

4. 法律的强制作用

法律的强制作用是指法律能够运用国家强制力对违法者施以强制措施，保障法律被顺利实现。法律具有强制作用是法律区别于其他社会规范的重要特征。

5. 法律的教育作用

法律的教育作用是指法律不仅是社会的行为规范，也确立了最低的社会道德标准和是非观念，它可以通过它的实施和传播进入人的心灵，矫正人的行为。

七、法律的社会作用

1. 分配社会利益

法律对利益的分配主要是通过权利义务的规定来确认利益主体、利益内容、利益数量和范围等内容，以具体的各种法律规范来指导实际生活中的利益分配。

2. 解决社会纠纷

法律对社会纠纷的解决主要是通过司法活动予以解决。国家通过法律调整社会利益，确立权利义务，通过司法的裁判活动，使违法者受到惩罚或承担责任，使社会纠纷得到平息。

3. 实施社会管理

法律的社会作用不仅包括社会纠纷的解决，还包括积极地实施对社会的管理作

用。每个社会都有公共事务需要国家予以处理，国家便需要发挥积极的职能，根据法律行使权力。

八、法律起源的规律

1. 法律的产生经历了一个由个别调整到规范性调整的过程。个别调整是指针对具体的人、具体的事所进行的一次性调整。规范性调整是指形成或制定具有普遍适用性的、可以多次反复适用的行为规则来调整社会关系。

2. 法律的产生经历了一个由习惯到习惯法，再发展成为制定法的过程。原始习惯的存在，为法律的形成提供了最初的规范性基础；随后，国家通过认可的方式，将有利于统治阶级利益和社会生活的维系与发展的习惯转化为受国家强制力保障实施的法律，习惯法产生；随着社会生活的日益复杂，仅仅靠根据既有规范转化而来的习惯法已经不能满足社会对规范的需求，国家顺应这一局势，有针对性地制定新的规范，这些新的规范就是制定法。

3. 法律的产生经历了一个由自发调整到自觉调整的过程。原始习惯是人类在长期的生产与生活过程中自发形成的，从习惯到习惯法的转变则经过了人类的有意识选择，这是一个从自发到初步自觉的转变。而从习惯法到制定法的过程则是法的产生方式从认可到制定的转变，说明人类对规范的形成已经达到了高度自觉的阶段。

九、法律发展的规律

1. 从神法向人法发展。早期法律的成长过程与宗教密切关联，法律往往披上宗教的外衣，借助神灵的力量获得权威。随着人类社会的发展，神灵之法让位于人世之法。表现为：（1）法律不再被当作神的意志而是人民意志的表达，人民主权是法律权威的终极来源。（2）世俗的司法诉讼取代了神明裁判，成为社会解决纠纷的最为重要的形式。

2. 从"身份的法"向"契约的法"发展。把法的进步看作是一个从"身份的法"向"契约的法"运动的学者是梅因，古代法所调整的单位是家族而不是独立的个人，随着社会的发展和进步，"个人"不断地代替了"家族"，成为民事法律所考虑的单位。在新的社会秩序中，人与人之间的关系是因个人的自由合意而产生的契约关系，契约本质是自由和平等，这就决定了现代法律的平等性。

3. 从不成文法向成文法发展。

（1）从法律起源的过程来看，法律在起源之初是以习惯法为其主要表现形式的，成文法的出现，则是法律实践和人们的抽象思维能力达到一定程度的产物，是法律发展到稍后阶段的事情。

（2）在英美法系和法德法系两大法系相互融合的过程中，不成文法和成文法的地位逐渐显示出不同。

4. 从族群之法向世界之法发展。古代的法律起源于氏族的习惯，带有浓厚的民族和地方特色。人类社会在后来的发展中，通过宗教扩张、武力征服和文化传播等方式，包括法律在内的文明出现了相互影响与融合。当代世界经济一体化导致在商业贸易等私法领域交往增多，法律也呈现出一体化趋势。

十、法律发展的方式

（一）法律继承

1. 法律继承，是指在法律发展过程中，新法在审查、批判旧法的基础上，有选择地吸收旧法中的合理因素，使之成为新法的有机组成部分。

2. 法律继承既包括一国国内的新法对旧法的继承，也包括世界范围内的新旧法间的继承。

3. 法律继承分为同质法间的继承和异质法间的继承。所谓同质法间的继承是指相同历史类型的法律之间的继承；异质法间的继承是指不同历史类型的法律相互之间的继承。

4. 法律继承的内容非常广泛，既包括外部规则制度的继承，也包括内在的精神和文化的继承。就近代而言，法律继承主要集中在：政治方面，主要是反映民主政治的法律规定；经济方面，是反映市场经济规律的法律规定；另外，有关社会公共事务组织与管理的法律规定也是法律继承的主要领域。

（二）法律移植

1. 法律移植是指一个国家或地区有选择地引进、吸收、同化其他国家或地区的法律，使之成为本国法律体系的有机组成部分，以弥补本国法律的不足。

2. 法律移植要注意以下两点：

（1）法律移植以输入国对被移植的法律的研究、分析和评价为前提。

（2）法律移植包含了引进、吸收、同化和改造多种方式和程序。

3. 律移植有两种类型：被迫的消极性法律移植；主动的积极型法律移植。

4. 影响法律移植的因素：地理、气候、人口等自然条件；经济因素；政治因素；文化因素。

（三）法律创新

所谓法律创新是指对法律观念、法律概念和技术、法律原则、法律规范和具体法律制度的独创性革新，它是人类法律智慧活动的最高形式，也是难度最大的法律发展运动。

十一、法律渊源的一般类别

1. 制定法。制定法是最为普遍的法律渊源，是指由立法机关或有权立法的机关通过法定程序制定的规范性法律文件。不论是大陆法系还是英美法系，制定法都是重要的法律渊源。

2. 判例法。判例法作为法律渊源的地位主要存在于英美法系。遵循先例是判例法的基本原则。

3. 习惯。习惯成为法律渊源一般有两种方式：一是通过进入制定法或判例法成为法律渊源。二是习惯直接就可以作为法律被司法适用，这种适用方式主要用于填补制定法的漏洞或判例的缺乏。

4. 法理。法理是对法的理性认识，是人们从法律现象中总结出的关于法的一般规律。

5. 法学家的学说。从法律史上看，法学家的学说在大陆法系从来都是法律的主要渊源之一。

6. 国际条约和协定。国家和国家之间缔结的国际条约和协定对缔约国和加入国具有法律约束力，是国际法的主要渊源，也是一个国家的国内法律渊源之一。

7. 宗教教义和戒律。从历史上看，宗教往往直接地成为法律渊源。直接具有国家效力的法律渊源，被称为法律的正式渊源；而不具有直接的法律效力，仅具有一定说服力的法律渊源，被称为法律的非正式渊源。

十二、当代中国的法律渊源

从层次上看，当代中国法律渊源的正式渊源有以下六种：

1. 宪法。作为法律渊源的宪法，区别于作为法律部门的宪法，其外延也是不同的。作为法律渊源，即作为法律效力形式的宪法，是国家的根本大法，具有最高的法律效力，是其他一切法律的立法依据，其制定和修改程序也比较特殊。

2. 法律。这里指狭义的法律，即由我国最高权力机关及其常设机关——全国人民代表大会及其常务委员会制定的规范性文件。一般分为基本法律和基本法律以外的法律（一般法律）。

3. 中央法规。中央法规包括行政法规和军事法规。

4. 地方法：自治条例与单行条例、经济特区法规、特别行政区的法律。

5. 规章：部门规章、军事规章、政府规章。

6. 国际条约。并非所有的国际条约都是我国的法律渊源，只有我国政府缔结或加入的双边或多边国际条约、国际协定等，才属于我国的法律渊源，而且中国声明保留的条款除外。

一般认为，在当代中国，判例、政策、法理都属于非正式法律渊源。

十三、公法与私法的划分理论

1. 公法与私法的划分始于古罗马。在查士丁尼皇帝钦定《法学阶梯》中将法律分两部分，公法与私法。

2. 在如何划分公法与私法的问题上，存在不同的观点，主要有：

（1）权力说。该学说以是否涉及国家权力的运用作为划分标准。认为公法是以权力与服从为标志；私法是体现平等主体之间的关系，以公民的意思自治为标志。该说的缺陷是无法说明国际法为何是公法，因为国际法不体现权力与服从关系。

（2）主体说。即以法律关系主体为标准进行划分。如果法律所规定的法律关系主体一方或双方为国家或公法人的，即公法。如果法律关系主体双方都是公民或私人的法律为私法。该说不能解释国家在某些情况下也可从事民事活动，该关系受私法调整。

（3）利益说。该学说以法律所保护的利益为公私法的划分标准。认为凡保护公共利益的法律是公法，保护私人利益的法律是私法。此说来自古罗马法学家乌尔比安。该学说的缺陷是将公法与私法所保护的利益截然对立，没有看到公法也要保护私人利益，私法也要保护公共利益的情况。

（4）应用说。该说认为在法律应用中，公民私人不能自主决定对其是否予以应用的法律为公法；公民私人可以自主决定应用的法律为私法。该说忽略了公法关系中，公民也有可自主选择应用的情况。

（5）法律关系说等。凡调整国家之间或国家与私人之间权力与服从关系的法律为公法；凡调整私人之间或国家与私人之间民事关系的法律为私法。该说作为对公法与私法的划分较为科学。

十四、法律效力的等级及其原则

1. 法律效力等级也称法律的效力层次或法律的效力位阶，是指一国法律体系中不同法律的渊源在效力方面的等级差别。

2. 确定法律效力等级，形成以下四个原则：

（1）宪法具有最高法律效力。宪法是制定其他法律的根据。

（2）等级序列。法律制定主体的地位不同而形成上位法优先于下位法。

（3）后法优于前法。要在同一机关制定的法律规范性文件的前提下适用。

（4）特别法优于一般法。前提是同一机关就其某一领域制定的法律规范性文件而言。

十五、法律事项效力的原则

法律的事项效力通常是指法对主体所进行的哪些行为、事项、社会关系有效力。法律的事项效力涉及以下几个原则：

1. 法律的事项效力范围的原则。通常称事项法定原则，即对哪些事项有效一般以是否有法律的明文规定为限。

2 一事不再理原则。一事不再理原则是指同一机关不得两次或两次以上受理同一当事人就同一法律关系所作的同一法律请求。

3. 一事不二罚原则。一事不二罚原则是指对同一行为，不得处以两次或两次以上性质相同或同一刑名的处罚。

十六、法律意识的含义与结构

1. 法律意识的含义

法律意识是指人们在一定的历史条件下，对现行法律和法律现象的心理体验、价值评价等各种意识现象的总称。包括人们对法的本质和功能的看法、对现行法律的要求和态度、对法律适用的评价、对各种法律行为的理解、对自己权利义务的认识等，是法律观点和法律观念的合称。

2. 法律意识的结构

（1）法律心理

法律心理是低级阶段的法律意识，是人们对法律现象认识的感性阶段。它直接与人们的日常生活、法律生活相联系，是人们对法律现象的表面的、直观的、感性的认识和情绪，是对法律现象的自发的、不系统的反映形式。

（2）法律思想体系

法律思想体系是高级阶段的法律意识，是人们对法律现象认识的理性阶段，它表现为系统化、理性化了的法律思想观点和学说，是人们对法律现象的自觉的反映形式，在整个法律意识中处于主导地位。

（3）法律观念

法律观念是指介于感性和理性阶段之间的一种特有的法律意识反映阶段。法律观念既包括人们对法律的零散的、偶然的、感性的认识；也包括一些系统的、必然的、理性的认识。

十七、法律行为的激励机制

1. 法律的外附激励。法律的外附激励就是通过赞许、奖赏等，或者压力、约束等法律手段使人们做出某种行为。

2. 法律的内滋激励。法律的内滋激励就是通过主体自身产生的某种自觉的精神力量来使人们做出某种行为。

3. 法律的公平激励。法律的公平激励就是使人们对法律的公正性的认同和遵守来激励人们的行为。

4. 法律的期望激励。法律蕴涵了某种目的和期望，这种期望可以激励人们做出某种行为。

5. 法律的挫折激励。法律在很多情形下将规制人们的欲望，并通过使人的欲望的受挫而使人们服从法律。

十八、法律关系的产生、变更和消灭的前提与条件

1. 法律关系产生、变更和消灭的前提：法律规范。
2. 法律关系产生、变更和消灭的条件：法律事实。
（1）法律事件是指法律规则所规定的，不以人的主观意志为转移的，并且能够引起一定法律关系产生、变更和消灭的事实或现象。
（2）法律行为是指法律规范中规定的，在一定主体意志支配之下而作出的，能引起法律关系产生、变更和消灭的人的活动。

十九、法律责任与法律义务的区别

法律义务通常是指主体根据法律的规定或合法的约定必须作为或不作为的义务，此义务通常针对一般的社会主体设立。而法律责任是指一种特殊义务，此义务通常针对特殊的主体设定的，具体是指一方由于违反了法定义务或约定的义务从而产生一种新的义务。具体区别如下：

1. 法律责任针对的是特定的主体，具体指违反了法定义务或约定义务的主体；法律义务针对的是一切社会主体，具有相当的广泛性。

2. 法律责任通常具有惩罚性，即法律责任是针对第一性的义务没有被履行而进行救济、制裁；法律义务是作为与法律权利相对应的法律的重要调控手段，一般不具有制裁性。

3. 法律责任的产生是以法律义务为前提，没有主体对义务的违反就不会产生法

律责任。

二十、法律责任的产生原因

（一）违法

1. 所谓违法是指特定主体实施了与现行法相冲突的行为，引起相应的损害事实，法律对之进行否定性评价的状态。

2. 违法的构成要件

（1）主体要件，违法的主体要件是指构成违法的主体必须是具有行为能力或责任能力的主体。

（2）主观要件，违法的主观要件是指违法的构成主体在做出与现行法相冲突的行为时，主体的主观心理态度上必须有过错。

（3）客观要件，损害事实以及与损害事实之间的因果关系。

（4）客体要件，违法在深层次意义上是破坏了法律所保护的社会关系。

（二）违约

1. 违约是指合同主体违反合同约定，通过作为和不作为的方式未履行合同义务的状态。

2. 违约引起的法律责任主要适用于合同主体和契约主体。违约的法律责任主要包括两类：一是法定的法律责任；二是约定的法律责任。

（三）法律的特别规定

法律的特别规定，也可以引起法律责任。这主要是指那些直观上既不违法也不违约的行为，一旦进入法律的特别规定的调整范畴，主体就要承担某种法律责任。

二十一、法律责任的功能

1. 制裁功能。法律责任的制裁功能一般是指通过法律责任的承担对责任主体进行惩罚。

2. 补偿功能。法律责任的补偿功能是指国家强制责任主体赔偿损失，救济受害主体，恢复受侵害的权利。

3. 预防功能。法律责任的预防功能是指法律责任通过强制责任人补偿其所造成损害，对责任人进行严厉的制裁等一系列不利后果承担，教育、引导、威慑责任人及社会上的其他人理性选择行为。

二十二、法律责任的归结原则

（1）责任法定原则，是指法律归责过程必须是依法进行的活动过程。第一，归责主体必须是依法享有归责权力的或依授权获得归责权力的主体。第二，责任主体应承担的法律责任的种类、性质、期限、承担方式等必须以预先生效的法律规范为依据。第三，归责主体的归责过程必须严格遵守程序法。

（2）公正原则，法律尤其是成文法具有局限性，在法律无法提供准确的归责依据时，归责主体必须本着符合基本社会公正、法律公正的原则精神进行归责。法律表现为：第一，同等情况同等对待。第二，归责要坚持"罪责相适应"。第三，归责过程中归责主体要坚持法律面前人人平等原则，任何主体违法犯罪都应受到同等的追究；但要注意特定的情况下区别对待，只有这样才能达到真正的平等。

（3）效益原则，在立法时对某种违法进行设计法律责任时要考虑犯罪成本、犯罪代价或风险因素，以较小的投入得到最大的产出。

二十三、大陆法系的特征

1. 强调私法与公法之间的区分。
2. 强调理性与哲理的指导作用。
3. 法学家在立法中的重要作用。
4. 法律法典化及其独特的法源。

二十四、英美法系的特征

1. 判例法为主的独特法源。
2. 法官在制度创新和社会变革中的重要作用。
3. 法律的务实性及其经验主义基础。
4. 注重程序，实行对抗制诉讼。

二十五、大陆法系和英美法系的演变及发展趋势

由于经济一体化进程的不断加速，两大法系的各国法律在法律技术、法律方法等方面有不断靠拢的趋势。表现在：

1. 大陆法系中，判例作用日益显著，特别是行政法方面；在英美法系国家，制定法日益增多，开创制定法与判例法并重和相互作用的局面。

2. 在法典化问题上，大陆法系在传统上实行法典化，英美法系在传统上不采用法典形式。但后来发展成英美法系也有少数法律采用形式，大陆法系的一些重要法律部门并未采用法典。

3. 在法律的分类上，大陆法系有公私法之分，英美法系则无此划分，而存在普通法与衡平法之分，后来发展到英美法系国家的法学中也逐渐倾向于公私法之分。

二十六、中华法系的特征

1. 维护专制制度和宗法等级特权。
2. 以儒家思想为指导。
3. 重刑轻民、诸法合体的法律传统。
4. 具有统一性和封闭性。

第三章　法治基本知识

本章引言

法治的基本知识主要围绕与法治相关的知识点而展开，在法治的基本知识里，需要考生重点把握法治的含义、法治与法制的关系、法治与人治的关系等一系列与法治相关的概念的关联。

一、法治的含义

法治，就是指依照法律治理国家的治国思想、治国方式和社会秩序、社会状态。它包括以下几层含义：

1. 法治是一种宏观的治国方略。是指一个国家在多种手段面前，选择以法律为主的社会控制手段。

2. 法治是一种理性的办事原则。在制定法律之后，任何人和组织的社会性活动均受既定法律规则的约束。无论发生什么情况，甚至是法律本身发生不正当的情况，也要依法办事。在法律面前只有先承认形式的合理才能承认实质的合理，这是法治建立的根本要求。

3. 法治是一种民主的法制模式，又常常被理解为"以民主为基础和前提的法制"。法制必须以民主为社会条件和正当基础。

4. 法治还经常被作为一种文明的法的精神，与理念、原则、观念等词联用，如"法治理念"、"法治原则"、"法治观念"等。

5. 法治是一种理性的社会状态和理想的社会秩序。法律与国家、政府之间，运用法律约束国家、政府权力；法律与人民之间，运用法律合理地分配利益；法律与社会之间，运用法律确保社会公共利益不受权力和权利的侵犯。因此，可以认为"法治"就是一种在法律管束国家权力以后，而使权利在人与人之间达到合理配置的社会状态。

二、法制与法治的联系和区别

1. 法制的含义：

（1）静态的理解：认为法制就是法律制度。

（2）动态的理解：认为法制是指一切社会关系的参加者严格地、平等地执行和遵守法律以及法律制定、法律实施和法律监督等一系列活动的过程，包括立法、守法、执法、司法和护法的有机统一。

2. 法制与法治的区别和联系

（1）二者的区别：

第一，法制属于工具操作范畴，没有民主也可以有法制。法制仅仅表明特定社会中存在着一种独立于其他各种制度的法律制度，有时也表现为一整套较为系统的法律制度。但是，在法律的这种存在状态即法制中，法律还只是某个权威所运用的一种工具，一个控制国家和社会的手段。法治则属于政治理想的范畴，没有民主就不可能有法治。法治是市场经济基础上、民主政治体制中的治国方略。法治关注的焦点是法律的至上权威，公民、团体和政府必须依从公认的法律规则行事，法律是对公共权力运用的有效制约。因此，法治表明法律在社会生活中享有最高权威。

第二，法制强调秩序，而不一定建立在正当性价值之上。而法治则蕴涵了法律调整社会生活的正当性。法治符合社会生活理性化的要求，使人们的社会生活和交往活动具有了可预测性和确定性，也使人们的正当要求有了程序化、制度化的保障，增强了社会成员的安全感。

第三，法制是相对于政治制度、经济制度而存在的一种制度。而法治则显示了法律介入社会的广泛性，即法律必须更加全面、深入地介入社会生活的方方面面。法治要求在全部社会活动中都必须依法办事，要求法律不仅在经济、文化、社会生活中具有重大作用，而且特别强调在国家的政治生活中也同样具有重要作用。法治要求社会的法律化，可以从根本上维护公民的权利和自由。

（2）二者的联系：

第一，只有在法治理念的指导下，才有可能建立和健全法制；如果没有法治理念的指引，就不能有完备的法制。第二，只有建立了完备的法制，才能做到有法可依，才能使依法治国方略得以实现；如果没有法制保障，法治只能是一个空洞的思想主张。法制状态虽然不能直接导致法治，但法治状态必须以完备的法制为基础。最终，通过法律制定、法律实施和法律监督，即立法、守法、执法、司法的整个环节，在以依法办事为核心的动态过程中，法治状态得以实现。

三、法治与人治的联系和区别

1. 法治作为一种治国思想和治国方式以及法律存在的状态是与人治相对的。

2. 人治作为治国的方法和原则，其含义包括：第一，人治不等于没有或取消法律，而是借助法律实现专制。第二，人治通过法律建立和稳定统治秩序，但法律不是社会和权力的基础，而是国家最高权力的工具，终究权大于法。第三，大于法的权力不是一般的职权而是极权，在古代社会通常为皇权或王权以及贵族特权。

3. 人治与法治的区别在于：人治强调依靠统治者个人的作用来统治国家要求把权力交给统治者个人，使之能够运用手中的权力实行对国家和人民的统治；而法治则强调通过法律治理国家，要求一切国家机关和各级领导者都要依法办事，在法律面前人人平等，不允许有凌驾于法律之上的个人特权。简而言之，人治所强调的是个人的作用；而法治所强调的则是法律的权威。

四、民主与法治的关系

1. 民主和法治相互依存，相互渗透。民主政权是现代法治存在的前提，没有作为国家制度的民主事实的存在，就不可能创立法治；离开了民主制度、民主程序，就不可能制定出科学性、人民性的法律。从立法到护法，每一步都离不开民主。同时，没有法治确认民主的方向，社会就会动乱，民主就会付诸东流。没有法治规定和确认民主权利的范围，行使民主权利的原则、程序和方法，民主就会成为一句空话。

2. 民主和法治相互制约，彼此平衡。主要表现在，民主是法治的内容和价值取向，民主权利的内容直接由法律确认和规定，而且，行使民主权利的程序和方法也必须以法律为依据；法治必须体现人民的意志和利益，必须是凝聚、引导和规范民主的力量，反映民主发展的要求，民主程序和民主程度都直接影响法治作用的范围。

总之，民主建设应在法制轨道上进行，从而实现民主的法治化；同时，法制建设也要纳入民主的轨道，从而实现法治的民主化。既不能将二者割裂开来，更不能对立起来。

五、依法治国的含义

所谓依法治国，就是依照体现人民意志和社会发展规律的法律治理国家，而不是依照个人意志、主张治理国家；要求国家的政治、经济运作、社会各方面的活动统统依照法律进行，而不受任何个人意志的干预、阻碍或破坏。简而言之，依法治国就是依照法律来治理国家。

六、依法治国的基本要求

1. 有法可依。有法可依，指国家应当高度重视和加强立法工作，逐步建立起完备的法律体系。这是建立法治国家的前提。

2. 有法必依。有法必依，即普遍守法原则，指的是法律制定以后的整个实施过程，要求一切国家机关、政党、社团和公民在自己的活动中，必须严格遵守和执行国家法律，依法办事。这是建立法治国家的中心环节。

3. 执法必严。执法必严是指国家机关在执行法律的过程中，必须切实依照法律规定的内容、精神和程序办事，维护法律的尊严和权威。这是建设法治国家的重要支撑。

4. 违法必究。违法必究，是指对一切违反宪法和法律的行为都必须依法平等地予以追究和制裁，任何组织和个人都不能例外。违法必究是对有法必依的进一步强调。

七、社会主义法治理念的基本内涵

1. 依法治国是社会主义法治的核心内容。依法治国的基本内涵包括：人民民主、法制完备、树立宪法法律权威、权力制约。

2. 执法为民是社会主义法治的本质要求。执法为民的基本内涵包括：以人为本、保障人权、文明执法。

3. 公平正义是社会主义法治的价值追求。公平正义的基本内涵包括：法律面前人人平等、合理合法、程序正当、及时高效。

4. 服务大局是社会主义法治的重要使命。服务大局的基本内涵包括：把握大局、围绕大局、立足本职。

5. 党的领导是社会主义法治的根本保证。在社会主义法治理念中，党的领导的基本内涵包括党对社会主义法治的思想领导、政治领导和组织领导。

八、法律程序的构成要素

1. 法律主体和法律行为。法律程序中的法律主体是参与程序法律关系，享有法律权利并承担法律义务的主体。既可以是自然人，也可以是法人，还可以是国家或其他组织。这里的法律行为仅指合法行为。

2. 法定步骤和方式。法定步骤和方式是法律程序对法律行为的规定性。法律程序对法律行为的规范是通过对行为发生的步骤以及特定方式的规范来实现。所谓步骤，指的是法律行为的时间先后顺序和期限上的安排；所谓方式，指的是法律行为在空间上的具体表现，如诉讼程序中的合法证据形式、审判公开、回避原则等规定，立法程序中的立法听证、议员言论免责、多数决定、表决方式等规定。

3. 程序法律后果。程序法律后果也包括肯定性法律后果和否定性法律后果，肯定性法律后果使程序法律行为有效，而否定性法律后果使法律行为无效。

4. 特定价值。现代法律程序越来越注重程序自身独立价值的存在和实现，即这种价值不依赖于实体法的存在就可以单独存在，并予以实现。如对程序公正、中立、参与价值的追求可以独立于实体法而被实现。

九、法律程序内在价值的主要内容

1. 参与。参与价值是民主社会里对法律程序的普遍性要求。参与价值不仅体现在民主的立法程序中，也体现在法律适用过程中利害关系人都有被告知和陈述意见的机会。

2. 公平。公平包括公正和平等。公平首先指程序中立。中立是指法律程序中立法者或法律适用者的立场，也即自己不能成为自己案件的法官的自然正义原则。只有中立才能带来公正的实现。平等是指平等地享有各种程序权利和履行程序义务，尤其指各方当事人的意见都能平等地听取。

3. 正统性。正统性也称合法性、正当性。主要指法律程序被公众认可而具有权威性。

4. 和平。和平是指程序本身良好的、和谐的秩序。

5. 尊严。尊严价值的体现是要将人看成是人，人就是目的而不能成为手段。

6. 理性。法律程序的理性是指程序能够产生合乎逻辑的结果，它符合人们理性思维习惯，因而能够被认可。

7. 公开。程序的公开能够满足人们了解程序运行的愿望，获知相关信息并有效参与，也使人们能够对程序运行进行监督，促进程序的正确运行。

8. 及时性和终结性。及时性和终结性有利于提高诉讼效率，降低诉讼成本。

十、正当法律程序的功能

1. 限制恣意，约束权力。

2. 保障作决定者充分接纳各种信息，作出正确的或最好的判断。

3. 通过和平的程序保障充分、平等的发言机会，疏导矛盾冲突。

4. 稳定实现确定的程序运行结果。

5. 可以导致人们对程序运行的结果有效服从，并有利于法律信仰的形成。

十一、立法的概念

从狭义的解释来看，根据我国现行宪法，立法是指全国人民代表大会及其常设机关制定法律这种特定规范性文件的活动。从广义来看，立法就是国家专门机关遵循掌握国家政权的社会集团的意志，根据一定的指导思想和基本原则，依照法定的权限和程序，使之上升为国家意志，从而创制、修改和废止法律的专门活动。广义的立法概念与法律制定可以通用。

十二、中国现行立法体制的特点

1. 中国现行立法体制是一元性的立法体制，即实行中央集中统一领导，强调国家立法权属于中央。所谓一元，指的是全国范围内只存在一个统一的立法体系。《中华人民共和国宪法》第五十八条规定：全国人民代表大会和全国人民代表大会常务委员会行使国家立法权。

2. 中国现行立法体制是两极并存的立法体制，即中央一级的立法和地方一级的立法同时存在。

3. 中国现行立法体制是多类结合的立法体制。

十三、两种立法技术

所谓规范性法律文件是指有权制定法律规范的国家机关发布的属于法律渊源的文件。

（一）规范性法律文件的规范化

1. 规范性法律文件的规范化指立法主体在制定法律、法规时必须符合一定的要求，必须按照一定的规格来进行。

2. 规范性法律文件的规范化具体包括：要求不同层次或不同等级的规范性文件只能由不同的国家机关制定；确定这些不同层次、不同等级的规范性文件的不同法律地位、效力及其相互关系；这些文件有哪些专有名称，这些专有名称要统一；各种规范性文件的表达方式应有统一的规格；法律条文的文字简练明确，法律术语统一严谨，并要通用。

3. 规范性法律文件规范化的意义

第一，有助于法制的统一；第二，有助于建立和谐一致的法律体系；第三，有助于改善立法工作，提高立法工作质量。

（二）规范性法律文件的系统化

1. 规范性法律文件的系统化的含义

（1）规范性法律文件的系统化即对已制定的规范性文件进行系统地整理、分类和加工。规范化是对法律文件制定过程中的要求，而系统化则是对法律文件制定后的要求。

（2）法律系统化的意义在于，便于查阅法律法规，便于适用法律和遵守法律，有助于改善立法工作和实现法制的统一。

2. 规范性法律文件的系统化的方式

（1）法律汇编，即将有关规范性法律文件按照一定的标准予以排列，编辑成册，不改变文件的内容，也不是制定法律。

（2）法律编纂，即对属于某一部门法或某类法律的全部规范性文件加以整理、补充、修改，甚至在此基础上制定新的系统化法律，是一种立法活动。

法律编纂与法律汇编的区别在于：法律编纂是立法活动，而法律汇编并不是立法活动。

十四、中国特色社会主义法律体系

中国特色社会主义法律体系主要由三个不同层级和七个法律部门的法律规范构成：

1. 三个不同层级的法律规范是：法律、行政法规、地方性法规、自治条例和单行条例。

2. 七个法律部门是：宪法及宪法相关法、民法商法、行政法、经济法、社会法、刑法、诉讼与非诉讼程序法。

3. 完善中国特色社会主义法律体系必须把握以下几点：

（1）不能用西方的法律体系来套中国的法律体系。

（2）行政法规和地方性法规都是法律体系的重要组成部分。

（3）要区分法律手段和其他调整手段的关系，需要法律来调整时才用立法来规范，以便更好地发挥法制的功能和作用。

（4）中国法律体系是动态的、开放的、发展的，其本身就有一个与时俱进的问题。

十五、法律解释的必要性

1. 法律解释能够为法律实施提供比较具体的标准，缓解法律的抽象性与社会生活的复杂性之间的矛盾。法律具有抽象性、概括性，其所针对的是一般的人或事，通常只规定了一定行为或关系的原则特征。而法律实施过程中，遇到的是具体的社会行为或社会关系，只有准确地理解和阐明法律规定的含义，才能把它运用到具体的社会生活中。所以，法律实施以法律解释为前提，准确的法律解释是实施法律的必要条件。

2. 就我国现实状况而言，法律解释是使法律符合时代精神、适应社会发展并维护法制统一的必要手段。法律解释是连接立法的历史背景与社会现实条件，使法律从纸上规范变为实际生活中行为的桥梁。

3. 法律解释是弥补法律本身存在的漏洞，使法律适应社会不断发展并且保持法律自身稳定的需要。任何立法者都不是万能的，任何法律也都难免会存在漏洞。通过法律解释，可以对不明确的法律条款进行价值补充，克服制定法滞后的弊端，从而成为联结立法意图与司法目的的纽带。法律解释作为平衡和协调立法权与司法权的重要机制，也是发展法律的一个重要方式。

十六、法律遵守的意义

1. 法律遵守是对全社会主体的普遍要求，是法律实施和实现的一种最基本也是最重要的形式。具体来说包括三个方面：第一，国家机关在行使职权、履行公务的过程中，不得违反法律规定，行为的内容与方式要符合法律要求，既不能权力膨胀也不能权力萎缩，失职渎职。第二，国家机关在其职权管辖外的社会活动中，必须自觉守法，不得借公共权力去谋取私利。第三，公民和社会组织在各种活动中，必须用法律来规范自己的行为，自觉地依照法律规定的条件、方式、程序去保护和实现自己的利益，并履行法定义务。

2. 法律遵守是法律实现的必然要求。法律实现要求人民亲手法律规范设定的行为模式，并将各种法律规范转化为现实，使权利得到享有，义务得到履行，禁令得到遵守，其意义在于鼓励合法行为，制裁和矫正违法行为，使各种合法利益得到保护。

3. 法律遵守是社会正常有序的必然要求。社会有序主要通过道德和法律来加以调整，现代社会法律是使社会进入和保持有序状态的最重要的手段和调节机制。

4. 法律遵守是实现公民权利的保障。对整个社会来说，如果不守法，那么任何人的权利都难以实现。公民权利的实现离不开义务人依法履行义务，离不开国家机关的保障。

十七、守法义务的理论根据

公民为什么应当守法？对于这一问题的回答，在法理学上主要有三种学说：承诺论、公平论和功利论。

1. 承诺论。这一学说最早是由古典自然法学家针对"君权神授论"提出来的。其基本思想是：由于每个公民都是社会契约的当事人，所以都有守法的道德义务；这种守法义务是从公民已经参加了社会契约的客观事实中必然派生出来的。

2. 公平论。在一个基本公正的社会里，当其他成员都守法的情况下，一个社会成员可能从中获得极大的好处。这时，如果该社会成员违法，就必然会使守法者遭受损失，而这种结果显然是不公平的。

3. 功利论。公民之所以有遵守法律的道德义务，是因为稳定的法律秩序的存在，能够带来最大多数人的最大幸福；守法的道德基础就是由守法与不守法的比较结果来决定的，即是否能对最大多数人产生最大幸福来决定的。

十八、执法的基本原则

（一）合法性原则

1. 合法性原则也称依法行政原则，是指行政机关实施行政管理，应当依照法律的规定进行；未经法律许可，行政机关不得作出影响公民、法人和其他组织合法权益或者增加公民、法人和其他组织义务的决定。

2. 合法性原则主要包括以下几方面的内容：（1）执法主体的设立和执法职权的存在要合法；（2）行政执法行为合法，这要求行政执法活动既要符合行政实体法的规定，也要符合行政程序法的规定。

（二）合理性原则

1. 执法的合理性原则是对合法性原则的补充，是针对行政自由裁量权而确定的基本原则。行政管理范围的广泛性、内容的复杂性决定了自由裁量性必然成为行政执法一个极为显著的特点。但是，由于自由裁量权缺乏明确的规范指引，存在着被滥用的可能，因此，为了对行政自由裁量权进行控制，就产生了合理性原则，为行政自由裁量权的行使设定了一般要求。

2. 合理性原则是指行政主体在行使自由裁量权进行行政管理时，应当遵循公平、公正的原则，做到客观、必要、适当、合理。

（三）正当程序原则

该原则的目的是对行使行政权进行程序控制，以防止行政权的滥用，通过行政程序公正实现行政实体公正。执法的程序正当性标准主要有三：第一，行政主体严格按照法定程序行使权力、履行职责；第二，要保证相对人的听证权、辩论权、回避权、知情权等程序性权利在行政活动中受到承认和保护；第三，行政程序公开。除涉及国家秘密、商业秘密或者个人隐私的事项依法不公开外，执法行为应当公开。

（四）效率原则

执法的效率原则包括两方面的含义：

1. 该原则要求行政机关进行执法时，在对不同社会主体之间的利益、个人利益与公共利益进行权衡和取舍时，要考虑社会的总成本与总投入之间的关系，要尽可能地以最小的社会成本获得最大的社会经济效益。

2. 行政机关进行执法活动时，也要考虑自身的执法成本与执法效益的比值问题，以最小的成本获得最大的收益。行政执法的效率原则要求是由行政活动本身的性质决定的。

（五）诚实守信原则

诚实守信原则是指行政机关进行执法活动时要讲诚实，守信用。

（六）责任原则

责任原则是指行政主体必须对自己的行政行为承担责任。行政责任的发生存在三种情形：一是违反法律的行政行为；二是行政不当损害相对人利益；三是行政行为事实上造成相对人权益损害。

十九、司法的特征

1. 主体的特殊性。司法是国家特定的专门机关及其公职人员按照法定权限实施法律的专门活动。我国的司法权一般包括审判权和检察权，法院和检察院是我国的司法机关，是我国法律适用的主体。

2. 专业性。要求司法机关公职人员必须具备丰富的专门知识，受过严格的训练。

3. 国家强制性。法律适用以国家强制力为保证力量，所有人都必须服从。

4. 程序法定性。程序性是法律适用的最重要、最显著的特点。

5. 裁决权威性。司法机关所作出的裁决是具有法律效力的裁决，任何组织和个人都必须执行，不得擅自修改和违抗，因此，具有很大的权威性。

二十、司法的基本原则

（一）司法公正

1. 公正是司法工作的灵魂、生命和永恒主题，是保障公民权利、维护社会正义的最后一道屏障和安全网，也是建设法治国家的一项必备条件。司法公正指司法机关在行使司法权的过程中严格依法独立地、不偏不倚地进行司法活动。司法公正既包括实体公正也包括程序公正，其中程序公正尤其重要。

2. 坚持立体的司法公正观，主要包括以下内涵：

（1）实体公正与程序公正相统一。任何以实体公正为由排斥程序公正的做法，必须予以坚决纠正；任何以程序公正为由掩盖实体不公的裁判现象，必须予以有效的遏制。

（2）形式公正与实质公正相统一。形式公正解决的是司法活动的合法性问题，而实质公正解决的是司法活动正当性、合理性问题。

（3）客观公正与主观公正相统一。主观公正是人们对某一司法活动的主观认识、主观评价或主观感觉，客观公正是某一司法活动在客观上或事实上是公正的。

（4）司法公正与社会公正相统一。社会公正是人们追求的永恒目标和首要价值，司法公正必须体现社会公正，并为实现社会公正提供保障。

（5）个案公正与普遍公正相统一。为了实现个案的公正，要在坚持普遍公正的前提下，从案件的具体情况入手，区别对待。

3. 如何实现司法公正：

（1）维护和实现司法公正，需要不断增强司法能力，提高司法水平。

（2）维护和实现司法公正，需要进一步推进司法体制改革。

（3）要进一步切实维护司法权威，不断提高和加强司法工作人员的道德修养、法律修养和业务素质。

（4）维护和实现司法公正，要求司法机关树立科学的司法理念，坚持实体公正与程序公正的统一，坚决抵制和克服人情、金钱等因素的干扰。

（二）以事实为根据，以法律为准绳

1. "以事实为根据"，是指适用法律时必须从案件的实际情况出发，把案件的审理和案件的判决建立在尊重客观事实的基础上，以此作为适用法律的前提，要求司法机关重证据、重调查研究，不能以任何主观想象、主观分析和判断作为处理案件的依据。"以事实为根据"的核心是要求处理任何案件都必须重证据。

2. "以法律为准绳"，是指处理民事、刑事、行政诉讼案件都必须严格依照法律规定办事，以法律规定作为审理案件的唯一尺度。

（三）司法平等原则

在我国，司法平等原则的主要含义是：

1. 司法机关依法行使司法权，法律统一适用于全体公民，而不以公民在民族、种族、性别、职业、社会出身、宗教信仰、财产状况等方面的任何差异而有所区别。

2. 司法的目标是实现公民依法享有的同等权利和承担同等的义务。

3. 司法过程中，公民的诉讼权利平等。

需要注意的是：（1）司法平等原则在实践上并不排除在法律规定的范围内的区别对待。（2）"公民在法律面前一律平等"，仅指实施法律上的平等，而不指制定法律上的平等。

（四）司法机关依法独立行使职权原则

1. 司法独立原则的含义：

（1）国家的司法权只能由国家的司法机关统一行使，其他任何组织和个人无权行使此项权力。

（2）司法机关依法独立行使职权，不受其他行政机关、团体和个人的干涉。

（3）司法机关处理案件，必须依照法律规定，准确地适用法律。

2. 坚持司法独立原则的意义：

（1）这是由司法活动的特殊规律所决定的，有利于维护国家法制的统一。

（2）严格执法和公正审判需要司法机关保持独立。

（3）坚持司法机关依法独立行使职权原则，可以防止特权，排除外来的非法干扰，可以使一切公民在相同情况下，受到法律的同等对待。

3. 人民法院的上下级之间是监督与被监督的关系，人民检察院的上级与下级是领导与被领导的关系。

4. 我国法院独立行使审判权，是指法院独立，不是指审判员独立，是机关独立而不是个人独立。

（五）司法责任原则

所谓司法责任原则，一般又叫有错必纠原则，是指司法机关和司法人员在行使司法权的过程中侵犯了公民、法人和其他社会组织的合法权益，造成了严重后果而应承担责任的一种原则。

二十一、法律监督释义

广义上的法律监督，指的是国家机关、各政党、社会团体、公民，对于法律运行和操作过程，包括立法、执法、司法活动的程序及其结果是否合法所实施的评价和督导。

狭义上的法律监督，专指有关国家机关依照法定职权和法定程序，对立法、执法和司法活动的合法性进行的监察和督促。

法律监督是一种法律活动，其目的在于预防、制止、消除法律运行过程中出现的越轨和冲突，保证一切法律关系主体行为的合法性。也就是说，法律监督的最终目的是保证法律实现。

二十二、法律监督的构成

法律监督的构成要素有四个，即法律监督的主体、客体、内容和方式。

1. 法律监督的主体，就是法律监督行为的实施者，即依法享有法律监督权的国家机关、社会组织和个人。

2. 法律监督的客体就是法律监督的对象，即监督谁的问题，也就是法律监督主体行使职权的范围。在当代中国，所有的组织和公民都要接受监督。但重点是对国家机关及其公职人员各种公务活动的监督。

3. 法律监督的内容包括法律的制定、适用和遵守，即贯穿于法律运行的各个环节和整个过程。其中，国家机关及其公职人员的各种职务活动及其行为的合法性是法律监督的主要内容。

4. 法律监督的方式，即监督权的运行方式、方法、程序等。

二十三、法律监督建立的依据

（一）建立完善的法律监督制度是现代民主政治的需要

真正的民主制度，需要具备两个方面的内容：（1）需要具备完备的、能真正地实现民主的选举制度；（2）还必须使通过民意选举出来的人在行使权力的时候能够真正按照民意办事，并不得滥用人民赋予的权力和侵犯公民的合法权益。

（二）法律监督制度是现代国家管理和社会管理的需要

要使现代社会庞大而复杂的国家机关能够正常高效地运转，各种矛盾能够得到协调，社会稳定健康地发展，只能通过法律的监督机制来对社会保持有效的控制。

（三）法律监督是维护国家法制统一和实现法律价值的重要保障

1. 法律监督在法律制定阶段，起着维护国家法制统一协调的作用。

2. 法律监督保证法律准确有效地实施，使各种法律关系的建立、各种法律问题的处理，都符合法律规范的要求。

3. 法律监督保证各法律关系主体的权利和义务都能够得到实现。

4. 法律监督有利于实现法律信息的反馈。

二十四、当代中国法律职业化的实现途径

1. 法律职业化的实现必须依赖于法律制度改革，并继而推动制度改革。

2. 法律职业化要求法律职业的独立与垄断。

3. 通过建立统一的职业道德规范和法律职业者相互间的监督制约机制，形成良好的法律职业伦理。

4. 坚定不移地走法律人的精英之路，即法律职业者应当少而精，在少而精的基础上，努力提高和强化其政治、经济等各个方面的待遇和保障制度，为法律公正的实现建立物质基础。

第四章 法律本体论

本章引言

法律本体论围绕法律的进一步含义展开阐释，通过探析法律与各种相关概念之间的联系和区别，进一步明确法律的概念，加深对法律现象和本质的认识。

一、权利的存在形态

1. 应有权利，是权利的最初形态，它是特定社会的人们基于一定的物质生活条件而产生出来的权利需要，是主体认为或被承认应当享有的权利。也称为道德权利、自然权利。

2. 习惯权利，是人们在长期的社会生活过程中形成的或从先前社会传承下来的，表现为群体性、重复性自由行动的一种权利。也称为法外权利。

3. 法律权利，是通过法律明确规定或通过立法纲领、法律原则加以公布的、以规范或观念形态存在的权利。

4. 现实权利，即主体实际享有或行使的权利，也称为实有权利。

二、法律权利的含义与特征

法律权利是指社会主体享有的法律确认和保障，以某种正当利益为追求的行为自由。法律权利具有如下特征：

1. 法律权利的法律性。

（1）法律权利并不等于社会权利，它只是社会权利的一部分。

（2）表现在法律对权利的保障上。

（3）法律权利的法律性还表现在法律为权利的实现提供必要的法定程序。

（4）法律权利的法律性也表现在权利的产生、变更或消灭必须有一定的法律根据，国家或社会组织不能随心所欲地变更、消灭某项权利。

2. 法律权利的自主性。

法律权利不仅是国家许可和保障的行为，而且是可以按照权利主体自由的愿望来决定是否实施的行为。当主体选择实施某项行为时，作为权利，他不受他人阻碍、干扰。

3. 法律权利的可为性。

法律权利作为法律认可和保障的行为自由它不是抽象的，而是具体可行的。法律权利有两种存在形态：一是已经转化为现实的权利；二是未能转化为现实的权利。

4. 法律权利的求利性。

权利本身并不等于利益，权利活动的结果也不完全表现为利益。但是任何法律权利的行使都与一定的利益密切相关，它都以追求或维护某种利益为目的。

三、法律权利的结构

法律权利的结构是指法律权利是由哪些因素构成的，以及这些因素是如何有机联系在一起的。任何一项法律权利必须具备以下三种要素：

1. 利益。利益是法律结构中必不可少的因素。任何一项权利背后都隐藏着权利主体的利益追求，人们往往在追求某种权利，其实本质上是在追求某种权利背后的利益。法律权利包含的利益必须是正当的、合法的。

2. 权能。权能是权利主体行使权利的资格和能力。要想行使某项权利，必须具备享有某种权利的资格。除了法律资格以外，还必须具有行使某种权利的行为能力。

3. 自由行为。自由行为是权利主体根据法律规定自由地选择自己的行为。

构成法律权利的三要素是紧密联系、不可分割的。利益作为权利的追求，它是权利的目标和方向，也是权利行使的动力源泉。权能是权利的基础，它是权利行使和实现的基本条件。自由行为是权利的外在表现，是权利实现的关键，是法律权利的核心。利益和权能都必须通过权利主体的自由行为来实现。

四、权利与权力的关系

权力是指特定主体（包括个人、组织和国家）因某种优势而拥有的对社会或他人的强制力量和支配力量。

（一）二者联系

法律权利与权力存在密切的关系，一方面，权力以法律权利为基础，以实现法律权利为目的，法律权利制约着权力。另一方面，某些权利的实现依赖一定的权力。二者有一定的一致性，如法律权利与权力都追求一定的利益为目的；都有相应的法律规定和限制；都有相应的法律保障；它们的正确行使都会对社会产生良好的效果。

（二）二者区别

1. 二者来源不同。法律权利是法律对既有权利确认的结果；而权力往往根据法律来配置或由一定政治组织赋予而产生。

2. 二者要求不同。法律权利的实现并不要求权利相对人以服从为条件，也不体现权利人对他人的支配，它所要求的仅仅是义务人所必须履行的法律义务。而权力的实现必须以服从为条件，体现为支配他人。

3. 二者追求的利益重点不同。法律权利追求的可能是政治利益、经济利益或者是其他利益，而权力追求的利益主要是政治利益。

4. 二者的限制程度不同。法律权利没有严格的限制，既可以依法行使，也可以转让和放弃；而权力只能依法行使，既不能随意转让也不能放弃；转让和放弃权利具有合法性，而转让和放弃权力则是违法的。

5. 二者的实现方式不同。法律权利的实现以国家强制力保障作为后盾，而权力的实现往往直接伴随着国家强制力的实施。

6. 二者的范围不同。从内容来看，法律权利的范围非常广泛，它一般是根据法律的认定来确定。而权力的范围非常有限，它主要是根据权力主体的职责范围来确定。从主体来看，法律权利主体的范围具有普遍性，而权力主体只能是特定主体拥有。

五、法律权利与法律义务的关系

（一）法律关系中的对应关系

法律权利与法律义务的对应关系是指法律权利一般有相对的法律义务存在。二者共同处于法律关系的统一体中。

（二）社会生活中的对等关系

1. 社会生活中的权利总量与义务总量基本是对等的。

2. 在有的具体法律关系中，权利与义务也是对等的。

（三）功能发挥中的互动关系

1. 法律义务的履行促进法律权利的实现。

2. 法律权利的享有也有助于法律义务的履行。因为法律权利的享有有助于增强义务主体的责任感，有助于促进义务主体与权利主体的相互尊重。

3. 法律权利与法律义务的互动关系还表现在某些特定的权利、义务的相互转化。

（四）价值选择中的权利与义务

1. 权利本位论。

（1）法律应当以权利为起点、重点和轴心。

（2）它概括地表述了权利为重心的现代法律制度的特征。

（3）它表现了权利与义务的特殊关系。

（4）它代表了一种平等、横向的利益关系。

（5）它反映了法律从义务本位向权利本位的历史演进。

2. 义务重心论。是指法律作为社会控制、规范手段，主要通过义务性规范来实现自己试图达达到的目的。从国家对社会的控制上来看，法律对社会关系的调整主要是通过对违反义务者的行为矫正来实现。理由如下：

（1）禁忌、义务的出现和发展，是人类有序化的标志。

（2）人类最初的法律规则主要是由义务性规范构成的。

（3）在权利与义务的关系中，义务是第一性的。

3. 权利义务并重论。在中国现实状况下，权利本位更容易被接受。原因如下：

（1）市场经济模式的建立。因为市场经济对法律的要求，主要是设定权利和保障权利。

（2）人权受到国家、社会的普遍关注。法律权利就是人权在法律中的表现。

（3）对中国传统法律文化中权利地位的考虑，从当代中国社会的现实和发展目标要求来看，权利本位是值得倡导的。

六、法律的利益调控机制

法律对社会的控制离不开对利益的调整，而法律对利益的调整机制主要又是通过将利益要求转化为一定权利（权利主张、自由、特权、权力），并把它们及相对应的义务归于法律主体，以及通过设置权利和义务的补救办法——惩罚、赔偿等来实现的。

（一）表达利益要求

法律并不发明或创造利益，而只是对社会生活中的利益关系加以选择，对特定的利益予以承认或拒绝。法律表达利益的过程，同时也是对利益选择的过程。

（二）平衡利益冲突

所谓利益冲突，就是指利益主体基于利益差别和利益矛盾而产生的利益纠纷和利益争夺。

法律的利益平衡功能表现为，对各种利益重要性作出估价或衡量以及协调利益冲突提供标准。

法律对利益关系的协调，对利益冲突的平衡一般是通过某些基本原则规定和制度设计体现的。

（三）重整利益格局

1. 人类历史上，革命或改革其实都是对利益格局的调整或重新安排。

2. 权力斗争的实质是利益斗争，权力斗争的结果导致利益格局的重整，此时，法律便担任着重整利益格局的功能。

七、法律功能及相关概念辨异

法律功能，是指法律作为一个体系或部分，在一定的立法目的的指引下，基于其内在结构属性而与社会单位所发生的，能够通过自己的活动（运行）造成一定客观后果，并有利于实现法律价值，从而体现其在社会中的实际特殊地位的关系。

1. 法律功能体现一种法律—社会关系，但不能笼统地讲是一种法律与社会的关系。

2. 法律功能不同于法律目的。

3. 法律功能指向于法律价值，但同法律价值终究是程度不等的两个范畴。

4. 法律功能是基于法律结构属性而与社会发生关系的状态，表明了法律对社会的一种适应性。

第五章　法律价值论

本章引言

本章主要围绕法律与价值的关系展开论述，法律具有价值，法律的价值主要表现在法律的正义价值、法律的人权价值、法律的幸福价值和法律的秩序价值。

一、法律价值的含义

所谓法律价值，就是指在作为客体的法律与作为主体的人的关系中，法律对一定主体需要的满足状况以及由此所产生的人对法律性状、属性和作用的评价。

二、法律价值冲突的原因及其解决

1. 导致法律价值冲突的原因是多方面的：

（1）社会生活的广泛性与复杂性，社会条件的多重性，是导致法律冲突的客观原因。一方面，人要生存必须具备一定的物质与精神条件，而社会所能给予每个人以及不同社会群体的物质与精神条件都是不完全相同的。也就是说，人们的生存境遇和发展条件不可能完全一样，这可能导致人们在法律价值上一定程度的冲突与对立。另一方面，在同一社会中一个人或不同的人在不同情况下会形成不同层次的社会需要，从而形成对法律价值的认识与理解、愿望与要求等的不同。不同的群体、个人在法律实践上和理论上一旦具有不同的法律价值观念，同一法律价值的内部矛盾和不同法律价值观念的相互矛盾就会反映为法律价值冲突。

（2）法律价值主体的多元性和多样性是法律价值冲突的主观原因。法律价值主体的多元性导致多元的价值观，多元的价值观增加了价值观的冲突。价值主体的多样性导致不同价值主体的价值愿望、要求和满足感各不相同，加剧了法律价值冲突。

2. 法律价值冲突的解决原则：利害原则、苦乐原则、价值位阶原则、个案平衡原则和比例原则。

三、法律的正义价值表现

1. 正义表现为一种法律的价值目标。

正义所蕴含的公平、公道、平等权利等价值内涵，是政治社会中所有价值体系所追求的最高目标。法律作为一种最具权威性的价值体系和规范体系，自然也应该把正义作为自己的最终理想目标。

2. 正义是衡量法律优劣的尺度和标准。

一定的正义观不仅是评价人们行为公正与否、善良与否的标准，而且也是评价现实中的法律的重要标准。

3. 正义是法律进化和法律革新的推定力。

正义作为法律的最高目的，作为区别良法与恶法的标准，始终是法律进化的精神动力。

四、通过法律如何实现正义

1. 通过立法分配权利以确立正义。
2. 通过惩罚非正义行为以维护正义。
3. 通过公正地补偿损失以恢复正义。

法律要切实地保障正义，必须使因违法犯罪而蒙受的损失得以补偿，从而使得正义得到修复。为此，首先，必须有一套公开解决纠纷的规则和程序，这些规则和程序必须具有普遍的意义和公正的内容；其次，适用这些规则时，应公正无私、不偏不倚。

五、人权的三种形态（按照人权的基本存在形态划分）

1. 应有权利。人权是一种道德权利，属于应有权利的范畴，即基于人的本性和本质所应该享有的权利。
2. 法定权利。没有法律的确认，人权就没有保障。人权就其实质而言，是国内法管辖的问题，因此，人权是一种法律权利。
3. 实有权利。人权作为一种道德权利与法律权利，仅仅为人权的实现提供了一种理论可能性和制度可能性，这显然是不够的。因此，人权还必须是一种实有权利，一种实实在在的现实权利。

六、法律对自由的限制

我国法学界所提出的对自由的法律限制原则主要有以下四项。一般认为，超出了这四项基本原则，就是不合理的限制。

（1）法律基于社会生活条件的制约而限制自由。

法律以社会为基础，法律的产生、存在与发展在根本上取决于一定的社会物质生活条件。自由同样不能不受社会物质生活条件，即生产方式、地理环境、人口状况等的限制。此外，自由也受到社会经济生活条件、道德意识、风俗习惯的限制。

（2）法律为了社会及他人的利益而限制自由。

禁止伤害社会和他人，是所有国家的法律限制自由的内容。人类自由既依赖一定的社会秩序，秩序就意味着约束与限制。允许个人有绝对的自由，必然会侵害到他人的自由权利。

（3）法律为了行为人自身利益而限制自由。

法律限制有时是为了促进被强制者的自我利益。

（4）法律为了各项自由的协调而限制自由。

世界上不可能有绝对的自由，任何个人都必须为了某些自由而放弃另一些自由。法律所规定的公民的各项自由权利乃是一个统一整体，不能加以肢解。

总之，自由从来不可能是绝对的、不受限制的。如果认为自由便是为所欲为，甚至是胡作非为，那实在是对自由莫大的误解。

七、法律的平等价值

法律所具有的平等价值主要体现在以下几个方面：第一，法律使平等的理念权利化、法律化；第二，法律对平等权利予以具体规定，为平等的实现提供统一的标准；第三，法律是实现平等的切实可行的和最重要的手段。

八、人权与法律的一般关系

人权与法律存在着不可分割的关系，两者相互作用、相互影响。

（一）人权对法律的作用

1. 人权是法律的源泉。

2. 人权是判断法律善恶的标准。

人权既是现代民主政治的目的，也是现代进步文明的法律的目的，它构成了法律的人道主义基础。人们可以根据人权的精神来判断法律的善与恶。

总之，人权对法律的作用体现在：它指出了立法和执法所应坚持的最低人道主义标准和要求；它可以诊断现实社会生活中法律侵权的症结，从而提出相应的法律救济的标准和途径；它有利于实现法律的有效性，促进法律的自我完善。

（二）法律对人权的作用

人权的实现要依靠法律的确认和保护，没有法律对人权的确认、宣布和保护，人权要么停留在道德权利的应有状态，要么经常面临侵害的危险而无法救济。人权的法律保护是人权实现的最直接的保障手段。

1. 对人权的国内法保护。

（1）立法保护。立法保护是一种重要形式的宣言保护，即在宪法或其他有关的法律文件中强调对人权的尊重，要求公民和国家机关公职人员严格遵守关于个人的基本权利的规定。

（2）司法保护。人权的司法保护就是指通过司法机关的专门活动对人权所进行的保障。

（3）个人保护。人权的个人保护主要是指公民个人对自己的权利实现所采取的保护措施。这种保护措施应当依法进行，即当公民的个人基本权利受到侵害时可以诉诸法律，通过法律的救济来恢复自己的权利。

2. 对人权的国际法保护。

人权的实现归根结底应该建立在世界各国平等合作、和睦共处的基础上。因此，人权的国际标准要通过国际条约规定和体现；国际人权的实现，不能离开国际法的支持和保障。

九、法律秩序的含义

我们认为，法律秩序并不仅仅是对于公共和私人领域的权利和义务的抽象的法律条文和规范，也不仅仅是其在现实生活中的实现，而是以上两种观点的内在统一。完善的法律体系和法律制度，是良好社会秩序的根本前提；因而对于法律秩序来说，法律规范及其实现两个方面缺一不可。

十、法律秩序之下法律的主要特征

（一）实在性

实在性是法律得以与道德、宗教区分开来的一个重要特征。与道德规则和宗教戒律相比较，法律规则在形式上有一个非常重要的差别，即一般而言，法律是由国家政府机关制定、公布的成文规则。

（二）强制性

法律不仅是政府机构制定的，而且还是由国家爱的权威强制施行的。强制性是法律秩序的又一重要特征，也是法律秩序最为独特的地方。

（三）普遍性

普遍性是法律秩序的又一重要特征，甚至可以说是法律秩序的最为本质的特征。法律秩序的普遍性包含了立法的普遍性和判决的一致性两个方面。对于一个具有良好法律秩序的国家来说，这两个方面缺一不可，否则法律秩序的普遍性就不可能实现。

（四）自治性

法律秩序的自治性和普遍性一道，构成了法律秩序与官僚法的本质区别。法律秩序的自治性包含四个方面：

（1）实体内容的自治性。

（2）法律机构的自治性。

（3）法律方法的自治性。

（4）法律职业的自治性。

十一、法律的秩序价值

1. 和平。

法律的主要目的是以和平的方式避免和解决可怕的暴力冲突，为此法律必须包含和平解决纠纷的手段。无论是公法还是私法，其首要的目的均以和平的方式解决各类法律主体之间无论是私人领域还是公共领域的纷争，以免社会陷入动荡不安的无政府状态。

2. 安全。

为了保证人民的安全感，就必须采用法律的手段反对和遏制政府权力的滥用。

第六章　法律方法论

本章引言

法律方法论则是指法律实践者，主要是指法官、检察官、律师运用法律解决实际问题的方法。本章主要介绍几种法律实践者所采取的几种主要法律方法。

一、法律方法的含义

所谓法律方法，指的是法律人在法律适用过程中用以解决法律问题的、具有独特性的方法和技巧的总称。

二、法律方法与法学方法之间的区别

1. 适用领域不同。法律方法着力于法律应用，法学方法着力于法学研究。

2. 研究对象不同。一般而言，法学方法指的是法学家们用以研究法律现象的工具的总称，其研究对象为法律，法学方法是关于法律的一种元理论研究。法律方法则只是法律适用的技术手段，即法律生成与适用的方法，也就是一个具体的法律制度如何通过技术性的手段而得以成立，以及在实践中面对具体的个案如何适用法律的问题。

3. 解决的任务和实现的目的不同。法律方法的主要任务是解决法律上的争端，为法官解决手头的疑难案件提供一种工具，其最终的目标是通过纠纷的解决实现法律所体现的社会公正。同时，法律方法的存在还起到了维系法律职业共同体存在的作用，它能促进一定的法律传统和共同的法律价值观的形成。

而法学方法的主要任务是对法律进行梳理，使法学成为一个知识系统。它关心的是从何种角度、使用何种工具来分析法律理论，厘清法律概念。

4. 包含的方法种类不同。法律方法大致可以分为八大类：法律渊源识别方法、判例识别方法、法律注释方法、法律解释方法、利益衡量方法、法律推理方法、法律漏洞补充方法、法律说理方法。

法学方法大致包含如下三类：价值分析方法、实证分析方法、社会分析方法。

三、法律方法的作用

1. 法律方法是实现司法公正的重要手段。
2. 法律方法是保障法律自治的重要手段。
3. 法律方法是发展法律理论的重要动力。
4. 法律方法还是实现法治的重要保障，是传承法律文化的重要手段。

总之，法律方法的发展推动了法律理论的发展，法律方法的先进性程度是衡量一个社会法律文明发达程度的重要标尺。

四、法律解释的必要性

1. 法律文本的语言特性。作为法律解释对象的法律文本总是以一定的语言形式表现出来，而语言虽然具有确定性的一面，但同时又具有不确定性、模糊性或歧义性一面。面对这种情况，只有通过法律解释，才能克服法律文本含义的不确定性、歧义性或模糊性。

2. 立法者认识能力的局限性。从法律规范的形成过程来看，它是对过去发生的行为或事实共同特征的概括、抽象的结果，体现了立法者的价值取向，很显然，这是基于过去的经验和当时的价值观对未来的一种规定，这种由过去推知未来的方法，无疑运用的是不完全归纳方法，而不完全归纳方法其结论具有或然性而不具有必然性。这一事实决定了由此形成的法律规范并不能涵盖以后的所有情况，必然具有滞后性。社会生活每时每刻都处于不断的流动和变化之中，立法者无法预料新的法律现象随时都会发生，这必然使得法律永远不可能具有完备性，法律适用中规范与事实之间的错位在所难免，法律漏洞的显现也不是偶然。只有通过解释，才能使现行的法律规范适用于新的事实，也可以适应那些随着社会发展而为人们普遍承认的新的价值观。

3. 法律文本中的法律规范和法律概念所具有的抽象性和概括性。法律规范或法律概念不是针对某个特定的人或事，而是针对一般的人或事而设定的，所调整的行为或事实是经过抽象而获得的典型性情形。然而，现实中的行为或事实的性质却是丰富多样的，当抽象的法律规范适用于特定案件的时候，必然使得规范与事实之间存在不同程度的缝隙，而弥合这个缝隙的手段或通过就是法律解释，解释的过程是结合个案事实将抽象的法律规范进行具体化的过程。

4. 法律文本中的法律规范和法律概念背后总是隐藏着或预设着某种价值判断。从深层次看，任何法律规范以及其中包含的法律概念都承载和储存着立法者的价值观，总是体现了立法者对调整对象、事实及其利益关系的价值评价和价值选择。

五、法律解释的目标

法律解释的目标，指的是法律解释所要得到的目的或结果，具体说，就是指解释者通过对法律文本或立法文献及其附随情况的探究，以达到理解和阐明法律意旨的目的。

（1）主观说。主观说又称为立法者意图说，这种观点认为，法律解释的目标在于探求立法者制定法律规范时的主观意图。理由如下：①立法者是有意思行为的立法主体，立法主体通过法律表达自己的立法意图。②探求立法者的立法意图，可以增强法律的稳定性和安全性。③在法律适用时，立法意图就具有决定性的作用。

（2）客观说。客观说又称为读者意图说，与主观说相比，客观说认为，法律解释的目标在于探求法律文本本身所蕴含的法律意旨。理由如下：①不存在一个有意思能力的立法者，法律是众人合力而制定。②法律与立法者意旨并非一致。③受法律规范约束的一般人所信赖的是法律文本中客观而合理的意思，而不是立法者心中的意思。④根据客观说立场去实践，最能达成补充或创造法律的功能。

（3）折衷说。折衷说是试图克服主观说和客观说的缺陷并汲取两者的合理之处而产生的观点。其目的是使得法律解释在法律稳定性与灵活性、合法性与合理性之间达到统一。折衷说认为，解释者首先应当进行历史解释，以此明确立法者的意图、目的和价值评价，而当立法者的意图、目的和价值评价无法确认的情况下，则应考虑在文本可能的文义范围内，探究可能的理由，以确认合乎现在法律适用目的的意义。

六、法律解释的原则

（一）合法性原则

所谓合法性原则，是指法律解释应当符合法律规定、法律原则和法律的基本精神。

1. 主体合法。即法律解释主体必须具有法律解释权。

2. 程序合法。即法律解释主体在法律解释过程中，必须在法定权限范围内依照法律程序进行，不得越权解释。

3. 内容合法。第一，当被解释的法律条文或词语相对于个案事实其含义是明确的，除非该含义与立法目的、法律原则发生严重冲突，应当遵从明确的文义；第二，应将被解释的条文或语词等纳入相应法律文件整体中进行理解和阐释，被解释的条文或语词无论是否有歧义或模糊，其解释的理由和由此获得的结论都应符合所属法律法规中的基本原则、价值取向保持一致；第三，所有关于法律、法规和规章的解释必须与宪法所确立的基本原则、基本精神保持一致。

（二）合理性原则

所谓合理性原则，是指对法律文本的解释应当合乎常理、公理和道理。

1. 解释应合乎社会普遍承认和接受社会价值观，包括人类共同生活的基本准则和公理，体现公平正义的社会道德标准等。

2. 解释应合乎人们在长期的社会生活中形成的公序良俗。

3. 解释应合乎自然规律、科学基本原理和公理。

4. 解释应合乎最基本的社会常识。

（三）历史与现实相结合原则

历史与现实相结合原则的要求如下：

1. 要求解释者通过立法时的社会历史背景曲准确把握和理解立法意图。

2. 还要考虑与当下待决案件及其相关的社会现实状况，在保持法律稳定性的同时兼顾已经发展变化的现实，并将两者统一于现实的需要，使得过去制定的法律适应已经变化了的现实，从而为解决当下待决案件提供公正、合理的最佳方案。

七、关于法律解释方法的位阶关系问题

1. 法律解释方法的位阶问题，是指在对法律文本作出解释时不同解释方法之间的先后顺序问题。

2. 法律解释方法的运用，大致遵守如下解释规则：

（1）文义优先原则。即对任何法律条文进行解释，都必须首先从文义解释入

手，如文义解释得到的结果是单一的，则一般无须进行论理解释；只有当运用文理解释有多个结果时，才继之以论理解释。

（2）在做论理解释时，应先运用体系解释和法意解释以探求法律意旨，进而运用扩充解释或限缩解释或当然解释以判明法律的意义内容。如仍不能探清法律语义的疑义，则进一步做目的解释以探求立法目的，或者在依上述方法初步确定法律意义内容后，以目的解释进行核实。最后做合宪性解释看是否符合宪法的基本价值判断。

（3）如经论理解释各种方法，仍不能确定解释结论，可进一步做比较法解释或社会学解释。

（4）论理解释、比较法解释或社会学解释的结果不得超出法条文义可能的范围，如论理解释、比较法解释或社会学解释的结果与文义解释相抵触时，在不超过法条文义可能的范围时，应以论理解释、比较法解释或社会学解释的结果为准。

（5）经解释最终仍存在相互抵触的结果，且各种解释结果均言之有理，持之有据时，则应进行利益衡量或价值判断，从中选出具有社会妥当性的解释结果作为结论。

八、法律推理的含义

所谓法律推理就是指法律适用者在法律适用过程中，运用证据确认案件事实，选择、分析法律规范，从而将确认的案件事实归属于相应的法律规范并援引相关的法律条款而导出判决结论的思维活动。简而言之，法律推理就是以确认的案件事实和一般法律条款为已知前提，为法律上的判处结论提供理由的思维过程。

九、法律推理的特征

法律推理是一种法律适用的推理，它除了具有推理的一般逻辑特征以外，还具有一些独有的特征。

（一）法律推理是一种论辩性推理

由于社会环境纷繁复杂，法律上的争议往往极具复杂性，如果单凭有限的规则或逻辑推导，法官是无法应付众多的纷争的；特别是两个或两个以上的可能存在的前提或基本原则间进行选择时，各方就必须通过对话、辩论、批判性探究等方法来发现最佳的答案。

（二）法律推理是一种寻求正当性证明的推理

法律推理的核心主要是为行为规范或人的行为是否正确或妥当提供正当理由，它所要回答的问题主要是该规则的正确含义是什么？该规则的法律效力是否正当？行为是否合法或是否正当？当事人是否拥有权利、是否应有义务？是否负法律责任等。

（三）法律推理是一种实践推理

实践推理指的是人们用以在实际的伦理选择或价值选择时所采用的推理，它包括一定行为正当性的论证和相对于一定目的的最佳手段的确定。

与逻辑推理相比，实践推理比较重视推理的内容上的联系，而逻辑推理主要考察的是形式结构的关系。由于法律推理是为了探寻解决法律问题的最佳的方法，其承载了推理者的一定价值观和对社会现实的关注，因此，法律推理带有强烈的实践性特点。

（四）法律推理要受现行法律的约束

法律推理的兴起就是为了制约人的独断与肆意妄为，因此，人们进行法律推理的重要依据包括两个方面的内容：一是法律事实；二是法律规范。也就是说，人们进行法律推理时，要受到这两个方面因素的制约。其中，现行法律是法律推理的前提和制约法律推理的条件。法律的正式渊源都可以成为法律推理中的理由，成为行为的正当性根据。

十、形式法律推理和实质法律推理的关系

形式法律推理和实质法律推理的联系如下：

1. 二者追求的最终目的相同。

法律推理的过程实际上是综合运用两种推理方式的过程，二者都是为了法律适用服务的，它们的最终目的都是要调节和指导人们的行为，解决争议或纠纷，调整法律关系。

2. 二者的适用步骤相同。

适用法律有三个必经的环节：一是弄清案件事实；二是确定适用的法律条文；三是根据法律规定推理出对案件的判决结论。人们在实际生活中使用形式和实质法律推理一般都要经历上述三个环节才能得出最终的结论，只不过实质法律推理所运用的法律依据是概括、抽象的法律原则、公理或原理等。

3. 二者的使用主体大体相同。

法律推理并非法官的专利，公民、律师和法学家们都可以使用这两种法律推理方式来解决法律问题，无论是形式法律推理，还是实质法律推理，两者的使用主体都是相同的。

形式法律推理和实质法律推理的区别如下：

1. 二者所体现的价值观念不同。

形式法律推理主要指演绎推理。就演绎推理而言，它要求严格依照法律规范来进行推理，基本上保持了法律的原汁原味，形式法律推理追求的是法的稳定性、确定性的价值。

实质法律推理的形式多种多样，其所追求的价值理念是合理。它是以立法目的和立法的基本价值取向为依据而进行的推理，往往是在没有明确的法律规定或法律规定明显不能适用的情况下所进行的，大多适用于疑难案件的处理。

2. 二者的适用范围不同。

形式法律推理主要适用于有明确法律规范的场合，实质法律推理主要适用于疑难案件的处理。

3. 二者所采用的推理方法不同。

形式法律推理主要采用演绎逻辑的推理方法，而实质法律推理采用的是辨证推理的方法。

4. 价值判断在两种推理中所起的作用不同。

价值判断在形式法律推理中的作用极为有限，但在实质法律推理中却起着中心作用。

十一、法律事实的特点

1. 法律事实是一种规范性事实。这意味着法律事实不同于一般的自然事实。法律事实是法律规范的产物，如果没有相关的法律规范，就不会有法律事实。

2. 法律事实是一种能够用证据证明的事实。这意味着法律事实不仅是客观事实，而且还应该是能够用证据证明的事实。

3. 法律事实是一种具有法律意义的事实。如果某一事实没有对法律产生任何影响就不能称为法律事实。

十二、法律判断的形成

1. 法官在法律事实已经确定的基础上，形成自己的法律判断。所谓法律判断指的是法律适用过程中，法官基于自己的职业素养以及对法律事实的认定而形成的、关于哪一个法律规范将被适用以及这一法律规范的内涵如何的一种断定。简而言之，法律判断是一种归类活动，是一种将特定的法律事实归之于某一规范的活动。

2. 卡尔·拉伦茨认为，法律判断的形成途径有五种：

（1）以感知为基础的判断。

（2）以对人类行为的解释为基础之判断。

（3）其他借社会经验而取得的判断。

（4）价值判断。

（5）留给法官的判断余地。

十三、法律论证的特征

法律论证是一个由经验与逻辑、直觉与理性交互作用而形成的一个复杂系统。其主要特征包括：

1. 法律论证具有目的性。追求法律活动的正当性、合理性及可接受性是法律论证的出发点，法律论证过程就是围绕这一目的展开论证和说理的过程，并最终证明自己主张的正确性和决定的合理性。

2. 法律论证具有交涉性。法律论证活动一般被表述为论辩、对话或商谈，它强调活动中主体之间的交互作用过程。

3. 法律论证具有合理性。法律论证的合理性是人们在对法律认识理性化的过程中，引发的关于法律的确定性、正当性和可预测性的问题。论证当中，法律主体依据逻辑规则和法律规则进行的说理及证明，不仅具有逻辑上的说服力，而且也具有法律上的正当性。

4. 法律论证具有实践性。在经验层面，法律论证活动渗透于一切法律活动当中，并通过行为者的行为过程和行为方式展现出来。

5. 法律论证具有拘束性。法律论证的拘束性是指它可以多维度形成对司法者任意司法或者主观擅断的方法上的约束。一方面，法律论证的形式化要求，使法官自觉或不自觉的养成了一种保守的思维习惯，惯于墨守成规，因循先例。这种思维习惯以及思维方式对于法的稳定性的保持，无疑具有积极的意义。另一方面，法官在进行法律论证时，既要受制于法律规则的外在约束，又要受制于形式逻辑的内在制约，其进行为自己立场或主张说理或证明的论证行为，既要为现行法律规则所允许，又要符合逻辑规则的要求，这就有效地防止了司法过程中的法官恣意，保证了法治的统一性。

第七章　法律社会论

本章引言

在本章中，主要涉及法律与社会的关系问题、法律与道德、法律与宗教的关系等一系列与之相关的核心知识点。

一、法律与社会的关系

1. 社会是由各种相互联系、相互作用的因素所构成的集合体，包括经济、政治、文化等社会领域以及法律、道德、宗教等社会规范。

2. 法律是社会的产物，是社会的一种制度。社会性质决定法律性质，社会物质生活条件在最终意义上决定着法律的本质。不同的社会有不同的法律。即使是同一性质的社会，在其不同的发展阶段上，法律的内容、特点和表现形式往往也不尽相同。

3. 但是，法律也如上层建筑的其他组成部分一样，并不仅仅是消极地反映社会，而是对社会起着强大的反作用，或者对社会的发展起着促进作用，或者对社会发展起着阻碍作用。法律的使命即在于协调各种社会关系，其社会功能主要表现为对经济、政治、文化等社会领域的功能。

总之，法律以社会为基础，不仅指法律的性质与功能决定于社会，而且还指法律变迁与社会发展的进程基本一致。

二、法律的局限性表现

1. 有些领域，法律不宜介入；有些情况，法律无力介入。对于这些领域和情况，法律的控制不是唯一的手段，或者说不是最佳的手段。如果一定要以法律进行控制，就可能导致社会成本过大，得不偿失，甚至造成法律的暴政。

2. 法律的局限性还表现在每一个社会个体身上。即使法律再完备，如果社会公众对于法律无动于衷，则法律仍游离于社会有机体之外，难以发挥作用。

3. 影响法律局限性的因素，除了公众对法律的认知及其使用能力之外，尚有其他。如法律应有的功能因其所处人事或环境之变迁而有所差异或失效，故而功能无法如预期的那样被实现。

4. 除了法律之外，社会还存在着其他社会规范，即其他资源分配系统，诸如宗教、道德、政策等。为了有效地通过法律控制社会，就必须使法律与这些其他资源分配系统进行配合。

总之，法律渗透于现代社会的各个角落，联结着社会的方方面面，传承文明，沟通未来。正是通过与经济、政治和文化等社会领域，以及政策、道德、宗教等社会规范的互动，法律才能改造世界，维护人权，由此直接影响国家的发展进程，从而实现全方位的社会控制。

三、经济与法律的关系

（一）经济基础决定法律

1. 法律是随着经济发展的需要而产生的。在经济发展到一定阶段，产生出对法律的需要时，作为一种特殊的社会规范的法律便应运而生。一定生产关系的性质以及生产力的发展水平，决定着以该生产关系为基础的法律的本质和特征。法律只能是经济上占统治地位，从而在政治上也占统治地位的掌握国家政权的社会集团共同意志的反映。有什么样的经济基础，就有什么样的法律。

2. 社会经济基础的不断发展变化必然反映到上层建筑，要求上层建筑与之相适应并为其服务。同样，经济基础的不断发展变化，也必然引起法律的发展变化。这种发展变化不仅表现在法律随着经济基础的根本变革而发生本质的变化，还表现在，当经济基础发生局部变化时，也会引起法律的相应变化。

（二）法律对经济的作用

法律对经济的作用主要表现在以下几方面：

1. 确认经济关系。法律确认经济关系，是指法律创建新的生产关系及改造旧的生产关系。这种确认功能使社会基本经济关系以制度形式得以合法存在。

2. 规范经济行为。法律对经济调整主要是通过民商法、经济法、行政法和程序法等加以间接宏观调控，对经济行为加以规范，从而使经济在一定的法律秩序中运行。

3. 维护经济秩序。法律对经济关系不仅确认、调整，而且加以维护和保障，保证其正常的发展秩序不受侵扰，这样才能体现法律经济功能的目的性及其本质。

4. 服务经济活动。法律的经济功能不仅通过直接规定经济关系内容的法律规范体现，而且还通过服务于经济活动的各种法律制度来体现。（1）降低交易费用的制度；（2）用于影响生产要素的所有者之间配置风险的制度；（3）用于提供职能组织与个人收入的联系的制度；（4）用于确立公共产品和服务的生产与分配的框架的制度。

四、我国法律对市场经济建设的作用

1. 确立市场经济的基本走向和基本原则。宪法和有关基本法律的经济功能主要在于，确认和维护国家的社会主义经济制度，规定各种经济成分的不同法律地位，明确经济建设的方针和原则，使市场经济建设具有合法性、合理性，从而推进市场经济的健康发展。

2. 确认和维护各种市场主体的法律地位，规范市场主体微观经济行为。市场经济是主体多元、决策分散性经济，必须承认不同利益主体的法律地位，揭示市场主体的不同形态。市场经济要求法律对各种所有制经济和公私财产给予平等的保护。

3. 通过法律培育市场体系，维护市场秩序。社会主义市场经济绝不是自由放任经济，不能将政府干预与调节同市场经济对立起来。市场自发运行固然有其优越性，但同时又存在着各种各样的问题，使市场经济不能实现资源的最佳分配。解决

问题的最佳方式和手段就是法律。

4. 运用法律解决社会保障问题。在建设市场经济的过程中，必须做好社会保障工作。要建设市场经济，就应当在认真总结经验的基础上，不断加强社会保障的法制建设，把我国在社会保障方面长期积累的成功经验，用法律的形式固定下来。

5. 运用法律对市场经济进行宏观调控。市场经济存在着自发性、盲目性和滞后性，必须由国家通过法律杠杆进行调控。总之，法律是国家实行宏观调控，矫正市场经济弊端，引导市场经济良性运行的有效且极其必要的手段。国家对经济的调控行为通过法律来实现，从隐性功能看，也有利于政府机关的经济管理行为规范化，从而适应法治经济的要求。

五、如何通过法律应对全球性经济危机

1. 各国应该通过法律制度给公民提供较为充分的社会保障，以保证公民能够放心地将收入投入消费，拉动需求。

2. 各国应该制定更加严格的法律来规范金融市场，尤其是金融衍生品。

3. 各国应该制定经济危机中中小企业保护法，帮助中小企业渡过危机。

4. 各国应该摒弃贸易保护主义，不要通过法律渠道人为构筑实质性的贸易壁垒。

六、法律与政治的关系

1. 法律是国家意志的体现，是由国家强制力保证其实施。离开了国家政权，法律就失去了存在的依托。在这个意义上，法律与政治联系十分紧密，法律的制定、适用、遵守和监督，都是政治活动或政治活动的结果。法律直接受政治的制约，有什么样的政治制度、政治现实，就有什么样的法律；法律随着政治制度和政治现实的变化而变化，因此，政治优先于法律，对法律起引导作用。法律需要政治权力作为基础，特别是它的推行有赖于政治强力的支持。通常法律要服务于政治，政治占主导地位。

2. 法律毕竟有其相对的独立性，法律对于政治的功能仍是不容抹杀的。

七、法律对政治的功能

（一）协调政治关系

1. 政治关系是人们在社会生活中，基于特定利益要求而形成的，以政治强制和权利分配为特征的社会关系。政治关系的基础是政治利益，法律通过分配政治利益协调政治关系。

2. 依据我国有关的法律规定，政治权利包括：

（1）选举权与被选举权。

（2）言论、出版、集会、结社、游行、示威自由的权利。

（3）担任国家机关职务的权利。

（4）担任国有企业、公司、事业单位和人民团体领导职务的权利。

（二）规范政治行为

1. 政治行为是人们在特定利益的基础上，围绕着政治权力的获得和运用、政治

权利的获得和实现而展开的社会活动。从一定意义上说，法律是政治斗争的产物，又是政治斗争的手段。政治斗争的类型反映着法律的历史类型，体现着法律的本质。反过来，法律的本质决定着政治斗争的程度和方式。

2. 进行政治统治，离不开法律的运用，尤其是在一个民主社会，政治统治就是法律统治，即形成一种法治秩序。此外，法律为公民进行政治参与提供必要的途径，使普通公民通过合法活动实现对政府的相应控制。

（三）促进政治发展

1. 政治发展是指对政治关系的变更和调整，表现为政治革命和政治改革。

2. 革命往往不是通过法律进行，而是直接通过暴力进行。一旦革命成功，胜利者又要以法律巩固自己的成果，法律乃革命成果的记录。

3. 作为一种有计划的政治变革，往往都伴随着法律变革。法律使政治措施既具有合理性，又具有现实性；法律能够为政治变革指明方向，为政治改革创造良好的环境，保障政治改革的顺利进行并巩固政治改革的成果，从而防止和清除政治弊端，推动政治不断前进。

（四）解决政治问题

1. 政治的核心问题是政权问题。有的政治问题要靠暴力甚至是战争来解决，但是同时也有很多政治问题可以通过法律手段来解决。

2. 在诸多政治问题中，一个国家的民族团结居于突出的地位，而法律恰恰能够增强民众的凝聚力。

八、法律与国家的关系

（一）法律离不开国家

1. 法律是国家意志的体现，依靠的是国家的力量，法律的立、改、废离不开国家行为。任何历史类型的法律的产生、存在和发展都以一定国家的存在和发展为前提，没有国家就没有法律。

2. 法律形式受国家形式影响。国家形式分为国家管理形式和国家结构形式。国家结构形式即政体，是国家的政权组织形式，对法律形式和法律制度有直接的影响。

3. 国家是法律规则和原则的直接的、实际的渊源。

总之，法律离不开国家，从属于国家，国家是法律存在与发展的政治基础。

（二）国家不能无法而治

1. 国家通过法律建构起对社会的管理性权力体系。法律是反映国家本质的一种重要形式，是国家权力的一种经常的系统表现。

2. 国家通过法律实现其职能。法律制度和法律体系是国家的构成要素之一，法律是实现国家职能的工具。

3. 法律是组建国家机构的有效工具。要实现国家职能，就必须建立各种各样的国家机关，使国家成为有效运行的国家机器，这样，就需要用法律规定国家机关的组织形式和体系，确立国家机关的组织和活动原则以及各机关的职责权限和相互关系等，从而使整个庞大而复杂的国家机器能有效地运行。

4. 国家通过法律确立其对社会统治的权威和效力。法律能增强国家机关行使权力的权威性。

5. 国家通过法律建构和完善相关国家制度，推进社会变革和发展。法律对完善国家制度有重要作用。

九、执政党政策与国家法律的差异

执政党政策与国家法律，二者在都赖以建立的经济基础、指导思想、基本精神和历史使命等方面都是相同的。然而，二者毕竟是社会上层建筑中两种不同的现象，各有其自身的特殊性。

（一）所体现意志的属性不同

在我国，国家法律和执政党的政策都是工人阶级领导的广大人民意志的体现。但是，法律是由国家制定或认可的，通过国家机构所反映的人民的意志，具有国家意志的属性；而执政党的政策本身仅仅是党的主张，不具有国家意志的属性。

（二）表现的形式不同

党的政策作为党的文件，是以纲领、宣言、声明、指示、建议等形式出现的，它的内容相对来说规定得比较原则，带有号召性和指导性。

法律则以条文形式公开颁布施行，有自己特定的表现形式。它作为国家规范性文件，以宪法、法律、行政法规、地方性法规等形式出现。

（三）实施的方式不同

国家法律是由国家强制力保证实施的。法律一经公布，任何组织和个人必须遵守，任何人的违法行为都要负法律责任，都要受到国家的制裁。执政党的政策的贯彻执行，不是依靠国家强制力。党的性质决定了党的政策的贯彻执行要靠宣传教育和深入细致的思想工作，以党员干部和广大党员的带头作用，特别是党的领导干部的模范作用来保证的。

（四）调整社会关系的范围不完全相同

由于党对国家、对社会的领导主要依靠政策来实现，因此，党的政策不断地渗透到社会生活的各个领域中发挥作用。国家法律一般是调整那些对社会整体状况有直接和重大影响的社会关系。

十、法律和道德关系的存在状态

道德规范和法律规范都在人们的社会生活中对社会重大的、带全局性的关系进行规范调整，它们在这方面的作用是一致的。我们可以这样概括法律与道德的一般关系：

1. 道德所禁止或许可的，也为法律所禁止或许可。
2. 道德上不许可，但是法律上是许可的。
3. 道德许可的，但法律上是不许可的。

十一、道德与法律的区别

1. 道德和法律产生的背景不同。道德是在原始规范的基础上产生的，最早表现为禁忌、风俗、礼仪。当生产力进一步发展，社会关系进一步复杂时，社会对规范的要求就不限定在原有的基础之上，它将关系到社会重大的、带全局性的内容分离出来，由另一种规范予以调整，道德由此产生。法律是在道德作为一种规范已经存在的基础上，是社会矛盾尖锐化，而道德已无力对现实的社会关系进行规范调整的情况下产生的结果。道德产生于社会观念中并存在于人们的信念里，是自发的。法律却是由国家制定或认可的，并以特定的形式表现出来。

2. 道德和法律的表现形式不同。道德往往不以文字或条文的形式表现出来，也不需要专门的机构和人员制定和颁布。它存在于人们的社会意识中，存在于社会流动的观念和人们的信念中。法律则不同，它必须有专门的形式和制定程序。需要说明的是，道德和法律的表现形式并不简单区分为是否形成文字或典章，而在于体系化和制度化。

3. 道德和法律所规范的内容不完全相同。道德和法律虽然在调整社会重大的、带全局性的关系方面是一致的，但是内容是不完全相同的。在没有法律之前，社会重大的带全局性关系的规范调整，主要是由道德完成的。法律出现后，将道德的一部分内容分离出来，改由法律来规范调整。同时还要注意到，道德在规范人们行为时更多的强调义务和禁令；而法律在规范人们行为时不但强调义务，同时还要强调权利。

4. 道德和法律的实施方式不同。道德的实施主要靠人们的自觉遵守，其次靠舆论的强制，内心信念的约束等。而法律的实施，虽也需要人们的自觉遵守，但法律却具有道德所不具有的强制实施力量——国家强制力。

5. 违反道德和法律所产生的后果不同。违反道德所引起的两种后果，一是惩罚；二是自我良心的谴责和社会舆论的压力。道德规范的外在要求一定要经良心的转换才起作用。法律则不同，由于法律的确定性和以国家的强制力作为后盾，当违法行为出现时，法律决不考虑违法主体的承受能力，法律确定行为违法与否的准则是法律本身。依法律指引办事，将获得肯定性后果，反之则承担否定性后果。

※真题再现（2004年真题论述题）论中国法治建设与道德的内在契合。
（解析见2004年真题论述题第1题）

十二、法律与宗教教规的区别

1. 法律与宗教教规产生的方式不同。法律是社会规范系统化、制度化的产物，是国家意志的表现，具有国家意义。法律是人们在对自己的认识的过程中产生出来的具有普遍约束力的社会规范，是人们自我认识自觉规范的结果，是一种行为规范；宗教教规则不同，它是社会规范的一种特殊的表现形式，是人们对自己认识的异化结果。

2. 法律与宗教教规适用的范围不同。宗教具有属人的性质，哪怕是不在同一国家的某一教派教徒，其宗教教规规范同样有效。而法律则不同，法律是主要属地的，在该国领域内的主体都是法律适用的对象。

3. 法律与宗教教规的内容不同。法律是一定社会物质生活条件的反映，法律的内容是基于一定的社会物质生活条件所建立起来的特定的权利义务关系，起着规范社会关系、维持社会秩序的作用；宗教从最终意义上仍受制于社会物质生活条件，但相对于法律而言，则是远离社会物质生活条件，具有较大的相对独立性。作为一种社会规范，宗教教规对社会关系和社会秩序的调节与维护，是通过人对神的义务的中介来实现的，具有间接性。

4. 法律与宗教教规的实施保障不同。法律是以国家强制力来保障实施的。一般说来，宗教教规不具有国家意志的属性，它的产生通常是由某一创业人业已形成的某种信仰为基础提炼而形成的。宗教教规的实施一般是依靠存在于教徒内心的对超常力量的敬畏信念，但有时也依靠某种外在的力量来保障。

十三、科学技术对法律的影响

（一）科学技术对立法的影响

1. 随着科技的发展，出现了大量新的立法领域。

2. 科学技术的发展，对一些传统法律领域提出了新挑战。

3. 科技知识及其研究成果被大量运用到立法过程中，法律规范的内容得以日趋科学化。

（二）科学技术对司法的影响

1. 在事实认定方面，越来越多的高科技产品被用于查明案件事实领域，收效明显。

2. 在法律适用主体方面，传统的单一法官判案受到某种挑战。

3. 在司法方法方面，一方面，司法的过程不断吸收新的科学技术方法，将之纳入案件事实认定和裁判中。另一方面，以新技术发展为依托，司法方法自身不断实现自我创新。

（三）科学技术对公民法律思想的影响

1. 就对立法起着指导作用的法律意识而言，常常受到科技发展的影响和启迪。

2. 同时，由于科技发展的影响，促进了人们法律观念的更新，出现了一些新的法律思想、法学理论。

十四、法律对科学技术的作用

（一）通过法律管理科技活动

1. 法律可以确认科技发展在一个国家社会生活中的战略地位。

2. 法律可以对科学技术的国际竞争进行促进和保障。

3. 法律可以对科技活动起到组织、管理、协调作用。

（二）法律对于科技经济一体化、科技成果商品化的促进作用

1. 国家可以规定各级政府部门在科技成果转化和推广中的地位和作用，明确其职责范围。

2. 法律可以有力地保护知识产权，规范无形资产的评估价价值。

3. 法律规定技术交易规则，可以使科技成果的商品性质和交换关系规范化。

（三）在知识经济时代，法律对科技活动和科技发展所引发的各种社会问题的抑制和预防

第六编　西政考研法理学新增知识点归纳

本编引言

随着时代的发展，法理学为了回应社会的需要，总要随着时代的发展而增加新的知识。在本部分中，主要包含了法理学初阶和法理学进阶两大版块内容得新增知识点，以便让考生真正把握最新的法理学变化。

第一章　法理学初阶

本章引言

本章主要包含了法学基本知识、法律基本知识和法治基本知识领域新增的考点，需要考生予以重点关注。

一、马克思主义法学的创立

1. 《共产党宣言》的问世，标志着马克思主义法学的正式诞生。

2. 马克思主义法律思想体系包括三个层次：第一个层次是与形形色色的唯心主义法律观相对立的历史唯物主义法律观，其核心是经济基础决定法律，法律反作用于经济基础，法律与上层建筑其他部分交互作用的根本原理，这是马克思主义法学的理论基础。第二个层次是与一切剥削阶级法学根本不同的代表工人阶级和劳动群众利益的马克思主义的法学一般理论，即建立在历史唯物主义的基础上的法律客观基础观、法律本质论、法律职能论、法律价值论和法的运动规律论等，这是马克思主义法学的主干。第三个层次是马克思主义的部门法思想。包括马克思主义宪法学、行政法学、刑法学、民法学、婚姻法学、诉讼法学和国际法学等。

二、列宁对马克思主义法学的新贡献

1. 十月革命前，列宁捍卫和维护了马恩关于民主和法制的法律思想。

2. 创立社会主义法制，构建起社会主义法律体系和社会主义法学体系的基本框架。

3. 创造性地提出了关于社会主义的立法、守法、司法和法律监督等一系列的崭新理论，极大地丰富了马克思主义法学理论宝库。

三、马克思主义法学的中国化

1. 在中国共产党第一代中，在法学理论方面最有代表性的是毛泽东和董必武。

2. 1978年12月的十一届三中全会后形成邓小平理论法律观。

3. 1989年十三届四中全会，江泽民提出，依法治国，建设社会主义法治国家。

4. 2002年党的十六大，胡锦涛以人为本的法律观以及和谐法律观、依法执政观、民生法治观。

5. 中国特色的社会主义理论体系的法治思想，即中国特色社会主义法治理论，主要由以下五个方面构成：

（1）坚持党的领导、人民当家做主和依法治国的有机统一，这是中国特色社会主义法治的核心和精髓。

（2）坚持党的事业至上、人民利益至上和宪法法律至上，这是中国特色社会主

义法治的基本原则。

（3）坚持依法治国、执法为民、公平正义、服务大局和党的领导，这是中国特色社会主义法治的基本理念。

（4）坚持人民代表大会制度，这是中国特色社会主义法治的政治基础。

（5）建设公正高效权威的社会主义司法制度，这是中国特色社会主义法治的重要保障。

6. 我们可以至少总结出马克思主义法学中国化的三大成功经验：

（1）必须坚持马克思主义法学基本原理，进一步提高马克思主义理论水平，坚定不移地做中国特色社会主义事业的捍卫者和建设者。

（2）必须赋予马克思主义法律思想以民族性、科学、合理地批判、借鉴和吸收中国传统法律文化中的精华，充分发挥中国特色社会主义法治建设理论的优越性。

（3）必须赋予马克思主义法学以时代性，立足中国国情、从实际出发。

四、关于法律本质的主要学说

1. 法律命令说

（1）这是从立法的权力来源和法律规范的内部结构出发。

（2）这种学说认为法律是一种主权者的命令。英国法学家约翰·奥斯丁1832年的《法理学范围》；还有霍布斯也坚持这种观点。

2. 公意说。卢梭的公意说认为法律乃公意的行为，并且区别众意。

3. 社会控制说。美国社会法学家庞德文明是人类力量的不断完善和发展，是人类对外在物质自然界和对人类目前能加以控制的内在的或人类本性的最大限度的控制。对于法律，庞德将其理解为"发达的政治上组织起来的社会高度专门化的社会控制形式，它是一种通过有系统有秩序地使用社会强制力量的社会控制。"

五、法律作为一种社会规范的一般特征

1. 法律的规范性

法律的规范性是指法律作为一种调整人们行为的社会规范而具有的，规定人们可以做什么，应该做什么或不应该做什么，从而，为人们的行为提供一个模式标准或方向的属性。

2. 法律的概括性

法律的概括性是指法律的对象是一般的或抽象的某一类人和事，而不是具体的、特定的个人和事；法律在同样的条件下可以反复使用，而不是仅仅可以适用一次。

六、法律区别于其他社会规范的基本特征

1. 法律具有国家意志性，由国家制定或认可。

2. 法律以权利、义务、权力、职责为主要内容。

3. 法律具有国家强制性，由国家强制力保证实施。

七、法律意识的作用

1. 法律意识是法律创立和完善的重要思想依据。

2. 法律意识对于正确适用法律和遵守法律也有重要作用。

（1）国家公务人员法律意识的高低，决定着他们对法律的精神实质的理解程度，并将直接关系到对案件处理的正确与否。

（2）在某种特殊的条件下，法律意识还可以被当做法律的某种特殊表现形式被直接适用。

（3）法律必须内化为人们普遍的法律意识，渗透于人们的心理之中，此时，法律的威信也就自然得以确立。

3. 走向法治国家，建立和健全法律体系非常重要，在全体公民中普及法律知识、提高法律意识同样重要。

八、法律关系的构成要素

（一）法律关系的主体

1. 法律关系的主体是法律关系的参加者。它是构成法律关系的最根本的要素。没有一定主体的意志和行为，便无从构成任何法律关系。

2. 我国现阶段，构成法律关系主体的主要包括公民（自然人）、机构和组织。国家在特殊情况下也可以成为一定法律关系的主体。

3. 所谓权利能力是指法律关系主体依法享有权利和承担义务的资格；所谓行为能力是指法律关系主体能够通过自身的行为享有权利和承担义务的能力。

（二）法律关系的内容——法律权利与法律义务

（三）法律关系的客体

1. 法律关系的客体是指法律主体之间建立起一定法律关系所指向的具体目标，是人们通过自己的意志和行为意欲影响和改变的对象，是连接权利与义务等法律概念并使其具有实际内容的现实载体。

2. 现代法律制度中法律关系的客体主要有：

（1）物。能成为法律关系客体的物是指能满足人们需要、具有一定的稀缺性，并能为人们所现实支配的各种物质资源。

（2）非物质财富。又称为精神产品或精神财富，它主要包括两个方面的具体内容：一是人们运用脑力劳动创造的智力成果。如科学发明、技术成果、文艺作品等；二是与人身、人格相联系的公民和组织的肖像、名誉、隐私等。

（3）行为。行为是指法律关系主体行使权利和履行义务以满足自己或他人利益而进行的活动。

（4）其他。

九、法律关系的分类

1. 按照据以形成法律关系的法律规则所属法律部门的不同，可将法律关系划分为宪法法律关系、民事法律关系、刑事法律关系、行政法律关系、诉讼法律关系等类别。

2. 根据构成法律关系的主体是否具体化，可将法律关系划分为绝对法律关系和相对法律关系两类。

绝对法律关系中，权利一方是特定而具体的，而义务一方是除了权利一方之外的所有人，是不特定，不能具体化的。在相对法律关系中，权利、义务主体都是特定的。

3. 按照法律关系主体法律地位的不同，可将法律关系划分为平权型法律关系和隶属型法律关系两类。

（1）平权型法律关系，又称为横向法律关系或对等的法律关系，表现为法律关系主体间的地位是平等的，都享有一定的权利，承担相应的义务，而不存在基于权力等方面的服从和隶属关系。如民事法律关系。

（2）隶属型法律关系，又称为纵向法律关系或不对等的法律关系，表现为法律关系主体间的法律地位是不对等的，而是存在着服从和隶属的关系。

4. 根据法律关系之间因果联系与相互间地位的不同，可将法律关系划分为第一性法律关系和第二性法律关系两类。

（1）第一性法律关系，又称为主法律关系，是主体间合法建立的不依赖其他法律关系可独立存在的法律关系。

（2）第二性法律关系又称为从法律关系，它产生于第一性法律关系，与第一性法律关系相比地位与作用具有从属性。

十、法律责任的归结、承担和免除

（一）法律责任的归结

1. 法律责任的归结也称为法律责任的归责，是指法定的国家机关或经授权的国家机关依照法定的程序，进行判断、认定、追究或减缓、免除法律责任的活动。

2. 法律责任的归结原则

（1）责任法定原则，是指法律归责过程必须是依法进行的活动过程。第一，归责主体必须是依法享有归责权力的或依授权获得归责权力的主体。第二，责任主体应承担的法律责任的种类、性质、期限、承担方式等必须以预先生效的法律规范为依据。第三，归责主体的归责过程必须严格遵守程序法。

（2）公正原则，法律尤其是成文法具有局限性，在法律无法提供准确的归责依据时，归责主体必须本着符合基本社会公正、法律公正的原则精神进行归责。法律表现为：第一，同等情况同等对待。第二，归责要坚持"罪责相适应"。第三，归责过程中归责主体要坚持法律面前人人平等原则，任何主体违法犯罪都应受到同等的追究；但要注意特定的情况下区别对待，只有这样才能达到真正的平等。

（3）效益原则，在立法时对某种违法进行设计法律责任时要考虑犯罪成本、犯罪代价或风险因素。以较小的投入得到最大的产出。

（二）法律责任的承担及竞合

1. 所谓法律责任的承担，是指责任主体依法承受不利的法律后果。

2. 法律责任的竞合，是指由于某种法律事实的出现，导致两种或两种以上的法律责任产生，而这些责任之间相互冲突的现象。同一行为符合不同法律责任的构成要件，从而导致了不同法律责任间的冲突。法律责任竞合的特点是：

（1）数个法律责任的主体为同一法律主体。

（2）责任主体实施了一个行为。

（3）该行为符合两个或两个以上的法律责任构成要件。

（4）数个法律责任之间相互冲突。

（三）法律责任的免除

法律责任的免除，又称为免责，是指根据法律本应承担法律责任，但基于某种法定的主客观情况，可以不必再承担法律责任。

法律责任免除的情形：时效免责、不诉免责、协议免责、诉辩交易免责、自首和立功免责、因履行不能而免责等。

十一、法治与民生

民生问题大致包括四个方面的内容：一是生计来源问题；二是生活质量问题；三是生存状态问题；四是生命安全问题。

目前，我国在改善民生方面，需要建立四个体系：义务教育经费保障体系；覆盖城乡的医疗卫生服务体系；以廉租房和经济适用房为主的城市住房保障体系以及包括失业、社会最低生活保障、医疗等为主要内容的社会保障体系。

这些民生问题的解决，都需要法律功能的很好发挥。显然，民生法治是解决民生问题于建设现代法治的绝佳交汇点。中国现代法治以民生为基础，以民生为根本。关注民生，是现代中国法治拥有坚实基石的必然要求；建设民生法治，是法治国家目标得以实现的有效途径。

十二、法治理念与社会主义法治理念

1. 法治理念是法治的理性化观念，是关于法治的本质属性、基本内涵和根本要求的思想观念。

2. 社会主义法治理念是在建设中国特色社会主义历史进程中形成的法治理念，是指导我国建设社会主义法治国家的思想观念体系，反映了社会主义法治的性质、功能、价值取向和实现途径，是社会主义法治体系的精髓和灵魂，是当代中国立法、执法、司法、守法和法律监督的指导思想。

3. 社会主义法治理念由依法治国、执法为民、公平正义、服务大局、党的领导五个方面的主要内容构成。其基本特征是具有政治性、人民性、科学性、开放性；其基本要求包括：健全完善立法、坚持依法行政、严格公正司法、加强制约监督、自觉诚信守法、繁荣法学事业、坚持和落实党的执政方式的基本规定性。

十三、社会主义法治理念的地位和作用

1. 社会主义法治理念是马克思主义法律观中国化的最新成果。

2. 社会主义法治理念是社会主义法治建设的指导思想。

3. 概括起来，社会主义法治理念的作用主要体现在：社会主义法治理念是我国

一切立法活动的思想先导；社会主义法治理念是我国行政机关及其公职人员实现严格公正文明执法、取得最佳执法效果的思想基础；社会主义法治理念是确保我国司法坚持正确方向、实现司法公正的思想保障；社会主义法治理念是建设社会主义法治文化、增强全社会法律意识的价值指引；社会主义法治理念是推动法学研究繁荣和发展的重要保障。

十四、社会主义法治理念的基本内涵

1. 依法治国是社会主义法治的核心内容。依法治国的基本内涵包括：人民民主、法制完备、树立宪法法律权威、权力制约。

2. 执法为民是社会主义法治的本质要求。执法为民的基本内涵包括：以人为本、保障人权、文明执法。

3. 公平正义是社会主义法治的价值追求。公平正义的基本内涵包括：法律面前人人平等、合理合法、程序正当、及时高效。

4. 服务大局是社会主义法治的重要使命。服务大局的基本内涵包括：把握大局、围绕大局、立足本职。

5. 党的领导是社会主义法治的根本保证。在社会主义法治理念中，党的领导的基本内涵包括党对社会主义法治的思想领导、政治领导和组织领导。

十五、中国特色社会主义法律体系

中国特色社会主义法律体系主要由三个不同层级和七个法律部门的法律规范构成：

1. 三个不同层级的法律规范是：法律；行政法规；地方性法规、自治条例和单行条例。

2. 七个法律部门是：宪法及其宪法相关法、民法商法、行政法、经济法、社会法、刑法、诉讼与非诉讼程序法。

3. 完善中国特色社会主义法律体系必须把握以下几点：

（1）不能用西方的法律体系来套中国的法律体系。

（2）行政法规和地方性法规都是法律体系的重要组成部分。

（3）要区分法律手段和其他调整手段的关系，需要法律来调整时才用立法来规范，以便更好地发挥法制的功能和作用。

（4）中国法律体系是动态的、开放的、发展的，其本身就有一个与时俱进的问题。

十六、法律实效、法律效果和法律效益

（一）法律实效

1. 法律实效是指社会主体实际上按照法律规定的行为模式进行行为，法律在实践中被遵守、被执行和被适用。

2. 法律效力与法律实效的关系：

（1）法律效力指法律具有的约束力和保护力，属于"应然"范畴；法律实效

是指具有法律效力的法律的实际实施状态，属于"实然"范畴。

（2）法律效力一般强调形式有效性，即法律只要满足由有权国家机关依照法定程序制定或认可，即获得约束力和保护力；法律实效一般侧重实质有效性，即法律只有在实践中部分或全部被遵守、执行、适用，才是有实效的。

（3）法律效力是证成法律存在的必要条件；法律实效是对有法律效力的法律实施以及实现状况的一个评价指标。

总之，法律效力是"是应然"状态的静止的法律是否符合法律规格；法律实效是分析"实然"状态中法律产生的实际效果。没有法律效力的法肯定没有法律实效，但具有法律效力的法在实践中也不一定都有实效。

（二）法律效果

1. 法律效果是指法律为了实现其目的，通过调整社会关系而对整个社会所发生的客观影响和实际后果。

2. 法律效果与法律目的是既有区别又有联系的两个概念。法律目的一般指蕴涵在立法者主观意志中，希望法律调整社会产生预期的效果，是法律效果预先的观念模型和超前反映。法律效果是通过法律实施活动，产生对社会的实际影响。如果这种实际影响和法律目的保持一致，我们说法律有良好的效果；如果这种实际影响和法律目的有巨大偏差，我们说法律效果差或不理想。可见，法律目的是法律效果优劣的衡量标准之一，法律调整社会关系，达到主观的预期目的，法律获得最佳效果。反过来，法律效果也是矫正法律目的的标尺。

3. 法律效果与法律实效也是不同的。一般说来，法律实效是法律效果的前提，因为如果法律根本没被遵守、执行和适用，就谈不上社会影响和效果问题。法律只有是有实效的，才涉及进一步的法律优劣问题的考察。

（三）法律效益

1. 在法理学上通常在下面两个意义上使用效益这个术语：（1）将法律效益与法律效果等同。在此意义上法律效益是指法律在实施过程中是否给人们和社会带来有效的效果和好处，此时侧重法律的社会效益考察。（2）法律效益是指从具体的法律入手，为获得适合法律目的的效果，考察法律实施过程中投入的成本和产出的比率。

2. 法律效益与法律效果概念非常接近。一般说来，法律效果作为评价法律实效的一个概念；而法律效益是作为进一步分析法律效果的一个重要概念。也就是说，对法律效果的研究借鉴经济学的效益范畴，更深化了法律实质有效性的研究。总之，一部法律有法律效力，不一定有法律实效；有法律实效，不一定有法律效果；有法律效果，不一定有法律效益。从法律效力到法律实效再到法律效果、法律效益这一连续过程是法律从形式有效到实质有效的层层递进过程，是法律实现这一目标的不断展开过程。

十七、法律遵守的意义

（1）法律遵守是对全社会主体的普遍要求，是法律实施和实现的一种最基本也是最重要的形式。具体来说包括三个方面：第一，国家机关在行使职权、履行公务的过程中，不得违反法律规定，行为的内容与方式要符合法律要求，既不能权力膨胀也不能权力萎缩，失职渎职。第二，国家机关在其职权管辖外的社会活动中，必须自觉守法，不得借公共权力去谋取私利。第三，公民和社会组织在各种活动中，必须用法律来规范自己的行为，自觉地依照法律规定的条件、方式、程序去保护和实现自己的利益，并履行法定义务。

（2）法律遵守是法律实现的必然要求。法律实现要求人民亲手法律规范设定的行为模式，并将各种法律规范转化为现实，使权利得到享有，义务得到履行，禁令得到遵守，其意义在于鼓励合法行为，制裁和矫正违法行为，使各种合法利益得到保护。

（3）法律遵守是社会正常有序的必然要求。社会有序主要通过道德和法律来加以调整，现代社会法律是使社会进入和保持有序状态的最重要的手段和调节机制。

（4）法律遵守是实现公民权利的保障。对整个社会来说，如果不守法，那么任何人的权利都难以实现。公民权利的实现离不开义务人依法履行义务，离不开国家机关的保障。

十八、守法的要素

（一）守法的主体

1. 一切国家组织和武装力量。包括国家权力机关、司法机关、军事机关和武装力量。

2. 非国家组织。包括各政党、各社会团体、企事业单位。

3. 公民。这里的公民指的是个体意义上的公民个人，上至国家主席，下至普通老百姓。

4. 在我国领域内的外国组织、外国人和无国籍人，也是我国的守法主体。

（二）守法的内容

法律是以规定权利义务为核心的行为规范，守法就是准确履行法律所规定的权利和义务。所以说，法律遵守的内容实际上就是遵守法律所规定的权利和义务。

（三）守法的范围

1. 守法的范围，指的是守法主体应该遵守的究竟是哪些法律。

2. 当代中国法律遵守主要是遵守由特定的国家机关制定的规范性法律文件，包括宪法、法律、行政法规、军事法规、地方性法规、自治法规、经济特区法规、特别行政区法规以及我国参加或同外国缔结的国际条约、协定和我国所承认的国家惯例。此外，执法和司法机关所制定的非规范性法律文件，对有关组织和个人也具有法律效力，遵守这类法律文件也视为守法。

十九、中国特色社会主义司法制度

社会主义法治理念对于司法的具体要求：

1. 切实维护司法公正。

2. 不断提高司法效率。

3. 努力树立司法权威。

4. 充分发扬司法民主。

二十、法律监督释义

1. 广义上的法律监督，指的是国家机关、各政党、社会团体、公民，对于法律运行和操作过程，包括立法、执法、司法活动的程序及其结果是否合法所实施的评价和督导。

2. 狭义上的法律监督，专指有关国家机关依照法定职权和法定程序，对立法、执法和司法活动的合法性进行的监察和督促。

3. 法律监督是一种法律活动，其目的在于预防、制止、消除法律运行过程中出现的越轨和冲突，保证一切法律关系主体行为的合法性。也就是说，法律监督的最终目的是保证法律实现。

二十一、法律监督制度模式

1. 自循环监督与交互监督。

（1）所谓自循环监督又称系统内监督，指的是在某个确定的系统内实行纵向的、自上而下或自下而上的自我监督，监督的主体和客体一般都存在于同一系统内。

（2）所谓交互监督，又称系统间监督，是指不同的子系统相互之间进行的交叉监督。

2. 社会监督和国家监督。

（1）社会监督是一种非国家性质的监督，指国家机关以外的各种社会力量对国家机关所实施的监督。其特点在于：监督的主体是社会，监督的客体是国家机关及其工作人员的法律活动，监督的方式是多样和灵活的。监督主体的行为只代表本组织或者个人而不代表国家。

（2）国家监督又称法定监督，是由国家机关或者国家机关授权的团体组织实施的，具有特定的监督对象、内容和范围，使用法定的监督方式，并产生必然的监督后果的法律监督形式。它包括立法监督、检察监督、审判监督和行政监督。国家监督是国家依靠强制力而进行的监督，监督的主体和对象都是国家机关。

二十二、国家权力机关的监督

国家权力机关的监督，指的是国家权力机关依法对行政机关、检察机关、审判机关、军事机关进行监察和督导的活动。

（一）立法监督

立法监督是国家权力机关对制定规范性法律文件的权力的行使进行监察和督导的一种专门活动。

1. 对国务院制定的行政法规、决定和命令进行监督，凡同宪法和法律相抵触者予以撤销。

2. 对同外国缔结的条约和协定进行监督。

3. 对省、直辖市国家机关制定的地方性法规的监督。

4. 对民族自治地方的人民代表大会制定的自治条例和单行条例的监督。

5. 对授权立法的监督。对授权立法的监督表现在：一是对授权国务院制定的暂行规定和条例的监督；二是对授权制定的经济特区的各项单行经济法规的监督。

（二）监督宪法和法律的实施

监督的主要形式有：

1. 听取和审议一府两院实施法律情况的报告，并对其执法、守法行为提出质询和询问。

2. 组织视察和检查，特别是经常检查单行法律、法规的贯彻执行情况；

3. 受理人民群众的申诉、控告，包括对具体案件的申诉控告。

4. 听取代表对一府两院工作的意见和建议，及时纠正违宪和违法行为。

二十三、国家行政机关的监督

行政监督是监督主体对国家行政机关及其公职人员行使行政权力的活动实施监察和督促。一般有广义和狭义之分。广义的行政监督指的是行政机关系统内的自循环监督或者行政机关与非行政机关的交互监督，以及行政机关对公民和法人的专业性行政监督。狭义的行政监督，仅指行政机关的自循环监督。包括上级行政机关对下级行政机关执行公务的监督和专门的行政监察机关对行政机关及其公职人员的监督。我们在这里就是从狭义上来理解行政监督，主要包括行政复议和行政监察两种类型。

二十四、国家检察机关的监督

1. 我国宪法和法律明文规定：人民检察院是国家法律监督机关，其主要职能是法律监督。

2. 目前我国检察机关的法律监督主要包括：

（1）对审判机关活动的监督。

（2）对侦查机关及其活动的监督。

（3）对刑罚执行机关及司法行政活动的监督。

（4）对其他行政活动的监督。

（5）对自身的监督。

二十五、国家审判机关的监督

1. 所谓审判监督，指审判机关对法律的适用过程进行的监督。

2. 审判机关对行政机关进行的监督，主要表现为通过行政诉讼的审判活动，对行政机关的法律适用过程进行监督。

3. 审判机关对自身审判活动的监督，现行的二审终审制、审判监督制、死刑复核制等都属于此种监督类型。

4. 审判机关对检察机关的监督，人民法院对人民检察院的活动也可以进行监督。如对"主要事实不清，证据不足"的案件，退回检察机关补充侦查。

二十六、社会法律监督

（一）公民监督

公民通过对国家机关和工作人员在工作中的缺点和错误提出批评意见，通过对违法失职的国家机关和工作人员的检举揭发，行使民主监督权利。公民监督作为一种社会监督，不具有法律效力，但它可以通过法定渠道，传输到国家机关的法律监督中去，并通过后者产生法律效力。国家机关和社会组织设立的人民来访接待站、信访组、监督电话等，也是公民行使监督权的途径。

（二）社会舆论监督

舆论监督速度快、范围广、影响大，特别是在当今信息时代，更具有特殊的威力。因此，有的学者甚至称，社会舆论是独立于立法权、行政权和司法权之外的"第四种权力"。

（三）社会组织监督

在我国，人民政协、民主党派、工会、共青团、妇联以及许多行业自治组织，通过提出批评、建议、协商对话等形式，监督法律的实施。

（四）执政党的监督

1. 党组织通过行使政治领导权，督促国家机关、社会团体、企事业单位自觉守法，依法办事．

2. 通过党的纪律检查机关（各级纪律检查委员会）对自己的党员和党组织，特别是法律工作者与法律机关的活动实行全面监督，促使他们模范地执法和守法。

二十七、法律职业释义

1. 法律职业概念来自西方。法律职业一词有两种含义：一是广义的、传统文化层面的，在这里，法律职业被等同于人们所从事的与法律相关的各种工作；二是狭义的、现代层面的，是指只有受过专门的法律训练，具有娴熟的法律技能和高尚法律职业伦理的人才能从事的工作。

2. 在西方，从事法律职业的人被称为法律人。从事法律职业的人一般分为三类：应用类；学术类；法律辅助技术类。

3. 法律职业形成的标志也即其特征是：

（1）规范的法律教育机制的建立。

（2）法律职业人具有相当大的独立自主性。

（3）具有统一的职业伦理，以维系这一共同体成员及共同体的社会地位和声誉。

（4）法律职业具有严格的准入标准和完善的考核和准入制度。

二十八、法律职业思维

1. 独立性。

2. 保守性。

3. 崇法性。

就法律职业思维的内容而言法律人的思维具有以下特点：

1. 注重理性。

2. 注重程序的价值。

3. 以追求法律的"真"为终极目标。

二十九、法律职业技能

1. 普通技能。

普通技能是从事包括法律职业在内的各类现代社会职业普遍需要掌握的基础性技能，包括运用本国语、外国语进行表达及交流能力，计算机操作能力，社会交往，社会适应及协作的能力，自我提高及创新的能力，组织管理能力，信息处理能力等。

2. 专业技能。法律识别技能；法律解释技能；法律推理技能；证据操作技能；法律程序技能；法律文本制作技能；驾驭运用法律资源的技能。

三十、法律职业伦理

1. 普适性的法律职业伦理的基本要求主要包括以下几个方面：

（1）实现社会公正。

（2）忠于法律。

（3）维护法律职业共同体的团结和声誉。

2. 特定法律职业的伦理要求：

（1）法官必须保持中立。

（2）检察官必须忠于国家和政府的利益。

（3）律师职业伦理的核心是最大限度地维护其当事人的合法权益。

第二章　法理学进阶

本章引言

在本章中，主要涵盖了法律本体论、法律价值论、法律方法论和法律社会论方面的新增知识点，需要考生予以重点掌握和识记。

一、马克思主义经典作家对近代自然法的批判

1. 自由，就是从事一切对别人没有害处的活动的权利。
2. 财产，这项权利是自由在现实中的实际应用。
3. 平等，就是将每个人都看成那种独立自在的原子。
4. 安全，就是社会为了保护自己每个成员的人身、权利和财产而给予他的保障。

二、法律是统治阶级意志的体现

物质生活是第一性的、基础的，而国家与法律是第二性的、派生性的，因而，法律的制定及其存续都应该是以物质生活关系为基础的。

三、实践出发理解法律与意志的关系

理解法律与意志的关系，要从实践出发。当下，我们最大的实践是我们已经建立了社会主义制度，并将长期处于社会主义初级阶段。

四、法律与幸福

1. 幸福是一种人类普遍追求的理想价值。现代人的幸福视野逐渐从注重物的发展转向注重人的发展，幸福的内涵日益朝着更加广泛的方向发展。
2. 传统三大法律价值：正义、人权、秩序。法律价值具有鲜明的时代性。与正义强调规则的一致性不同的是，幸福强调某种行为或结果展开的全过程的愉悦性与自己相对他人的优越性。权利越多，幸福越少。

五、我国法律对市场经济建设的作用

1. 确立市场经济的基本走向和基本原则。宪法和有关基本法律的经济功能主要在于，确认和维护国家的社会主义经济制度，规定各种经济成分的不同法律地位，明确经济建设的方针和原则，使市场经济建设具有合法性、合理性，从而推进市场经济的健康发展。
2. 确认和维护各种市场主体的法律地位，规范市场主体微观经济行为。市场经济是主体多元、决策分散性经济，必须承认不同利益主体的法律地位，揭示市场主

体的不同形态。市场经济要求法律对各种所有制经济和公私财产给予平等的保护。

3. 通过法律培育市场体系，维护市场秩序。社会主义市场经济绝不是自由放任经济，不能将政府干预与调节同市场经济对立起来。市场自发运行固然有其优越性，但同时又存在着各种各样的问题，使市场经济不能实现资源的最佳分配。解决问题的最佳方式和手段就是法律。

4. 运用法律解决社会保障问题。在建设市场经济的过程中，必须做好社会保障工作。要建设市场经济，就应当在认真总结经验的基础上，不断加强社会保障的法制建设，把我国在社会保障方面长期积累的成功经验，用法律的形式固定下来。

5. 运用法律对市场经济进行宏观调控。市场经济存在着自发性、盲目性和滞后性，必须由国家通过法律杠杆进行调控。总之，法律是国家实行宏观调控，矫正市场经济弊端，引导市场经济良性运行的有效且极其必要的手段。国家对经济的调控行为通过法律来实现，从隐性功能看，也有利于政府机关的经济管理行为规范化，从而适应法治经济的要求。

六、通过法律应对全球性经济危机

1. 各国应该通过法律制度给公民提供较为充分的社会保障，以保证公民能够放心地将收入投入消费，拉动需求。

2. 各国应该制定更加严格的法律来规范金融市场，尤其是金融衍生产品。

3. 各国应该制定经济危机中中小企业保护法，帮助中小企业渡过危机。

4. 各国应该摒弃贸易保护主义，不要通过法律渠道人为构筑实质性的贸易壁垒。

七、法律本土化与法律全球化之间的关系

法律本土化意在使移植来的法律经过结合本地特色而成为实际有效的规则体系，其字面取向是强调法律的地方性，而法律全球化则是指在全球范围内建立共同的法律制度之程度，其指向的是法律的普适性。二者在立意的层面却有对立性。然而，在法律的发展层面，法律本土化并不是要否定法律的普适性，而是要将普遍的法律结合到本土中来，其要害在保证法律的有效性而非保持法律的特殊性，在此过程中，法律移植是法律本土化的前提，而法律全球化正是借助法律移植逐步完成的。因此，法律本土化可以看做是法律全球化的一个阶段，它是一种暂时的状态。

参考文献

［1］付子堂 . 法理学初阶 ［M］. 北京：法律出版社，2009.

［2］付子堂 . 法理学进阶 ［M］. 北京：法律出版社，2010.

［3］哈特 . 法律的概念 ［M］. 张文显，译 . 北京：法律出版社，1996.

［4］约翰·密尔 . 论自由 ［M］. 程崇华，译 . 北京：商务印书馆，1982.

［5］伯尔曼 . 法律与宗教 ［M］. 梁治平，译 . 北京：生活·读书·新知三联书店，1991.